2018

THE YEARBOOK OF HONGSIBU

红寺堡年鉴

◎ 吴忠市红寺堡区党史地方志编纂委员会 编

方志出版社
Publishing House of Lacal Records

图书在版编目（CIP）数据

红寺堡年鉴. 2018 / 吴忠市红寺堡区党史地方志编纂委员会编. -- 北京 : 方志出版社，2019.4
ISBN 978-7-5144-3719-5

Ⅰ. ①红… Ⅱ, ①吴… Ⅲ. ①区（城市）－吴忠－2018－年鉴 Ⅳ. ①Z524.34

中国版本图书馆 CIP 数据核字（2019）第 055182 号

红寺堡年鉴（2018）

编　　者：吴忠市红寺堡区党史地方志编纂委员会
责任编辑：王　品

出 版 者：方志出版社
地址　北京市朝阳区潘家园东里 9 号（国家方志馆 4 层）
邮编　100021
网址　http://www.fzph.org
发　　行：方志出版社图书经销中心
电话（010）67110500
经　　销：各地新华书店
印　　刷：银川市昊博彩色印刷有限公司

开　　本：889 × 1194　1/16
印　　张：19.25
字　　数：505 千字
版　　次：2019 年 4 月第 1 版　2019 年 4 月第 1 次印刷
印　　数：0001 ~ 1000 册

ISBN 978-7-5144-3719-5　定价：328.00 元

编辑说明

一、《红寺堡年鉴（2018）》是吴忠市红寺堡区党史地方志编纂委员会主持编纂的年度资料性工具书。重点记述2017年度红寺堡区政治、经济、文化、社会、生态文明状况及取得的成就。

二、《红寺堡年鉴（2018）》以马克思列宁主义、毛泽东思想、邓小平理论、“三个代表”重要思想、科学发展观、习近平新时代中国特色社会主义思想为指导，坚持辩证唯物主义和历史唯物主义的立场、观点和方法，坚持党的基本路线、方针、政策，遵循国务院《地方志工作条例》以及中国地方志指导小组《地方综合年鉴编纂出版规定》，以红寺堡区委、区政府工作重点和工作目标的实施为中心，坚持为红寺堡区经济社会发展和建设服务。

三、《红寺堡年鉴（2018）》由红寺堡区各乡镇、各部门、各单位提供基础资料，红寺堡区党史地方志编纂委员会办公室负责编纂。

四、《红寺堡年鉴（2018）》采用分类编辑法。以部类为单元，部类之下为分目，分目之下为条目。全书设特载、专记、大事记、区情概览、中共红寺堡区委员会、红寺堡区人民代表大会及其常委会、红寺堡区人民政府、政协红寺堡区委员会、社会团体、社会管理、法治、军事、经济管理、农业、工业、财政税务、金融保险、交通运输与商贸流通、邮政通信、城乡建设与环境保护、教育体育、文化科技、医疗卫生、乡镇概况、人物、附录26个部类。

五、《红寺堡年鉴（2018）》所收录的《2017年红寺堡区国民经济和社会发展统计公报》由红寺堡区发改局提供，正文数据由各乡镇、各部门、各单位提供。因统计口径等原因，个别数据与统计资料中的数据不尽一致，引用时请以《2017年红寺堡区国民经济和社会发展统计公报》为准。专文中领导讲话所引数据，按原文录入。领导任职情况按乡镇、部门、单位上报材料录入。

六、《红寺堡年鉴（2018）》录入的文字资料时限为2017年1月1日至12月31日，图片资料时限为2017年1月1日至2018年6月30日，所列机关和部门按部类、分目编排，不分先后。录入的先进集体和个人以各供稿单位提供的资料为依据，获奖名录等排序不涉及职务。

宁夏回族自治区吴忠市红寺堡区地图

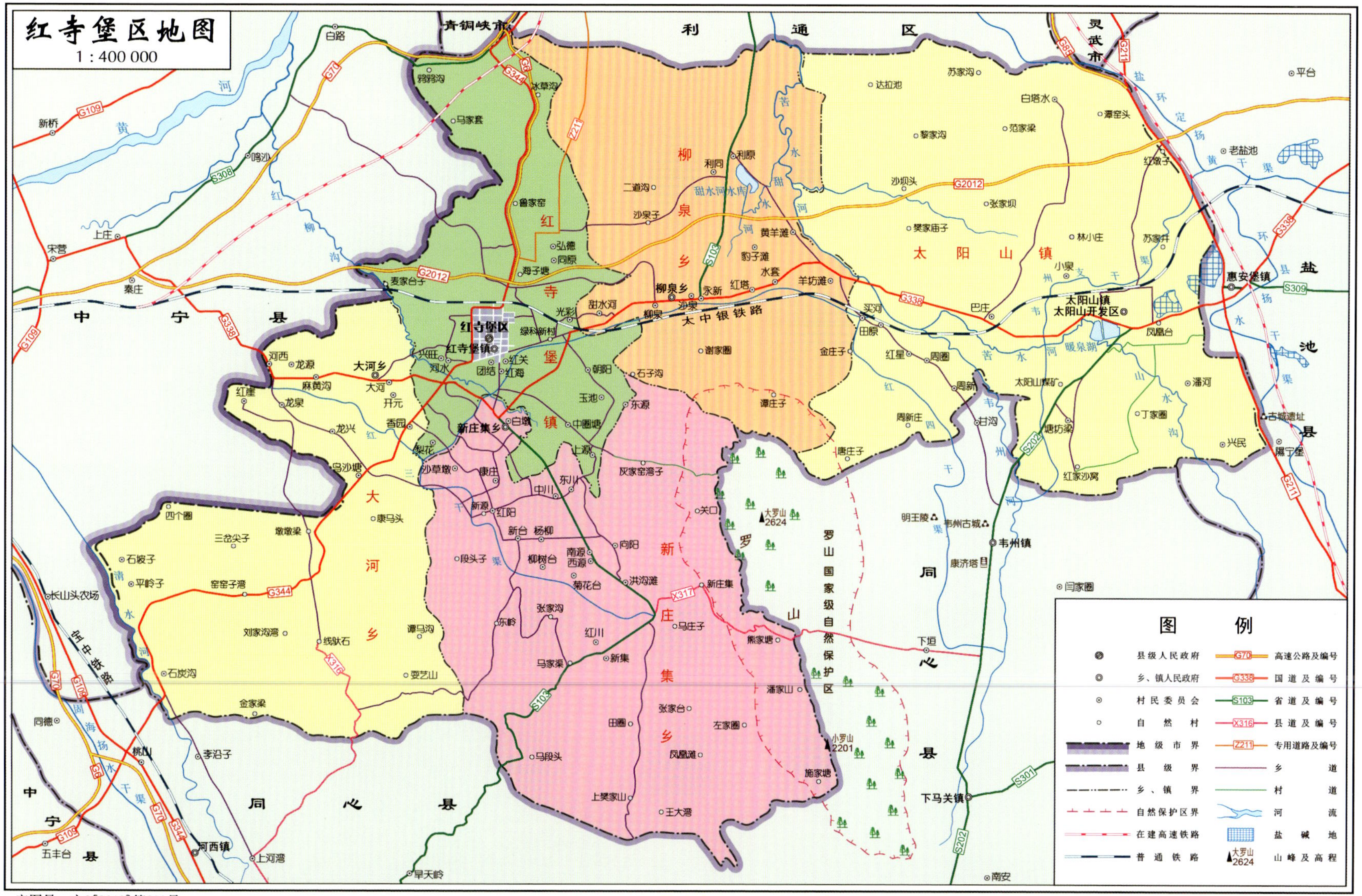

审图号：宁S[2019]第003号

宁夏回族自治区国土测绘院 编制

罗山脚下葡萄园

清云湖

YAMAHAVX700

红寺堡城区一角

双拥共建 鱼水情深

2017 年 8 月 2 日，2017 年全国青少年航空航天模型锦标赛暨红寺堡区第四届航空旅游节在红寺堡区罗山飞行营地开幕。

2017 年 12 月 18 日，中国共产党红寺堡区第三届委员会第五次全体（扩大）会议

2017 年 5 月 12 日，红寺堡区“两学一做”学习教育常态化制度化暨群众评议机关作风活动推进会

2017年10月18日，红寺堡区各界通过多种形式收听收看十九大报告

2017年10月20日，红寺堡区工青妇换届大会召开

2017 年 6 月 29 日，红寺堡区委书记丁建成在领导干部专题学习班上为领导干部讲党课。

2017 年 12 月 6 日，红寺堡区委副书记、区长谭兴玲到新庄集乡进行党的十九大精神宣讲

2017年5月5日，吴忠市太阳山阳光农产品合作社党支部成立暨党支部大会

2017年6月21日，太阳山镇庆“七一”“党在我心中演说进乡村”主题活动

2017 年 12 月 4 日，红寺堡区开展“12·4”国家宪法日系列宣传活动

法治进校园

红寺堡区“6·26国际禁毒日”集中宣传活动

红寺堡区法治公园

2017 年 8 月 28 日，红寺堡葡萄酒形象代言人暨巴爷汇合作项目签约仪式

红寺堡风力发电

吴忠市兴民纺织科技有限公司纺纱车间

红寺堡镇中圈塘村农民采摘酿酒葡萄

壹加壹牧场滴水灌溉

2017 年 6 月 13 日，大河乡龙源村第一届硒甜瓜开园仪式上评比“瓜王”

红寺堡镇光彩村枸杞采摘

太阳山镇兴民村农民采摘黄花菜

新庄集乡马渠晾晒萝卜条

中圈塘葡萄

小麦黄豆套种

红寺堡电商扶贫创业孵化园

2017年8月9日，红寺堡区太阳山镇与福建省德化县春美乡缔结友好乡镇签约仪式

Poverty-Relief Demonstration
脱贫 示范

2017 年 10 月 25 日，红寺堡区举办“闽宁协作 德红携手”电子商务实训班

截至 2017 年底，红寺堡区实现 30 个贫困村销号，贫困发生率由 2014 年的 33.9% 下降到 10.7%

Assistance

帮扶篇

宁夏弘德福利制衣有限公司红寺堡镇玉池村制衣车间

红寺堡壹加壹牧场一角

区人大常委会主任马鑫（中）看望建档立卡户

区政协主席蔺保飞（中）调研贫困村产业发展

柳泉乡永新村乡村干部共商脱贫大计

TWO NO-WORRIES THREE GUARANTEES

两不愁 三保障篇

柳泉乡柳泉村新农村

柳泉乡永新村农家院落

美丽乡村建设（农家厨房）

红寺堡区全体居民健康检查

农村小学生配置营养早餐

红寺堡村级卫生室全覆盖

慈善篇

Charity

红寺堡区中心敬老院

新庄集乡菊花台残疾人照料中心

徐海霞残疾人“爱心同行洗车美容中心”

卫生篇 Health

红寺堡区人民医院新门诊投入使用

北京大学人民医院联合红寺堡区人民医院为人民群众义诊

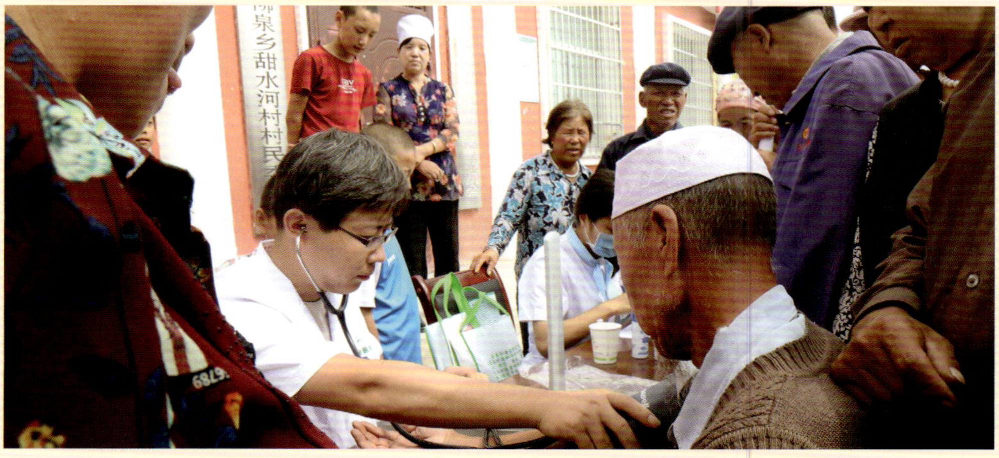

医疗下乡

EDUCATION

教育篇

红寺堡回民中学鸟瞰

大河乡香园村小学

红寺堡区职业技术学校

红寺堡第四中学开展特色教育班

小学生体操表演

幼儿教育丰富多彩

Beautiful Scenery

绿水青山篇

2017 年 9 月 8 日，红寺堡区委、政府组织召开红寺堡区总河长第一次会议

紫光湖

苦水河红柳沟河流治理

兴旺村农田林网

市民休闲森林公园

Beautiful Countryside

美丽乡村篇

新庄集乡西川村文化大院鸟瞰

农家院落

新庄集乡西川“特色产业示范村”

新庄集乡杨柳儿童游乐园

玉池村综合文化服务中心

阵地建设

The Base Building

红寺堡区图书馆

红寺堡区体育馆

红寺堡镇中圈塘村驿站

大河乡香园村郭锐文化大院

The Cultural Activities

文化活动

2018 年 1 月 19 日，宁夏回族自治区文化科技卫生“三下乡”集中示范活动在红寺堡体育馆广场举行

2018 年 3 月 8 日，红寺堡妇联举办庆“三八”全区妇女手工艺品比赛现场

书法家送春联活动

2017 年 9 月 10 日，红寺堡区文体局组织的文化下乡活动柳泉乡沙泉村表演现场

The Cultural Activities

文化活动

大河乡乌沙塘村元宵节社火展演

新庄集乡沙草墩村杨永红皮影戏进校园

2017 年 7 月 28 日，《红寺堡史话》专家评审会现场

2017 年 8 月 27 日，“江阴周庄”2017 中国体育彩票全国象棋业余棋王赛红寺堡区预选赛现场

2018 年新春元宵节，太阳山镇新民村村民在黄花姑娘广场表演秧歌

市民在青云湖广场晨练

目录
Contents

红寺堡

红寺堡地处宁夏中部干旱带核心区，是自治区党委、政府贯彻落实国家“八七”和宁夏“双百”扶贫攻坚计划，为从根本上解决宁夏南部山区群众脱贫致富而实施的扶贫扬黄灌溉工程主战场，是全国最大的单体异地生态扶贫移民安置区。1999 年开发建设，2009 年设立吴忠市辖区。行政区域面积 2767 平方公里，辖 2 镇 3 乡（红寺堡镇、太阳山镇、新庄集乡、大河乡、柳泉乡）、1 个街道办事处（新民街道办事处）、5 个城镇社区（罗山、鹏胜、创业、振兴、东方社区）、65 个行政村，在党的民族区域自治政策和扶贫政策的有力支持下，截至 2017 年底，累计开发水浇地 70 余万亩，异地搬迁安置宁南山区 8 县移民 23.3 万人，回族人口占总人口的 62% 以上，谱写了“沙丘起高楼，荒漠变绿洲”的生态建设壮歌，从根本上解决了宁南山区贫困群众温饱问题，全区上下呈现出了经济发展、政治稳定、社会进步、民族团结、移民安居的良好局面。

罗山脚下崛起的新城

特载

Special Edition

在红寺堡区党委三届五次全体（扩大）会议上的报告

丁建成

（2017年12月18日）

区委三届二次全会以来，面对宏观经济下行压力持续加大的严峻形势，区委常委会深入学习贯彻党的十九大和习近平总书记系列重要讲话，特别是来宁视察重要讲话精神，认真落实自治区第十二次党代会、吴忠市第五次党代会作出的决策部署，坚持以“脱贫攻坚、增收富民”为统领，主攻“四场硬仗”，统筹推进项目建设、民生保障等各项工作，圆满完成了年初确定的各项目标任务，全区经济社会呈现出整体向好、全面提升的良好局面，为全面建成小康社会奠定了更加坚实的基础。预计全年实现地区生产总值19.8亿元，同比增长10%以上；地方一般公共财政预算收入2.03亿元，增长17.52%；全社会固定资产投资87亿元，增长12%；城镇居民人均可支配收入21043元，增长8.4%；农村居民人均可支配收入7860元，增长11%。

一年来，我们集中力量抓了以下几项工作：

一、扎实推进精准扶贫，加快了脱贫攻坚步伐

坚持把脱贫攻坚作为全面建成小康社会的重中之重和底线任务，不断增强主责意识，统筹推进脱贫攻坚和富民工程，聚焦重点领域和薄弱环节，在精准施策上出实招、在精准推进上下实功、在精准落实上见实效。

富民产业不断壮大。坚持以农业供给侧结构性改革为主线，推广“金融+龙头+合作社+农户”等模式，发展特色优势产业。依托汇达、天得等企业发展酿酒葡萄，新增8100亩。依托百瑞源等企业发展枸杞产业，新增7000亩。依托壹加壹、富阳等企业发展草畜产业，新增牧草3.3万亩，牛、羊饲养量分别达到8.3万头、83.5万只。打造兴民黄花菜、康庄苹果等特色产业示范基地25个，带动1.2万贫困户发展产业。

基础设施日趋完善。按照“五通八有”要求，整合资金6.5亿元，硬化乡村道路338公里，完成土地整理1.3万亩，安装太阳能热水器1.3万台、太阳能路灯3998盏，完成危房改造1840户。以支部+文化旅游、支部+产业带动、支部+服务创收、支部+股份合作等模式，完成了22个村集体经济“清零”。

保障措施更加有力。建立“补、贷、保、兜”到户扶持机制，安排资金3181万元，扶持6664户贫困户发展种植和养殖等产业。建立小额扶贫贷款风险补偿金5000万元，发放贷款10.4亿元，贫困户贷款覆盖面达到76.6%；安排资金1500万元对7300户贫困户进行贴息；建立教育扶贫基金，整合“雨露计划”“燕宝基金”等资金，发放各类助学金2069.76万元，资助12479人（次）；建立健康医疗扶贫基金，完善“33211”健康保障体系，对2.59万人实施医疗救助615万元;按照1000元/人的标准，对2.06万人进行体检并建立电子档案；整合资金1442.56万元，实现建档立卡户“扶贫保”全覆盖，将4276名特殊人群全部纳入兜底范围。

扶贫机制更加健全。压实四级干部帮扶工作责任，处级领导带头调研督导脱贫攻坚，针对问题制定责任清单。建立人大检查和政协视察脱贫攻坚工作机制。吴忠市安排机关干部1323人，解决了干部帮扶贫困户超过5户的问题。深入开展“百企帮百村”活动，弘德包装、汇达、百瑞源、天源牧业等一批企业与贫困村结对帮扶。加大与国家烟草专卖局的帮扶合作，建成中烟肉牛养殖园区。深化闽宁协作，开展德红村建设，拓宽与上海第六人民医院、清华大学第一附院的合作。坚持扶贫与扶志、扶智、扶技相结合，对脱贫示范户给予10万元贴息贷款奖励。建成“扶贫车间”“扶贫工厂”5个，解决150余人就近就业。完成培训6350人，输出建档立卡家庭劳动力8000余人次，创收1亿多元。

二、坚持发展第一要务，夯实了小康建设基础

坚持发展第一要务，推进农业现代化、新型工业化、服务业多元化，经济发展质量和效益不断提升。

现代农业提质增效。坚持“一特三高”现代农业发展思路，调整优化产品结构、经营方式和区域布局，全面提高农业整体效益和竞争力，让农民从特色产业增效中增收。制定“311”产业扶持政策，统筹整合涉农资金1500万元，大力发展“3+X”产业，打造龙源硒甜瓜、兴民黄花菜等12个特色种植示范区。引进华润集团扩大“母牛银行”扶贫养殖模式，中烟扶贫养殖园区投入运行。成功举办第三届中国精品葡萄酒挑战赛暨红寺堡区葡萄酒高峰论坛，现场签订1760万元葡萄酒销售订单。新认定自治区级龙头企业7家，培育各类新型经营主体230家。评定自治区4星级休闲农业企业1家，3星级企业1家，打造自治区级休闲农业示范点2个，吴忠市级一二三产业融合试点1个。组织5家农业新型经营主体参加宁夏首届硒博览会，建成富硒农产品基地4个，打造农产品富硒品牌4个。预计全年完成农业增加值5.07亿元，增长5.5%。

新型工业扩规增量。围绕农产品深加工、新能源和轻工制造三大板块精准招商，先后9次组织招商小分队外出招商，在福建厦门、德化和山东德州分别召开推介会，洽谈项目22个，德州恒丰集团红寺堡现代纺织扶贫产业园等项目开工建设，在建招商项目35个，到位资金84.4亿元。完善弘德园区功能配套，新建酒庄3家，特变电工光伏产业配套项目一期、白浪包装二期完工。嘉泽新能源在上海证券交易所主板成功上市，红川科技、索米亚被认定为自治区“专精特新”企业，弘德包装等5家企业获得第六届“宁夏中小企业50强”。新增规上工业企业5家，预计全年实现规模以上工业增加值5.2亿元，增长18%以上。

第三产业繁荣发展。抢抓自治区全域旅游和东部环线旅游建设机遇，香园、中圈塘等村旅游驿站建成投运。成功举办2017年全国青少年航空航天模型锦标赛暨第四届航空旅游节、中华民族一家亲走进红寺堡大型义演、2017年棋牌项目西部行走进红寺堡等活动。综合市场改造全面开工建设，电商孵化园开园运营，入驻企业21家、电商个体9家，有效推动“线上线下”融合发展。预计全年实现第三产业增加值5.7亿元，增长5%；社会消费品零售总额6.2亿元，增长8%。

项目建设加快推进。切实发挥投资对稳增长的关键性作用，抢抓“一带一路”战略、国家扶贫政策和自治区60大庆机遇，扎实推进一批打基础、利长远的重大项目和重点工程，红寺堡区2017年农村公路、滚新南路改建等项目建成投运，新庄集水库建成蓄水，金庄子水库完成主体工程，保持了投资的强劲拉力。吴忠市重点项目大会战开工仪式在红寺堡区举行，2个自治区60大庆重点项目完成投资9800万元，50个重点项目全部开工，完成投资47.83亿元。

三、统筹推进城乡建设，促进了城乡一体发展

坚持规划引领、基础先行、城乡一体、产城融合、绿色发展的理念，建设生态城市和美丽乡村。

城市面貌不断改观。完善城市基础设施，实施第二污水处理厂提标改造、城区供水改造及扩建等市政基础设施建设。德水街改造、集中供热等13个项目完工，城东市民休闲公园等重点项目进展顺利，1800户棚改居民全部

签订征收协议。团结商业广场、瀚海明珠商住小区等10个房地产项目加快推进，累计完成投资16.27亿元。深入推进“创城”“创卫”工作，城区垃圾机械化清扫率达到78%、垃圾处理率达到95%。

美丽乡村加快建设。新庄集乡葡萄小镇完成规划评审，大河乡小城镇一期建设基本完成，建成豹子滩等10个美丽乡村。完成S304线至要艺山、沙泉至关家疙瘩等级公路24条160公里。大河村、龙泉村小型农田水利节水改造等项目建成投用。深入推进农村环境综合整治，完善区、乡、村三级垃圾清运长效管理机制。实施农村清洁能源工程，改善城乡居民生产生活条件。

生态环境持续改善。落实最严格的“三项制度”，建立生态环境保护长效机制，开展“蓝天碧水·绿色城乡”“绿盾2017”专项行动和大气污染防治攻坚工作，罗山自然保护区人类活动点清理全面完成，沙泉水源地保护工作稳步推进。集中整治和规范农村乱圈乱占现象，有效遏制了城区乱搭乱建行为。大力实施植树造林、禁牧封育、退耕还林、退牧还草等生态林业工程，新营造林10.7万亩，森林覆盖率提高到10.33%，城市绿地率提高到35%。全面整改中央第八环境保护督察组交办的污水处理不达标等问题。

四、协调发展社会事业，提高了民生保障水平

坚持把保障和改善民生作为一切工作的出发点和落脚点，保基本、保底线、保民生，努力提升广大群众的获得感和幸福感。

民生事业协调发展。全力办好8件民生实事，集中力量解决影响长远发展3个方面的问题。加大财政投入，一中扩建工程和中圈塘、朝阳等14所幼儿园加快建设，职教中心主体完工，义务教育均衡发展顺利通过自治区评估认定，普通高中录取率达到69.4%，本科录取率达到40.5%。深入推进国家公共文化服务体系示范区、自治区基本公共体育服务体系示范区创建活动，文化馆加快建设，64个村综合文化服务中心建成投用，在自治区率先实现全覆盖。宁夏移民博物馆、图书馆、乡镇文化站等免费开放，全年接待群众30万人次。人民医院门急诊综合楼主体完工，21所标准化村卫生室基本建成。推进多医联动模式，建立区内外三甲医院医生到我区人民医院坐诊、市区医院医生到乡镇卫生院坐诊服务机制，全面提升医疗服务水平。

社会保障更加精准。积极推进“五险合一”经办体制改革，扎实做好参保扩面工作，城镇职工“五险”参保人数达到2.5万人，城乡居民养老、医疗保险参保人数分别达到5.9万人和16.3万人。全面推进“同舟计划”，全区建筑业新建、在建项目工伤保险参保率均达到100%，失地农民养老保险参保率达到100%。核定城乡低保对象分别为2092人、24568人，低保实现全覆盖。大力发展慈善事业，开展扶老、救孤、助残、济困、助学、救灾等多种形式的社会救助，核定孤儿206人，完成66名困难先心病儿童筛查，建设“留守儿童之家”19个。新审批五保供养对象36人，五保供养对象达到287人。创新养老服务模式，建成第二敬老院，中心敬老院、菊花台残疾人日间照料中心服务水平得到全面提升。

社会治理创新加强。启动禁毒示范区创建

活动，推进治安防控体系建设，深入开展命案防控和打击“两抢一盗”犯罪。实行“综治中心 +N”运行模式，建成区级综治中心和柳泉乡综治中心。全面推广应用矛盾问题排查化解系统，排查各类矛盾问题 850 件，化解 90% 以上。实施交通整治“八大工程”，各类交通事故下降 40% 以上。严格落实安全生产“党政同责、一岗双责”，全面整改国务院安委会巡察反馈问题，安全生产形势平稳向好。深化全国民族团结进步示范区、全国无邪教示范区创建成果，加强民族团结进步教育，依法依规管理宗教事务，民族团结、宗教和顺、社会和谐的良好局面进一步巩固提升。

五、稳步推进改革创新，增强了发展内生动力

坚持把深化改革、开放合作作为稳增长、促发展、惠民生的不竭动力，向改革要动力，用开放激活力，以创新增动能，内生动力持续激发。

重点领域改革扎实推进。突出重点领域和关键环节，扎实推进 3 个方面 9 大领域 31 项改革任务。在朝阳等 4 个村开展村级互助担保基金综合试点，向 404 户社员发放村级互助担保基金贷款 1531 万元。开展现代农业社会化综合服务体系建设试点，农村产权流转服务中心投入运营。深入推进水资源使用权确权登记试点，国有林场、“河长制”等改革有序推进。个体工商户登记制度改革走在全区前列。综合执法局挂牌成立并运行，梳理本级 8 个政府部门纳入综合执法事项 254 项，承接 3 个市直部门下放执法事项 64 项。全面落实“两个清单”动态调整机制，承接区市下放权力 11 项，全区 68 项行政许可项目和 110 项为民服务事项实现集中办理，申报材料减少了 40%，审批环节减少 32%。

开放合作领域不断拓展。加快开放平台、开放产业、开放通道、开放环境、开放机制建设，全面拓展对外开放的广度和深度。坚持借智、借力、借势发展，深化与西农大、宁夏农科院技术协作，与江南大学签订葡萄与葡萄酒产业发展合作框架协议。加强与福建德化等地区的友好协作，签订互学互助对口协作协议和基层建设互助共促合作协议，建立了党政互访机制。

积极推动全民创新创业。成功打造“一园一街两基地”，完善创业资金扶持平台，促进创业带动就业。与德化县签订对口帮扶劳务合作协议，成立闽宁协作创业指导服务中心，累计开展“双黑”养殖、黄花菜种植等创业培训指导服务 1000 余人次。着力提升就业服务水平，城镇新增就业 678 人，城镇登记失业率控制在 3.68%。强化劳动职业技能培训，加大劳务输出力度，转移农村劳动力 4.18 万人，实现劳务收入 3.94 亿元。发放创业担保贷款 1028 万元，培养小老板 63 名，培育小企业 32 个，创造新岗位 310 个，创业带动就业 2285 人。

民主法治建设得到加强。坚持和加强党的全面领导，充分发挥区委总揽全局、协调各方的领导核心作用。区委听取人大、政府、政协、法院、检察院党组工作汇报，支持人大开展执法检查、专题询问等监督活动，组织政协委员围绕重大问题积极建言献策，深入推进监察体制改革。强化党管武装，深化“双拥”共建。高度重视工商联、无党派人士发挥作用，支持党外人士代表积极参政议政。认真落实自治区群团改革部署要求，完善群团联席会议机制，顺利完成工青妇班子考察配备、换届选举，推

进党建与群团工作共建互促、优势互补、一体联动。加快法治红寺堡建设，建立“谁执法谁普法、谁主管谁普法”责任制，探索“2584”模式，深入推进“七五”普法，一体化推进依法行政、依法执政、依法治区。落实4个基层司法所长副科级待遇，建成红寺堡法治文化主题公园，举行“12·4”国家宪法日现场宣誓签名，法治意识进一步增强。

六、全面加强党的建设，凝聚了干事创业合力

坚持“把抓党建作为最大的政绩”理念，严格落实区委主体责任和书记第一责任人职责，把党建工作作为统揽全局的总抓手，深入推进全面从严治党。

思想建设持续加强。自觉加强对党的建设理论、政策的学习掌握，特别是党的十九大精神、习近平同志关于从严治党的系列重要论述及自治区第十二次党代会精神等。深入推进“两学一做”学习教育常态化制度化，通过四个专题讨论，广大党员干部的“四个意识”“四个自信”不断增强。制定出台党委（党组）意识形态工作责任制考核办法，严格落实各级党委（党组）向区委汇报意识形态工作机制。高度重视常委会自身建设，始终坚持民主集中制，健全和落实区委常委会、区委全委会工作规则和议事规则，区委统揽全局、协调各方的能力和水平进一步提高。

基层组织不断夯实。实施“脱贫富民”先锋引领工程，深入开展“三大三强”行动，区财政投入农村党建工作经费846万元，新建扩建村级阵地45个，打造基层服务型党组织示范点25个、星级远程教育示范站点15个、整顿转化软弱涣散党组织17个。大力实施“两个带头人”工程，选拔培养“产业型、市场型、创业型”村党组织书记13名，培养党员致富带头人95名。建立支部书记抓党建“四个清单”，借助“流动党校”平台，开展“落实党内基本制度、严肃党内政治生活”专题宣讲。深入开展“共产党好，黄河水甜”移风易俗系列活动，微电影《无“礼”的幸福》网络点击量突破200万次。深入推进“一帮一联、双挂双创”，扎实开展驻村帮扶等工作，完善考核评价体系，切实发挥“第一书记”作用，增强农村党组织带领群众致富的能力。

干部队伍不断优化。认真落实《党政领导干部选拔任用工作条例》，制定《党政机关领导干部及其工作人员不尽责不作为不担当行为问责办法》，建立科级以上干部“实绩档案”，加强干部工作业绩日常记载，对全区科级领导班子和科级干部进行了考核，推动形成以事管人、以事察人、以事选人、以事用人的工作机制。2017年以来，从乡镇提拔正科级领导干部3名，副科级领导干部8名，优秀驻村第一书记3名。严格贯彻落实干部能上能下实施办法，对4名受到处分的科级干部给予免职处理。

党风廉政深入推进。制定落实党风廉政建设“两个责任”全程纪实管理工作方案，细化履行党风廉政建设主体责任、“第一责任人”职责及班子成员“一岗双责”职责、纪委监督职责，做到责任明确、目标具体、任务清晰。坚持把巡察作为落实全面从严治党、完善党内监督体系的重要措施，先后开展三轮常规巡察和市区联动涉农扶贫领域专项巡察，覆盖3个乡镇和7个涉农部门。坚持有案必查、有腐必反，对重要案件和严重违纪行为“一案双查”，始终保持反腐败高压态势。2017年以来，共

受理信访举报件152件，处置问题线索214件，初核198件，立案80件，了结117件，“一案双查”41件次，给予党政纪处分75人，以反腐倡廉实际成效取信于民。

认真总结回顾一年来的工作，我们在看到成绩的同时，更要清醒地认识到我们的工作还存在一些不容忽视的困难和问题，主要表现在：发展缓慢的问题依然突出，龙头企业示范带领能力不强，产业基础不牢固；财政收支矛盾突出，民生领域还有不少短板，城乡基础设施建设滞后；脱贫攻坚任务十分艰巨，9个深度贫困村脱贫难度大，城乡居民收入偏低；遗留问题和社会矛盾相互交织，创新社会治理的任务十分繁重；全面从严治党有待加强，部分基层党组织软弱涣散，一些党员干部“三不为”现象不同程度存在，损害群众利益的不正之风和腐败问题依然存在。这些困难和问题，我们将在今后工作中采取有效措施，切实加以改进。

新时代开启新征程，新思想指引新作为。站在新的历史起点，踏上新的奋斗征程，我们面临的任务艰巨而繁重，肩负的责任重大而光荣。让我们更加紧密地团结在以习近平同志为核心的党中央周围，以习近平新时代中国特色社会主义思想为指引，在区市党委、政府的坚强领导下，不忘初心、牢记使命，振奋精神、苦干实干，坚决打赢脱贫攻坚战，为夺取全面建成小康社会决胜阶段新胜利，谱写红寺堡人民幸福美好生活新篇章而努力奋斗！

在红寺堡区第三届人民代表大会第二次会议上的政府工作报告

谭兴玲

（2017年12月23日）

2017年工作回顾

一年来，在自治区、吴忠市和区委的坚强领导下，在区人大、区政协的监督支持下，我们坚持“脱贫攻坚、增收富民”工作总基调，团结和依靠全区广大人民，固本求源、稳中求进，狠抓项目建设，加快结构调整，促进转型升级，经济社会保持了平稳健康发展。预计实现地区生产总值19.8亿元，同比增长10%以上；地方一般公共预算收入2.03亿元，增长17.5%；全社会固定资产投资87亿元，增长12%；社会消费品零售总额6.2亿元，增长8%；城镇、农村居民人均可支配收入分别达到21043元、7860元，分别增长8.4%和11%。

一年来，全区上下凝心聚力，克难攻坚，干成了一些好事、推进了一些实事、攻坚了一些难事，想干事、能干事、干成事的良好氛围正在形成，全区在项目建设、工业发展、脱贫攻坚、特色农业、招商引资、创新发展等方面取得了新成效。

——始终把产业培植作为重点，综合实力全面提升。坚持发展第一要务，推进农业现代化、新型工业化、服务业多元化，经济发展质量和效益不断提升。农业发展稳中有进。大力发展“3+X”产业，调减玉米等高耗水作物12.2万亩，新增葡萄8100亩、枸杞7000亩、牧草3.3万亩、黄花菜1.42万亩，牛、羊饲养量分别达到8.3万头、83.5万只；建成富硒农产品基地4个，打造自治区级休闲农业示范点2个、市级三次产业融合试点1个。新认定自治区级龙头企业7家，培育各类新型经营主体230家、专业合作社26家；建成农业机械化服务中心3家。举办了第三届全国精品葡萄酒挑战赛暨红寺堡葡萄酒高峰论坛等活动，戈蕊红2014赤霞珠干红等34款葡萄酒获国内外葡萄酒大赛金、银、铜奖34项。工业经济增速加快。新增规上企业5家，预计实现规上工业增加值5.2亿元，增长18%以上。弘德园区预计完成工业总产值13.1亿元，增长20%；实现增加值4.3亿元，增速25%。建成3个葡萄酒庄，葡萄酒年加工能力达2万吨。完善企业扶持政策，出台了《2017年红寺堡区扶持工业经济发展资金奖励办法》，红川科技、索米亚被认定为自治区“专精特新”[1]企业，弘德包装等5家企业获得第六届“宁夏中小企业50强”，壹加壹、天得被评为标准化良好行为AA企业，嘉泽新能源在上海证券交易所主板成功上市。第三产业蓬勃发展。建成县级电商服务中心1个、村级服务站60家，注册电商企业10家，电商孵化园开园运营，入驻电商企业、个体30家。博大三期、鹏胜·时代广场等商贸综合体开工建设。快递年业务量达66.94万件，实现收入231万元。编制完成《红寺堡区全域旅游发展总体规划》，实施“三改一整”[2]工程，新建中圈塘等旅游示范村3个，罗山飞行营地等4个旅游驿站投入使用。承办了2017年全国青少年航空航天模型锦标赛暨第四届航空旅游节、“中华民族一家亲走进红寺堡”等活动，初步形成了“民族团结游”“航空体验游”等新型旅游模式。

——始终把城乡建设作为抓手，人居环境明显改善。按照“一城五体[3]，核心带动”的总体布局，统筹推进城乡一体化建设。城市面貌逐步改观。坚持规划先行，空间规划编制工作有序开展。实施市政建设项目26个，总投资6.17亿元。德水街改造、集中供热等13个项目完工；城东市民休闲公园等13个项目抓紧建设。房地产去库存工作有序推进，瀚海明珠等10个房地产新（续）建项目进展顺利。强力推进综合市场改造，铁腕整治新民小区、罗山商城等违章建筑，累计拆违2374平方米，实施棚户区改造1800套，处置建设用地遗留问题158宗40.85公顷。加大市容市貌整治，城区机械化清扫率达78%、垃圾处理率达95%。美丽乡村加快建设。以改善农村生产生活环境为重点，建成豹子滩等美丽乡村10个，改造危房1840户，大河乡小城镇一期建设基本完成；建成滚新南路等农村公路24条160公里；实施金庄子水库等23个重点水利工程和农村饮水安全项目，治理塘坊梁等盐渍化土地1.2万亩，打造柳泉、白墩等13个重点治理示范区6.42万亩高标准农田，改善和恢复灌溉面积15.3万亩，新增高效节水灌溉4.2万亩，新增蓄水能力704万方，巩固提升4.8万农村人口饮水安全；防汛、抗旱等工作扎实推进。生态环境持续改善。全面落实“河长制[4]”，编制完成11条区级沟河道名录和“一河一策”方案；全面排查32家非煤矿山，打击非法乱盗滥采行为60余起；完成营造林10.7万亩，森林覆盖率提高到10.33%；强化禁牧封育监管，制定出台了《红寺堡区禁牧工作问责办法（试行）》；深入开展“蓝天碧水·绿色城乡”“绿盾2017”[5]专项行动，扎实整改中央环保督察组反馈问题，完成生态保护红线划定，加强农业面源污染防治；第二污水处理厂提标改造全面完成，15家葡萄酒庄污水处理设施建成投用，淘汰燃煤锅炉18台88.4蒸吨；加大罗山自然保护区生态保护力度，清理保护区内46处人类活动点。

——始终把改革开放作为引擎，发展活力竞相迸发。改革步伐日益加快。深化“放管服”改革，落实“两个清单”动态调整机制，全区68项行政许可项目和110项为民服务事项实现集中办理，承接自治区、吴忠市下放审批事项11项；深化商事制度改革[6]，落实“一照通”[7]“五证合一”[8]等登记制度，率先推行个体工商户便利化登记；全面推进城市管理综合执法体制改革，综合执法局挂牌成立，梳理本级8

个政府部门纳入综合执法事项254项，承接3个市直部门下放执法事项64项；采取PPP模式[9]建设弘德园区污水处理厂；农村产权流转服务中心投入运营，农业水价综合改革稳步推进；成立红兴等2家信贷担保公司，在朝阳等4个村开展村级互助担保基金综合试点，在弘德等10个村开展权能改革[10]试点；公务用车、公立医院、司法体制等改革有序推进。开放合作持续深入。构建开放平台，深化与西农大、宁夏农科院技术协作，与江南大学签订葡萄与葡萄酒产业发展合作框架协议。加强与福建德化等地区的友好协作，签订互学互助对口协作协议和基层建设互助共促合作协议，建立了党政互访机制。坚持借力发展，加大上争项目和招商引资力度，吴忠市重点项目大会战开工仪式在我区举行，2个自治区60大庆重点项目完成投资9800万元；50个市、区级重点项目全部开工，完成投资47.83亿元。累计实施招商项目35个，实际到位资金84.4亿元。服务环境逐步优化。创新公共服务机制，政府购买公共服务政策体系不断完善。加强政府诚信建设，优化发展软环境，全面落实“互联网+政务服务”工作，实现了区、乡、村网络全覆盖。推行“一表式”申请受理和“一站式”并联办理，积极开展网上办事，稳步推进“不见面、马上办”审批模式，全面推行“双随机一公开”监管。优化纳税模式，推行一窗受理、窗口出件等便民服务。打击非法融资行为，公开曝光违法失信企业和个人，市场经济秩序运行良好。

——始终把改善民生作为根本，社会治理得到加强。精准扶贫扎实推进。开展精准识别查漏补缺，新增建档立卡1130户4530人；加快精准扶贫脱贫摘帽，15个贫困村销号、2952户12118人脱贫。整合投入扶贫资金6.5亿元，发放贷款10.4亿元，贫困户贷款覆盖面达到76.6%。建立“补、贷、保、兜”到户扶持机制，安排资金3181万元，扶持6664户贫困户发展特色种养业；制定“311”产业扶持政策[11]，统筹整合涉农资金1500万元，打造龙源硒甜瓜等12个特色种植示范区；建立“33211”健康扶贫保障体系[12]，对2.59万人医疗救助615万元；按照每人1000元的标准，对2.06万人健康体检并建立电子档案，大病医疗补充险实现全覆盖；建立教育扶贫基金，整合“雨露计划”“燕宝基金”等资金，发放各类助学金2069.76万元，资助12479人次；整合资金1442.56万元，实现建档立卡户“扶贫保”[13]全覆盖，将4276名特殊人群全部纳入兜底范围。深入开展“百企帮百村”活动，弘德包装、汇达、百瑞源等企业与贫困村结对帮扶。继续深化“闽宁协作”、中烟定点帮扶和医疗对口帮扶，建成中圈塘等4个闽宁协作示范村和玉池制衣、马渠冷链包装等5个“扶贫车间”；建成“飞地”肉牛扶贫养殖园区，564户建档立卡户参与养殖，户均增收6175元；上海六院、北京平谷医院等优势医疗集团500余名医疗专家来红开展临床技能培训、义诊等活动。社会事业全面进步。实施“全面改薄”工程，改造义务教育薄弱学校8所，新改建农村幼儿园14所，学前三年毛入园率达74.55%，义务教育均衡发展通过自治区评估认定。深入推进国家公共文化服务体系示范区、自治区基本公共体育服务体系示范区创建活动，文化馆主体建成；64个村级综合文化服务中心建成投用，在自治区率先实现“七个一”[14]标准全覆盖，自治区文化扶贫工程贫困地区村综合文化服务中心建设总结表彰大会拟在我区召开。人民医院门急诊楼等项目进展顺利，21 所村标准化卫生室基本建成；落实“七免一救助”项目，拓展与宁医大总院合作领域，对 40 岁以上 6000 余目标人群进行脑卒中防治筛查；人口计划生育、妇幼保健等工作得到加强。依法加强宗教事务管理，民族团结进步创建成果得到巩固。扎实做好拥军优属、优抚安置工作，军民关系更加融洽。民生保障更加有力。落实积极就业创业政策，实施居民收入增长等计划，发放创业担保贷款 1028 万元，城镇新增就业 678 人；转移农村劳动力 4.18 万人，实现劳务收入 3.94 亿元。住房保障不断完善，完成 540 户公共租赁住房分配和住房困难户租赁补贴发放工作。社会保险覆盖更广，城乡居民养老、医疗保险参保人数分别达到 5.9 万人和 16.3 万人，支付养老、医疗等各类保险 1.06 亿元。社会救助逐步健全，5 个社区服务站投入使用，发放城乡低保、高龄津贴等救助资金 9700 万元；大力发展慈善事业，完成 66 名困难儿童先天性心脏病筛查，建成“留守儿童之家”19 个；创新养老服务模式，建成第二敬老院，中心敬老院、菊花台残疾人日间照料中心服务质量全面提升。社会大局和谐稳定。推进治安防控体系建设，建成 600 路视频监控图像、60 路特征采集图像；加大铁路护路工作，确保了路域环境安全。“14322”村级事务“五步监督法”提标扩面。深入开展打击“两抢一盗”“电信诈骗”等专项行动，排查化解各类矛盾纠纷 850 件，社会大局保持稳定，公众安全感居自治区、吴忠市前列。狠抓企业生产、高危行业、食品药品等领域安全生产，全面整改国务院安委会巡查组发现的问题，全年未发生较大以上安全生产事故，安全生产形势平稳向好。

——始终把自身建设作为关键，执政能力有效提升。推进依法行政。探索“2584”普法模式[15]，深入推进“七五”普法；强力推进法治政府建设，严格执行“三重一大”决策制度，完善重大决策专家咨询和政府法律顾问制度，加强规范性文件审查备案工作，确保了决策制度科学、程序正当、过程公开；继续完善司法救助机制，办理法律援助案件 130 件，挽回经济损失 735 万元；受理行政复议案件 34 件、应诉行政案件 17 件。依法接受监督。全力办好 8 件民生实事、32 件人大议案建议和 35 件政协提案。邀请人大代表、政协委员开展民生实事、议案建议及提案办理专题视察、调研。通过区长信箱、区长接访等形式办理群众意见、建议、诉求 84 件。全面推进政务公开，利用政府门户网站、电视台等媒介公开政务信息 3700 余条。切实转变作风。认真贯彻中央“八项规定”精神，扎实推进“两学一做”学习教育常态化制度化，坚持不懈整治“四风”，“三公”经费明显下降。严格落实党风廉政建设责任制，加强行政监察和审计监督，从严查处各类违法违纪案件，政府效能进一步提升。严格执行“五不直接分管”“末位表态”等制度，全面落实“两个责任”，政风行风和干部作风明显好转，人民群众的满意度不断提高。

一年来，应急、人防、档案、地方志、广播电视、外事侨务、国防动员和民兵预备役等工作取得了新业绩；工会、老龄、残联、工商联、共青团、妇女儿童、机关事务等事业取得了新进步；金融、税务、通信、邮政、保险、供电、供水等驻红单位为全区经济社会发展作出了新贡献。

经过一年的努力奋斗，全区经济社会发展取得了长足进步，向全面小康社会的奋斗目标迈出了坚实步伐。这是自治区、吴忠市和区委坚强领导的结果，是区人大、区政协和社会各界监督支持的结果，是全区人民同心协力、苦干实干的结果。在此，我代表区人民政府，向全区人民、人大代表、政协委员，向离退休老同志、民主党派、各人民团体和社会各界人士，向武警、消防官兵和政法干警，向参与红寺堡建设、支持红寺堡发展的各界朋友表示衷心的感谢和崇高的敬意！

站在新起点奋力前行的同时，我们必须认清发展中存在的问题：经济总量小、综合实力弱，一产不优、二产不大、三产不活，三次产业结构有待进一步优化；财政体量小，非税收入占比大，财政收入质量不高，特别是城乡居民"两个收入"依然是发展短板；民生改善任务重，深度贫困人口比重大，脱贫攻坚、保障和改善民生的压力依然艰巨；基础设施还不完善，城镇化水平不高，城乡面貌差距较大，城乡协调发展需进一步加快；作风建设任重道远，个别干部存在思维打不开、视野放不远和作风不实、担当不够、能力不强的问题，等等。对此，我们将坚持问题导向，采取有效措施加以解决。

2018 年工作任务

党的十九大确立了习近平新时代中国特色社会主义思想为党的指导思想，描绘了决胜全面建成小康社会、建设社会主义现代化强国的宏伟蓝图。自治区第十二次党代会作出了实施"三大战略""五个扎实推进"的重大部署，提出了打造"两个先行区、两个示范区"[16]的战略安排。区委三届五次全会，提出了以"脱贫攻坚、增收富民"为统揽，建设现代化生态灌区示范县（区）的奋斗目标，极大激发了我区人民团结奋进、决战决胜全面小康的信心和斗志。我们相信，只要全区上下坚定信心、抢抓机遇，主动作为、实干兴红，就一定能推动经济社会发展再上新台阶。

2018 年区政府工作的总体思路：坚持以习近平新时代中国特色社会主义思想为指引，深入贯彻落实党的十九大、自治区第十二次党代会、吴忠市第五次党代会和区委三届五次全会精神，坚定不移贯彻新发展理念，以"脱贫攻坚、增收富民"为统揽，大力实施创新驱动、脱贫富民、生态立区战略，扎实推进全面深化改革、保障和改善民生、民主法治建设、民族宗教工作、社会治理创新等重点工作，建设现代化生态灌区示范县（区），在新的起点上加快推进全面建成小康社会进程。

全年经济社会发展的主要预期目标：地区生产总值增长 10% 左右；地方一般公共预算收入增长 8% 以上；全社会固定资产投资增长 8% 左右；社会消费品零售总额增长 8% 以上；城镇、农村居民人均可支配收入分别增长 9% 和 11%。

为实现上述目标，我们将着力抓好以下三个方面的工作：

一、坚持创新驱动，实施"四大工程"，加速转换发展动能

以创新驱动为引领，不断提升产业发展层次、质量和效益，加快构建结构优化、附加值高、竞争力强的现代产业体系，助推经济绿色转型发展。

（一）实施项目带动增量工程。立足投资拉动型经济增长，以"两大任务"为抓手，坚持不懈抓项目、扩投资、促发展。抢抓机遇争项目。紧盯国家投资政策、方向和规划，抢抓自治区实施"三大战略"机遇，围绕脱贫攻坚、

“3+X”产业、城乡基础设施、全域旅游、生态建设、环境保护、健康养老等领域，全力争取政策、项目和资金支持，切实解决经济增长乏力和民生发展短板等问题。全年上争项目到位资金20亿元以上。积极对接建项目。紧跟自治区、吴忠市产业规划，以优化农业、工业和民生等项目布局为抓手，按照“谋划一批、对接一批、开工一批、在建一批、投产一批”的原则，全年计划实施项目166个，其中确定实施赛乐菲、村级光伏电站、红粉佳荣葡萄酒研学旅游等市、区重点项目52个，计划完成投资90亿元以上。强力招商引项目。修订完善《红寺堡区招商引资政策》，出台《红寺堡区新兴产业发展规划》《支持和鼓励企业创新发展扶持政策》。采取以商招商、产业招商和举办招商推介会、名优特色产品品鉴会等方式，加大宣传力度，力争引进一批葡萄、枸杞、黄花菜、清真牛羊肉加工和轻工制造、现代物流、文化旅游、新能源等产业项目，实现招商引资既要“扩数量”更要“提质量”。全年计划完成招商引资85亿元。

项目建设是拉动经济增长的重要引擎，我们要牢固树立“抓项目就是抓经济、抓项目就是促发展”的理念，以项目落地为核心，以项目达效为目的，鼓足干劲、全力冲刺，在全区掀起一场“项目攻坚”大会战！

（二）实施农业转型升级工程。依托特色产业优势，加快产业转型进度。力争农业总产值达到10.97亿元，同比增长5.5%；实现农业增加值5.32亿元，同比增长5%。加快农业结构调整。培育壮大“3+X”产业，新增和低产改造葡萄5000亩，种植黄花菜2万亩、枸杞5000亩、牧草1万亩，种植瓜果、中药材等特色产业5万亩。推行“企业＋合作社＋农户”模式，建成万头肉牛养殖基地1个、优质改良滩羊繁育基地5个，牛、羊饲养量分别达到10万头和80万只。加快农业品牌建设。制定《红寺堡区特色农产品品牌建设意见》，培育发展“生态、绿色、有机、富硒”特色农产品。加快推进葡萄产业标准化发展，培育贺兰山东麓葡萄酒“明星品牌”，打亮“中国葡萄酒第一镇”名片；加大对黄花菜产业扶持，探索推广企社合作模式，建立“社会化合作组织、产业联合社、专业合作社、农户共同参与”的产业一体化经营机制，打造黄花菜、硒甜瓜等富硒农产品品牌；依托国家生态原产地保护认证的地域优势，组建枸杞产业协会，大力提升“百瑞源枸杞、玉池辣椒”等品牌效应，加快产、加、销一体化建设进程；把“全国食品安全生产示范基地”标牌宣传好、利用好、保护好，支持企业申请专利，争创“农”字号中国驰名商标1个，认证无公害、绿色有机农产品5个以上。加快农业科技推广。健全农业技术推广、动植物疫病防控、农产品质量监管机构，重点抓好葡萄、枸杞、草畜、黄花菜等优良品种引进和水肥一体化、畜牧养殖节本增效等新技术推广，发展农民专业合作社、家庭农场、产业化龙头企业等新型经营主体200家，培育现代农业社会化服务组织2家，培训新型职业农民300人以上。建立农技人员“包村定组联户”机制，开展玉米粘虫、葡萄灰霉等病害防治和科技服务，帮助农民解决生产实际问题。加快农业农村改革。做好第二轮土地承包到期后再延长30年政策衔接，完善“三权”分置制度，开展农村土地确权“回头看”及遗留问题处置，全面完成土地确权登记工作；开展两权抵押贷款和农村产权备案登记工作，两权抵押贷款1亿元以上；巩固提升农村土地股份合作和投改股量化工作，壮大村集体经济收入。开展农业设施、大型农业机械经营权确权试点，扩大经营权确权范围。积极推进农业水价综合改革，实现“同水同价”。

我区农业经济的出路在于“特”，我们要坚持农业农村优先发展，培育特色产业，创新经营理念，强化品牌塑造，不断提升农业整体发展质量和水平，真正让农业成为农民富起来的支柱产业！

（三）实施工业扩规增效工程。创优企业发展环境，引导企业提振信心，加大有效资本投入，推动工业经济扩规增效。新增规上企业5家，规上工业增加值增长20%左右。壮大工业实体经济。把着力点放在工业增长的质量和效益上，壮大规模、盘活存量，按照“小酒庄、大品牌”的思路，做好“体验经济”文章，新建酒庄2家，葡萄酒年加工能力达到3万吨。加快完善弘德园区服务功能，争取低成本化改造项目，完善道路、给排水和小微企业创业园基础设施，促进企业向园区集聚。加快推进嘉祥晨旭玻璃制品、汽车清洁用品等12个项目建设进度，力争大唐国际能源、恒丰现代纺织等8个项目投产达效；扶持嘉泽新能源、弘德包装等企业扩大产能、提升效益。助推企业自主创新。推行“一企一策”模式，重点解决工业产品技术含量低、规模带动效应低、市场占有率低的“三低”问题，大力培育主导型、创新型和科技型工业企业，鼓励汇达、壹加壹等企业争创市级以上政府质量奖；引导红川科技、索米亚等企业研发具有自主知识产权的新技术、新产品；培育“专精特新”企业，力促特变电工、弘德包装等一批市场竞争优势突出、辐射带动能力强的企业争创知名企业。

经过坚持不懈地努力，我区工业经济实现了起步发展并逐步壮大，我们要咬紧牙关不放松，坚定不移树立“抓工业、抓园区”的发展思路，做大工业规模，做强工业实力，坚决打赢工业扩规增效这场硬仗！

（四）实施现代服务提档优化工程。聚力发展现代服务业，促进服务业发展提速、比重提高、结构提升，力争第三产业增加值增长8%以上。加大市场主体培育。积极推进市场布局调整和整合改造，改造建设罗山宾馆，加快交通物流园、汽车交易市场等项目建设，推动物流产业集聚发展；打造德水街、罗山路等特色街区，建成配送中心、末端网点、绿色车队为一体的配送体系，逐步实现市场专业化、产业化。力争发展限额以上企业3家。打造电子商务亮点。以创建“全国电商示范县”为抓手，加大与德化县电子商务合作力度，培育发展红寺堡电商创业孵化园、昊澎创客空间等示范企业，打造“互联网+便民服务站”，推动农村传统商贸市场“线上线下”融合发展，线上销售突破千万元。拓展电子商务发展领域，在行政村逐步建立便民缴费、银行转账、网络营销等电商服务新平台。推进商旅联动发展。打造博大购物中心、华景六盘金街、鹏胜·时代广场等商贸集聚区，形成新的商业圈。继续完善中圈塘、东源等农家驿站，新建一批集餐饮、住宿为一体的休闲农庄。优化“红寺堡一日游”专线，加快西川特色产业示范村建设和宁夏移民博物馆AAAA级景区创建进度，完成肖家窑葡萄文化长廊基础设施工程，打造旅游风景大道和自行车（步行）观光带，争创全国全域旅游示范县（区）。

第三产业是我区经济发展中的“短腿”，我们要拿出争项目、争资金的劲头，把这项关乎人民群众衣食住行的产业放在心上、抓在手上，下决心抓出成效，力促我区三次产业比翼齐飞、协调发展！

二、坚持脱贫富民，提升“三项指数”，持之以恒改善民生

坚持以人为本，加快民生事业从“少”向“多”拓展，从“有”向“优”提升，持续增进民生福祉，让广大人民群众更多更好更公平地分享改革发展成果。

（一）提升民生“满意指数”。全面落实自治区深度贫困地区“十大工程[17]”“八项支持政策”,精准制定9个深度贫困村“一村一策”脱贫计划。围绕“四个一”示范带动工程[18]，统筹抓好5个贫困村整村推进，实现1954户7666人脱贫摘帽。整合涉农资金不少于7亿元，补齐基础设施短板，打造兴民、东川等10个特色产业示范村，贫困户产业、贷款覆盖面分别达到95%和80%以上。创新教育、健康、金融等扶贫模式，大力开展“百企帮百村”活动，深化与国家烟草专卖局、福建德化县等对口帮扶协作，引进劳动密集型企业在贫困村建立扶贫车间、扶贫工厂。实施更加积极的就业政策，创新招工、培训、就业“三位一体”机制，稳步扩大就业。做好劳动维权保障，确保农民工工资清欠率达到95%以上。逐步提高社会保险待遇，确保“扶贫保”全覆盖，建档立卡户养老、医疗保险参保率分别达到95%和100%。不断完善社会救助体系，精准认定低保对象，切实做到应保尽保；推动居家养老、机构养老和社区养老协调发展，合理布局和增加老年人活动场所；按照“政府主导、企业主体、市场运作”的模式，采取“公建民营”的方式，确保第二敬老院投入使用，让老年人老有所养、老有所乐；完成1000户农村危房改造，让困难群众享受到更好的住房条件。

（二）提升群众“幸福指数”。优先发展教育事业，加快一中改扩建、五小等项目建设进度，确保职教中心、四小开门办学。全面完善中小学校基础设施建设，均衡资源配置，开展义务教育均衡发展“回头看”，确保通过国家复核验收。高标准完成国家公共文化服务体系和自治区公共体育服务体系示范区创建工作，文化馆、全民健身中心等文体场馆开馆运行。积极申办2018年全国航空航天模型锦标赛和青少年航空航天模型锦标赛，举办第三届运动会。深入推进医药卫生体制和公立医院改革，全面落实分级诊疗制度，实行区、乡、村“六统一、两独立”[19]一体化管理，实现基本公共卫生均等化服务；人民医院门急诊楼、疾病预防控制中心综合楼投入使用；继续深化京宁、沪宁、闽宁等医疗立体帮扶合作。深入开展社会主义核心价值观教育和移风易俗活动，努力营造崇德向善、见贤思齐的社会氛围。

（三）提升社会“安全指数”。开展“七五”普法教育，实施法治惠民工程，加快依法治区进程。加快“智慧红寺堡”建设步伐，增设治安视频监控图像500路，实现城乡重要部位、主要路口、人员密集场所视频监控全覆盖。深入推进平安建设，健全矛盾纠纷预防调处化解机制，推动信访工作法治化；深入开展社会治安严打整治行动，严防黄赌毒等违法犯罪活动滋生蔓延，不断提升公众安全感。健全应急救援体系，做好防灾、减灾、救灾工作，提升突发事件应急响应、处置和保障能力。严格落实安全生产“一岗双责”和部门监管、企业主体责任，扎实开展隐患排查整治，有效化解各类安全生产风险。加大治超执法力度，确保道路

安全畅通。加强食品药品和农产品质量安全监管，保障群众“舌尖上的安全”。依法加强宗教事务管理，巩固“全国无邪教示范区”和“全国民族团结进步创建示范区”创建成果。全面推进国防教育和双拥工作，促进军民融合发展。

支持工商联、工会、共青团、妇联、残联等群团组织开展工作，支持驻红单位、驻红部队各项事业。

民之所望，施政所向。我们一定把民生改善作为一切工作的出发点和落脚点，更加关注民生、积极改善民生、着力惠及民生，让广大人民群众生活越来越好，满意、幸福、安全指数越来越高！

三、坚持生态立区，做亮“三张名片”，倾力打造美丽红寺堡

牢固树立绿色发展理念，加快城乡建设进程，着力做亮“生态城市、特色乡镇、美丽乡村”三张名片，促进自然美与现代美交相辉映，建设路畅城靓、天蓝地绿、山清水秀的生态新区。

（一）建设生态城市。坚持强化配套与优化环境并举、丰富内涵与塑造特色并行，巩固自治区园林城市创建成果，打造宜居、宜业、宜游、宜创的人文生态城市。改善城镇生态面貌。以提质增景为目标，重点完成丹霞路两侧带状公园、街头游园和罗山路连接线分车带绿化324亩；改善提升清云湖基础设施，铺设景区游园路3.5公里，改造治理公园盐渍化土地300亩；加快城东市民休闲公园项目建设进度，将红寺堡建设成“望得见罗山、看得见湖水、园林绿地镶嵌”的移民特色城镇。优化城镇服务功能。启动城市智能交通系统建设，完善城市公交运行机制，争取列入全国城乡交通运输一体化试点县（区）。新建小康街、三小北路等7个市政道路项目，实施金水广场改造、综合客运站等10个公共基础设施项目，完成棚户区改造1000套，力促盛世佳园等8个房地产项目加快进度。编制完成城区防洪规划，实施供水、供电、供暖管网改造，增强综合承载能力。提升城镇管理质量。深入推进“创城”“创卫”，全面开展综合执法和环境综合治理，着力整治乱堆乱扔、牛皮癣等“城市病”；严厉打击乱停乱放、闯红灯等交通违法行为。探索建立城市管理长效机制，重点解决罗山花园、鼎盛花园等住宅小区物业管理滞后的问题。加大环保执法力度，实施大气污染防治和水污染治理行动，倡导简约适度、绿色低碳、文明健康的生活方式。

（二）谋划特色乡镇。按照规模适度、功能完善、环境优美的要求，抢抓实施乡村振兴战略机遇，结合各乡镇实际，打造产业特而强、功能聚而合、形态精而美的特色乡镇。充分发挥葡萄、枸杞、肉牛养殖等基地示范作用，形成“一村一品”的高效节水特色农业产业新格局；巩固提升东方社区“军民共建”、罗山社区“民族团结”等靓丽名片，打造各具特色的星级和谐社区；稳步推进综合市场改造，提高城市品位，着力把红寺堡镇打造成产业集聚、和谐文明、城乡一体的中心城镇。依托太阳山工业园区优势，变“体力型”为“技能型”劳务输出，增加农民收入；充分发挥特色产业优势，持续推进“两点一廊”[20]示范区建设，着力把太阳山镇打造成黄花菜示范乡镇。依托香园村“民俗文化第一村”“一约四会”[21]示范村建设，持续推动移风易俗活动，引导群众讲文明树新风，着力把大河乡打造成文化厚重、家风蔚然的移民文化乡镇。充分发挥南角湾苹

果主题生态示范园、杨柳葡萄文化产业村的带动作用，全面启动新庄集乡葡萄小镇建设，加快“一城两园五村两寨”[22]建设进度，着力把新庄集乡打造成生态特色鲜明、采摘乐趣浓厚的特色旅游乡镇。围绕“两区一带一中心”[23]，加快万亩高效节水、万头肉牛养殖示范区和柳城公路黄花菜种植示范带的建设进度，全面推行“综治中心 +7”[24]运行模式，着力把柳泉乡打造成产业突出、法治惠民的和谐美丽乡镇。

（三）打造美丽乡村。坚持农业农村优先发展，不断加大农村基础设施建设，着力打造“功能全、颜值高、环境靓”的样板农村。强化基础建设。全面落实“河长制”工作职责，对清水河红寺堡段等 50 条沟（河）道进行综合治理。坚持“以水定产、以节保供”的原则，治理盐渍化土地 1.98 万亩，改善灌溉面积 5.3 万亩，新增高效节水灌溉 3.08 万亩。配合做好京藏高速、G338 线改（扩）建等重点项目，争取实施全域旅游公路、特色产业路及农村公路 300 公里，创建自治区“四好公路”[25]示范县（区）。建成田原、羊坊滩等 8 个美丽乡村；改造红塔村 3 公里 10KV 供电线路。强化综合治理。深入推进绿色发展，严格领导干部自然资源资产离任审计。实施退耕还林、退牧还草和三北防护林、天然林保护工程，加强封育禁牧、森林草原防火工作。实施弘德、马渠等村庄绿化工程，完成营造林 8.63 万亩，森林覆盖率提高到 10.48%。全面开展第二次全国污染源普查工作，启动农村“厕所革命”和“五美庭院”[26]创建活动，继续实施“蓝天碧水・绿色城乡”行动，全面开展沙泉地下饮用水水源地环境综合整治工作，加大燃煤小锅炉淘汰、秸秆焚烧等整治力度，提升环境优良指数和人居生活质量。

绿水青山就是我们最大的家底和财富，我们不仅要把生态当作生存环境来维护，更要把生态当作发展环境来珍视，努力把红寺堡建成人人共享、代代受益的“绿色银行”！

全面加强政府自身建设

为政之要，重在力行，贵在担当。我们将始终坚持“以人民为中心”的理念，遵循实干、高效、敬业、廉洁的原则，始终以“踏石留印、抓铁有痕”的劲头，全面加强政府自身建设，不断提高政府公信力和执行力。

坚持依法行政，建设法治政府。全面推行权力清单制度，严格落实“谁执法谁普法”责任制，推行“菜单化”精准普法。自觉接受区人大法律监督和工作监督、区政协民主监督，不断强化审计监督，主动悦纳社会公众监督和舆论监督。完善依法行政制度体系，建立政府规章、规范性文件动态清理、备案和公布制度。建立重大事项向区委请示汇报、重大决策出台前向人大报告和向政协通报制度；严格实行重大决策公众参与、专家咨询制度，加强社会稳定和行政决策风险评估，落实政府法律顾问制度，着力规范工作程序，促进政府工作制度化、规范化，以政府的“法治指数”提升社会的“公平指数”。

坚持高效行政，建设效能政府。强化绩效管理和目标考核，实行重点工作挂项承诺、通报公示、行政问责及限时办结制、责任追究制，确保各项决策和既定事项在规定时限内全面落实。加强政务服务建设，建立健全政务公开、“互联网 + 政务服务”和“不见面、马上办”审批模式，营造高效透明的政务环境和公平公正的市场环境；加快城市数据运营中心建设，建成网上审批和BIM项目监管平台。简政放权、优化服务，确保在谋事中求发展、在干事中树形象、在成事中赢民心，以政府的“效率指数”提升经济的“发展指数”。

坚持科学行政，建设务实政府。围绕人民群众最关心、最直接、最现实的出行、教育、就业、医疗、养老等问题确定政府工作重点，把更多财力向民生、向基层倾斜。加强政府执行力建设，把创新和落实贯穿到政府工作的每个环节，按照重点工作项目化、项目工作责任化要求，以“钉钉子”精神，一件一件抓进度、一项一项求突破，赛工作比进度、晒成绩促后进；畅通社情民意反映渠道，对群众关注的事，定一条是一条，条条算数；对群众期盼的事，做一件成一件，件件落实，做到善谋善为、善做善成，以政府的“精准指数”提升群众的“幸福指数”。

坚持阳光行政，建设廉洁政府。树牢“四个意识”，坚定“四个自信”，扎实开展“不忘初心、牢记使命”主题教育，巩固提升“两学一做”学习教育成果，认真落实意识形态工作责任制，严明政治纪律，严守政治规矩。严控“三公”经费，继续压缩一般性支出；健全廉政风险防控机制，加强工程招投标、经营性土地出让、政府采购等重点领域监管，严厉查处违纪违法案件和失职渎职行为。全面落实中央“八项规定”、国务院“约法三章”和自治区、吴忠市及区委要求，以永远在路上的坚韧，驰而不息整治“四风”，锲而不舍抓好“脱贫攻坚作风年”活动，以政府的“清廉指数”提升人民的“满意指数”。

总结成绩，应给全区人民点赞；再创新业，更需广大干群给力。让我们在区委的坚强领导下，在区人大、区政协和社会各界的监督支持下，干字当头、实字托底，持续用力、久久为功，为加快建设“五个红寺堡”、决战决胜全面建成小康社会而努力奋斗！

名词解释和说明

① **“专精特新”企业：**具有“专业化、精细化、特色化、新颖化”特征的工业中小企业，企业规模符合国家《中小企业划型标准》的规定。

② **三改一整：**以“设施完善、服务规范、环境优美、游客满意”为总目标，以“改厕、改厨、改房、整理院落”为主要任务，通过完善农家乐基础设施，进一步提升农家乐服务品质，切实改善农家乐旅游接待环境。

③ **一城五体：**一城，即红寺堡城区。五体，即大河城乡聚合综合体、新庄集城乡聚合综合体、柳泉城乡聚合综合体、太阳山产城聚合综合体和石炭沟产村聚合综合体。

④ **河长制：**由各级党政主要负责人担任“河长”，负责组织领导相应河湖的管理和保护工作。

5 **绿盾2017：**为认真贯彻落实《中共中央办公厅国务院办公厅关于甘肃祁连山国家级自然保护区生态环境问题督查处理情况及其教训的通报》精神，严格执行《中华人民共和国环境保护法》《中华人民共和国野生动物保护法》等法律法规，严肃查处自然保护区各类违法违规活动，切实加强自然保护区监督管理，环境保护部、国土资源部等部门联合开展的一次关于国家级自然保护区监督检查的专项行动。

6 **商事制度改革：**由注册资本实缴登记制改为注册资本认缴登记制，取消了原有对公司注册资本、出资方式、出资额、出资时间等硬性规定，取消了经营范围的登记和审批，从以往的“重审批轻监管”转变为“轻审批重监管”。

7 **一照通：**在全面推行营业执照、组织机构代码证、税务登记证“三证合一”“一照一码”的基础上，商事主体采取“一表申请、一窗受理、并联审批、信息共享”的登记审批模式。

8 **五证合一：**营业执照、组织机构代码证、税务登记证、社会保险登记证和统计登记证“五证合一”登记制度。

9 **PPP模式：**将部分政府责任以特许经营权方式转移给社会主体（企业），政府与社会主体建立起“利益共享、风险共担、全程合作”的共同体关系，政府的财政负担减轻，社会主体的投资风险减小。

10 **权能改革：**引导土地经营权规范有序流转，推进农村集体产权制度改革，开展赋予农民对集体资产股份权能改革试点，稳步推进农村土地制度改革试点。

11 **“311”产业扶持政策：**我区针对各贫困村特色产业发展制定出台的产业扶持政策，即对特色产业种植分三年给予一定的补助，第一年每亩补助300元，第二年每亩补助100元，第三年每亩补助100元。

12 **“33211”健康扶贫保障体系：**三覆盖，即城乡医疗保险、大病保险和“脱贫保”大病补充医疗保险三项制度对建档立卡户贫困人口实现全覆盖。三免，即贫困人口到辖区各医疗机构住院或门诊就医，均可享受免挂号费、免诊疗费、免专家会诊费等优惠政策。两减，即医疗机构对贫困人口住院就诊，减免30%自付费用（除报销、救助费用外）；减免30%门诊或住院辅助检查费。一窗口，即人民医院设立服务窗口，实现基本医疗保险、大病保险、疾病应急救助、医疗救助“一站式”信息对接和即时结算，贫困患者只需在出院时支付自负医疗费用。一卡通，即为贫困人口办理一张健康扶贫卡，辖区内各医疗机构为持卡人开设就诊“绿色通道”，方便贫困人口看病就医；各相关医疗报销、救助部门，对贫困人口一律优先、从快办理。

13 **扶贫保：**为防止贫困户脱贫过程中因产业风险、意外事故等因素致贫返贫，与中国人寿、人保财险、平安保险3家保险机构合作，为贫困户量身打造“扶贫保”家庭成员意外伤害保险、大病补充医疗保险、借款人意外伤害保险和优势特色产业保险。

14 **七个一：**一个文化活动广场、一个文化活动室、一个简易戏台、一个图书电子阅览室、一套文化器材、一套广播器材、一套体育设施器材。

15 **“2584”普法模式：**“2”，即领导干部和青少年两个重点普法对象。“5”，即搭建法治主题公园、法治文化广场、法治文化长廊、公共法律服务超市和法治宣传一条街五大普法平台。“8”，即开展法律进机关、进单位、进乡村、进学校、进社区、进企业、进社会组织等活动。“4”即建立领导干部讲法、考法、述法、评法四项机制。

16 **两个先行区、两个示范区：**两个先行区，即打造西部地区转型发展先行区和生态文明建设先行区。两个示范区，即打造全国民族团结进步示范区和脱贫攻坚示范区。

17 **十大工程：**健康扶贫工程、残疾人扶贫工程、老年人养老保障工程、饮水安全巩固提升工程、危房危窑改造工程、贫困村整村推进与提升工程、扶贫产业提质增效工程、教育和培训就业工程、异地扶贫搬迁工程、保障兜底工程。

⑱ **四个一示范带动工程：** 即“十三五”期间，自治区实施的建设百个产业扶贫示范村、培育百家扶贫龙头企业、培育千家扶贫产业合作社、发展万名致富带头人四个一示范带动工程。

⑲ **六统一、两独立：** 六统一，即统一机构设置、统一房屋建设、统一业务管理、统一人员管理、统一药品管理、统一财务建账。两独立，即法律责任独立、财务核算独立。

⑳ **两点一廊：** 两点，即打造太阳山镇牛记圈高效节水示范点和兴民村黄花菜种植基地示范点。一廊，即黄花长廊。

㉑ **一约四会：** 一约，即制定村规民约。四会，即成立村民议事会、道德评议会、禁毒禁赌会、红白理事会。

㉒ **一城两园五村两寨：** 一城，即新庄集小城镇。两园，即南角湾苹果主题生态示范园和马渠扶贫产业示范园。五村，即西川特色产业示范村、杨柳葡萄文化产业村、康庄黄花菜和中药材等特色产业聚集示范村、洪沟滩万亩枸杞产业示范村、菊花台慈善产业示范村。两寨，即新台、柳树台少数民族特色村寨。

㉓ **两区一带一中心：** 两区，即柳泉乡万亩高效节水特色示范区和万头肉牛养殖示范区。一带，即柳城公路黄花菜种植示范带。一中心，即打造红寺堡区次级中心城镇。

㉔ **综治中心 +7：** 综治中心 + 工作部门 + 工作力量 + 工作内容 + 工作对象 + 信息化建设 + 工作责任 + 工作区域。

㉕ **四好公路：** 把农村公路建设好、管理好、养护好、运营好。

㉖ **五美庭院：** 人美、厨房美、室美、院美、村庄美。

葡萄基地

专 记

Special Notes

红寺堡区扶贫工作综述

一、基本情况

红寺堡区是宁夏党委、政府贯彻落实国家“八七”和宁夏“双百”扶贫攻坚计划，为从根本上解决宁夏南部山区群众脱贫致富而实施的扶贫扬黄灌溉工程（“1236”工程）主战场，1998年开发建设，2009年设立吴忠市辖区。行政区域面积2767平方公里，辖2镇3乡1街道65个行政村5个城镇社区。累计开发水浇地70余万亩，搬迁安置移民23.3万人，其中回族占62%，是全国最大的异地生态移民扬黄扶贫集中安置区。2017年，实现地区生产总值19.8亿元，农村居民人均可支配收入7860元。

红寺堡区自治区确定的深度贫困县区之一，共有贫困村40个，其中深度贫困村9个，建档立卡户16288户64155人。截至2017年底，实现了30个贫困村销号，11697户46164人脱贫，尚有4591户17991人未脱贫，近年来，红寺堡区以“脱贫攻坚、增收富民”为统揽，突出“六个精准”[1]，实施“五个一批”[2]和“二十个专项扶贫攻坚行动”[3]，贫困发生率由2014年的33.9%下降到10.7%。

二、工作开展情况

（一）加快产业培育，筑牢稳定脱贫基础。投入资金7100万元，分别按照5000元、8000元标准对五个乡镇40个贫困村和24个非重点贫困村的建档立卡户发展产业给予扶持；调减玉米10.1万亩，新增枸杞1.4万亩、黄花菜3.8万亩、牧草1.07万亩、其它特色种植1.9万亩，牛、羊、猪、禽类饲养量分别达到8.3万头、83.5万只、3万头、60万只。建成扶贫车间7个，解决100名群众就近务工。输出劳动力2450人到广东、浙江、内蒙古等地区务工，创收730万元。

（二）坚持问题导向，整合项目补齐短板。紧盯贫困村水、电、路、网等基础上设施短板，大力实施贫困村提升工程，筹整合使用财政涉农扶贫资金规划项目137个，概算投资5.6亿元，计划2018年使用统筹整合财政涉农扶贫资金3.4亿元，围绕基础设施建设、特色优势产业培育、环境生态建设及社会事业与公共服务四项建设内容，重点实施土地整理、危房改造、道路硬化、薄弱学校改造、安全饮水等项目，硬化村组道路158公里、人饮改造提升10处、铺设田间生产路240公里，完成经济林1.27万亩，推进10个美丽乡村建设，鉴定危房户2500户，符合危房改造D级房1769户，其中建档立卡1113户，已开工建设454户（建档立卡户311户），确保建档立卡贫困家庭在义务教育、基本医疗、安全住房实现全面保障，使群众生产生活条件得到根本改善，幸福指数持续提升。

（三）增强致富技能，激发脱贫内生动力。深入开展以扶贫先扶志、治贫先治愚、脱贫先脱旧为内容的“三先开路”专题教育，实施党员联户、干部包户，送政策、送信息、送科技，增强群众致富信心。大力宣传脱贫光荣先进典型，坚持扶贫同扶智、扶志相结合，采用生产奖补等方式，对发展劳务、经营产业主动脱贫的建档立卡户，按照5：4：3比例分3年累计奖补1.2万元。整合资金9500万元，建立扶贫小额贷款风险补偿金和担保基金，扶贫小额贷款余额6.99亿元，建档立卡户覆盖率达94.6%，户均贷款4.54万元。开发农村公益性岗位1607个，重点向9个深度贫困村倾斜，80%用于建档立卡户。

（四）夯实基层党建，强化脱贫引领作用。深入推进“三大三强”行动[4]和“两个带头人”工程[5]，加强基层党组织建设，选优培强深度贫困村村级组织负责人，完善运转经费保障机制，坚持在脱贫攻坚和急难险重岗位选干部、用干部的用人导向，完善干部能上能下机制，建立干部实绩档案。培养选树创业致富带头人210名，坚持因村派人、因人定村，驻村第一书记实现贫困村全覆盖，推行“一述五评”考核机制[6]，充分发挥了驻村第一书记脱贫攻坚中坚力量。

（五）做实精准帮扶，脱贫合力不断聚集。对全区所有的建档立卡户的帮扶责任人进行了调整和充实，共涉及市、区两级126个单位3637名干部（其中吴忠市68个单位1664名干部，红寺堡区58个单位1973名干部）；组织培训各级扶贫干部3877人；加大干部帮扶力度，建立了第一书记、驻村工作队、帮扶责任人督查通报工作机制，每月对全区帮扶工作、群众满意度等情况进行通报。深入开展“百企帮百村”活动，自治区安排8家企业与红寺堡区8个深度贫困村达成帮扶协议，突出问题导向，因需安排我区29家企业与5个“十二五”深度贫困村结对帮扶，拓宽增收渠道，有效发挥示范带动作用，助力脱贫攻坚。深入贯彻东西部扶贫协作座谈会精神，深化与国家烟草专卖局、德化县、北京平谷、上海六院登合作交流，拓展协作领域，丰富协作内容，争取国家烟草专卖局帮扶资金1000万元、闽宁帮扶资金1860万元，并将70%以上的资金用于产业发展。形成了上下联动、条块结合、齐抓共管、合力推进脱贫攻坚的“大扶贫”格局。

（红寺堡区扶贫开发办公室提供）

名词解释和说明

①“六个精准”

扶贫对象精准、项目安排精准、资金使用精准、措施到户精准、因村派人精准、脱贫成效精准。

②“五个一批”

发展生产脱贫一批、易地搬迁脱贫一批、生态补偿脱贫一批、发展教育脱贫一批、社会保障兜底一批。

③二十个专项扶贫攻坚行动：1. 产业脱贫攻坚计划。2. 新型产业脱贫攻坚行动计划。3. 金融脱贫攻坚行动计划。4. 交通脱贫攻坚行动计划。5. 水利脱贫攻坚行动计划。6. 人居环境提升脱贫攻坚行动计划。7. 教育脱贫攻坚行动计划。8. 卫生脱贫攻坚行动计划。9. 文化脱贫攻坚行动计划。10. 科技脱贫攻坚行动计划。11. 通信脱贫攻坚行动计划。12. 政策兜底脱贫攻坚行动计划。13. 慈善脱贫攻坚行动计划。14. 技能培训脱贫攻坚行动计划。15. 干部驻村工作脱贫攻坚行动计划。16. 社会帮扶脱贫攻坚行动计划。17. 党建促脱贫行动计划。18. 统战助力脱贫攻坚行动计划。19. 移风易俗脱贫攻坚行动计划。20.“一企帮一村”脱贫攻坚行动计划。

④“三大三强”行动：

是指加大投入力度、强化基本保障，加大培训力度、增强能力素质，加大选拔力度、选优配强基层党组织书记。

⑤“两个带头人”工程：

是指党组织带头人和致富带头人

⑥“一述五评”考核机制：

即第一书记对驻村工作进行述职，由组织部、乡镇党委、派出单位、扶贫办、村民代表依次对第一书记进行问询点评，进行满意度测评，加强第一书记的考核。

红寺堡探索金融扶贫多元路径
开辟绿色通道 破解融资困局

（原载《宁夏日报》2017 年 2 月 21 日第 3 版，
人民网登载，记者 杨之汀）

陈兴龙老家在甘肃省平凉市，2003 年自发移民到红寺堡区新庄集乡红阳村。因户口限制，他一直贷不上款。去年 5 月，红寺堡农村信用社为自发移民量身定制了“移民贷”信贷产品，最近，陈兴龙获得了 5 万元的“移民贷”，他购买了 5 头黄牛发展养殖。

去年以来，红寺堡区先后整合各类资金资源，壮大产业发展担保基金和贷款风险补偿金 3000 万元，累计撬动金融资金 3 亿元。大力推进 34 个贫困村建档立卡户评级授信工作，各金融机构开辟了审批绿色通道，对脱贫销号村上报的贷款实行优先审批，针对贫困人群生产生活的贷款实行优先发放，并积极推进金融服务创新。农村信用社“移民贷”有效破解了自发移民“老家没人贷不上，新家没户贷不上”的融资困局；宁夏银行创新特色助农信贷品种“葡萄贷”，并采用“抵押 + 保证”的担保方式，优化了担保结构、分散了业务风险；汇发村镇银行面向农户、农民专业合作社等农村经济组织及个体工商户等，创新推出了“致富金”系列信贷产品，满足农牧业生产、加工、销售、周转等资金需求；邮储银行与宁夏壹加壹农牧股份有限公司签订了合作协议，提供肉牛产业供应链“牛业贷”融资服务。

红寺堡区加强和改进金融服务，金融扶贫的精准度和有效性显著提升。目前，整合资金 330 多万元，为 11779 户建档立卡贫困户购买人身意外伤害保险和大病补充医疗保险，实现了贫困户“脱贫保”全覆盖。累计发放扶贫小额信贷 9.47 亿元，惠及建档立卡贫困户 7609 户。

扶贫先扶智 教育拔“穷根”

——红寺堡教育扶贫记

（原载光明网 2017 年 3 月 23 日 记者 石佳）

“扶贫先扶智，治贫先治愚。”让贫困家庭的孩子们接受良好教育，就可能彻底挖掉一个家庭的“穷根”，是阻断贫困代际传递的重要途径。在精准扶贫攻坚路上，红寺堡区既抓物质扶持、产业开发和基础设施建设等看得见、摸得着的“硬扶贫”，又抓教育扶贫、文化扶贫、智力扶贫等看不见、利长远的“软扶贫”，从未止步。

3 月 14 日，红寺堡区举行教育扶贫基金成立暨首批基金发放仪式。由红寺堡区财政筹措 130 万元，扶贫部门筹措 500 万元，在整合雨露计划、燕宝基金等基础上，宁夏嘉泽集团、红寺堡百瑞源枸杞产业发展有限公司、宁夏白浪包装有限公司总经理徐玲等 27 家企业和个人共出资 61 万元，共筹集首批教育扶贫基金资助 1593.6 万元，资助 6223 名学生。按照基金发放计划，建档立卡户幼儿园学生、高中学生、中职院校学生、高职院校学生、大学本科学生及非建档立卡户二本以上家庭经济困难大学新生，每人每年按就学阶段可获得 1000 元至 7000 元不等的资助。

吴忠市红寺堡中学高一学生王静静一家五口人于 2002 年从老家西吉县搬迁到红寺堡，父母都是朴实的农民，种地收入微薄。目前，王静静的姐姐正在宁夏师范学院读大一，弟弟即将升高中，姊妹三人每年的各种学习费用让其父母很犯愁。当日，在获得了首批 1000 元的教育扶贫基金时，王静静激动不已。她说：“今天，看到区委、区政府为解决我们学费难而召开专门会议，我特别感动。以后我一定再接再厉，努力学习，珍惜生活，以优异的成绩回报社会。”

红寺堡区是全国最大的生态移民集中安置区，23 万移民群众大多数来自宁南山区最贫困的地方，家庭经济底子较薄。64 个行政村中有 40 个是重点贫困村，建档立卡户达 6.15 万人，其中，建档立卡家庭贫困学生 4465 名，非建档立卡户本科生 1758 名。为确保每个学生不因贫而失学，每个家庭不因学而致贫，红寺堡区计划在“十三五”期间，每年筹措不少于 1000 万元资金，用于教育扶贫事业，对贫困学生进行常态性资助。

“一个人就业全家脱贫，一个人成才稳定一个家庭。人人受教育、个个有技能，家家能致富。”这是记者在红寺堡教育局一块宣传展板上看到的宣传标语。把教育扶贫作为实施精准扶贫的一个重点，认真落实“教育发展脱贫一批”的攻坚举措，建立健全学生助学体系，发展职业教育强化技能培训，改善薄弱学校办学条件，让每一位贫困学子上得了学，成得了才，就得了业，真正帮助他们斩断“穷根”，红寺堡区委、政府有担当、有计划、有决策、有新政。该区先后制定出台了教育精准扶贫行动方案、乡村教师支持计划等促进教育发展、强化精准扶贫的政策性文件，通过教师轮岗交流等手段不断加强贫困村教师队伍建设，提升农村教师整体素质和教育教学质量；通过公建民营的幼儿园运行模式，使幼儿入园率达从前年的不足58%，提高到了65%；坚持教育资源向农村学校倾斜，争取各类项目资金，先后新建、增设农村幼儿园7所，实施了普通高中改造工程，实施农村“改薄”教育项目58个，极大改善了办学条件；整合各类教育扶贫资金4790.14万元，资助学生13164人次。同时，针对贫困学生“出行难”“上学难”的问题，推出公交“学生卡”和残疾儿童“送教上门”等扶贫政策，扎实开展“贫困学生”“残疾学生”“留守学生”等特殊群体摸底工作，分类建好台账，点对点精准帮困助学。

2017年，红寺堡区又提出教育扶贫“313”工程，实施薄弱学校改造、教师队伍提升、学前教育普及“三项计划”。即计划完成一中扩建、四小续建和红兴小学、中川小学等8所农村薄弱学校改造，争取300名以上特岗、三支一扶等教师，组织30名城乡教师巡回支教，新建红关、中圈塘等16所农村幼儿园；构建一张帮扶网络，开展公办幼儿园与民办幼儿园、城区小学与农村薄弱学校结对帮扶，建立每名教师“一对一”帮扶一名贫困儿童等机制；完善建档立卡贫困家庭学生资助、贫困农村留守儿童关爱服务、职业技能型人才培养三项体系，计划免除1760名建档立卡贫困家庭儿童学前保教费206万元，并分别对符合条件的幼儿、高中、中职、高职、本科学生年均给予1000元到7000元的补贴资助；发挥“4·30”学校作用，对贫困家庭留守儿童跟踪接力帮扶；计划建设红寺堡职教中心，培养符合当地发展的各方面技能型人才。

目前，红寺堡区有义务教育阶段学校83所，幼儿教育三年入园率和小学、初中升学率分别达到65.01%、100%和96.85%，累计向周边市县职业学校输送初中毕业生近万名，为社会培养了一批技能型人才，高中教育近三年高考上线率逐年增长。2016年，高考一、二本上线率为31.95%，名列山区九县第一，并勇夺吴忠市文科状元，实现历史新突破。

按照《红寺堡区教育精准扶贫行动方案（2016—2020）》，从2016年起用5年时间（3年脱贫攻坚、2年巩固提高），切实提高基础教育的普及程度和办学质量。到2018年，实现学前三年毛入园率达到70%以上，九年义务教育巩固率达91%以上，高中阶段毛入学率达90%以上，视力、听力、智力三类残疾儿童义务教育入学率达90%以上，实现建档贫困家庭学生资助全覆盖；到2020年，实现学前三年毛入园率、九年义务教育巩固率、高中阶段毛入学率分别达72%、93%和92%以上，视力、听力、智力三类残疾儿童少年基本普及义务教育，基本公共教育服务水平接近全区平均水平。

红寺堡区区长谭兴玲说：“教育扶贫是扶贫助困的治本之策。我区通过不断努力，已初步建立了全面覆盖、应助尽助、精准资助、动态监管的资助政策体系，实现了家庭经济困难学生资助全覆盖、教育关爱全覆盖、结对帮扶全覆盖、责任落实全覆盖。”

大事记

1月

4日　红寺堡区多部门联合执法，拆除综合市场部分老旧建筑。

5日　自治区医院等级评审组对红寺堡区人民医院进行“二甲”创建评审检查。

6日　中共红寺堡区第三届委员会第二次全体会议暨全区经济工作会议在政府会议中心召开。区委书记丁建成主持会议并做重要讲话。

10日　吴忠市领导刘军、廖允成一行走访慰问红寺堡区部分困难群众。

是日　红寺堡区举办2017年第一期领导干部培训班，学习贯彻党的十八届六中全会精神。

11日　吴忠市总工会常务副主席彭健带领考核组，对红寺堡区工会重点工作目标完成情况、活动开展情况、职工素质提升工程等进行考核。

是日　自治区统计局巡视员金国华带领督查组督查红寺堡区第三次全国农业普查工作开展情况。

15日　国家精准扶贫工作成效第三方评估红寺堡区工作座谈会在晋江报告厅召开，宁夏评估组组长王永生、吴忠市副市长马玉龙及红寺堡区领导丁建成、马鑫、谭兴玲、蔺保飞、杨海峰参加会议。

是日　国家精准扶贫工作成效第三方评估组在区委书记丁建成、红寺堡区区长谭兴玲的陪同下对红寺堡区扶贫开发工作进行现场评估。

16日　红寺堡区区长谭兴玲走访慰问柳泉乡柳泉村部分贫困户。

17日　红寺堡区委书记丁建成主持召开2016年度基层党组织书记抓党建及党风廉政建设述职会。

是日　红寺堡区2017年文化科技卫生“三下乡”活动在大河乡香园村正式启动。

△　红寺堡区委书记丁建成走访慰问红寺堡镇弘德一村部分贫困户。

18日　红寺堡区第二届“最美红寺堡人”颁奖典礼在政府礼堂举行，表彰13类共18

名“最美红寺堡人”。

19日 红寺堡区委书记丁建成主持召开三届区委2017年第一次常委扩大会议。

20日 国家工业和信息化部党组成员、总工程师张峰调研红寺堡区电信普遍服务试点工作开展情况。

24日 红寺堡区区长谭兴玲检查红寺堡区各相关企业春节前安全生产工作。

25日 红寺堡区委书记丁建成主持召开2017年区委重点工作谋划情况汇报会。

2月

3日 红寺堡区政府区长谭兴玲主持召开区三届人民政府第一次全体（扩大）会议暨廉政工作会议。传达自治区人民政府第六次全体（扩大）会议、吴忠市系列会议精神和区委三届二次全会，红寺堡区“两会”及经济工作会议精神。

7日 红寺堡区政府区长谭兴玲调研各乡镇、弘德慈善产业园区春耕备耕和重点项目建设工作。

9日 国家卫生计生委体改司司长、国务院医改办专职副主任梁万年一行调研红寺堡区医疗体制改革工作。

14日 自治区民政厅副厅长佘瑞东一行调研红寺堡区困难群众基本生活保障等重点工作。

是日 吴忠市政协副主席、总工会主席陈克安一行调研红寺堡区工会工作开展情况。

15日 自治区旅游发展委副主任万学道一行调研红寺堡区全域旅游工作开展情况。

16日 自治区政府副主席、公安厅厅长许尔锋调研红寺堡区公安、司法、民政等工作。

17日 自治区政府副主席姚爱兴调研红寺堡区新改扩建幼儿园、村文化中心项目前期工作和职业中学筹备等民生项目，指出要预留民生项目建设空间，加快建设进度，打造精品工程，突出教学实训一体化特点，建好、管好、用好民生项目。

19日 红寺堡区委书记丁建成在太阳山镇调研精准扶贫进展情况，走访部分建党立卡户，并召开由相关部门参加的座谈会。

22日 吴忠市人大常委会副主任郝明一行调研红寺堡区开展立法项目征集工作。

24日 红寺堡区召开2017年脱贫攻坚推进会暨农业农村工作会议，研究部署当年脱贫攻坚和农业农村工作。

28日 红寺堡区举办学习贯彻自治区宗教工作会议精神培训班，提高各级领导干部运用法治思维和法治方式正确处理新形势下宗教工作的能力。

3月

1日 国家开发银行宁夏分行副行长刘大远调研红寺堡区棚户区改造工作。

是日 自治区体育局局长张柏森调研红寺堡区全域旅游工作。

2日 红寺堡区建设和环境保护局举行2017年保障性住房抽号分配现场会，540户城镇低收入家庭圆了住房梦。

3日 红寺堡区举行“3·5”学雷锋、“三八”维权周启动仪式，这标志着红寺堡区2017年学雷锋活动和“三八”维权周活动正式启动。

是日 红寺堡区领导马鑫、谭兴玲、蔺保飞带领各相关部门负责同志调研太阳山镇2017年脱贫攻坚工作开展情况。

△ 吴忠市肉牛产业发展座谈会在红寺堡区召开。

8日 红寺堡区人大常委会主任马鑫、政府区长谭兴玲、政协主席蔺保飞带领调研组调研柳泉乡脱贫攻坚工作。

9日 红寺堡政府区长谭兴玲、政协主席蔺保飞带领相关部门负责同志调研大河乡精准扶贫工作。

10日 红寺堡扬水管理处2017年灌区灌溉工作会议在中宁县召开。

13日 红寺堡政府区长谭兴玲、政协主席蔺保飞带领相关部门负责同志调研大河乡脱贫攻坚工作。

14日 红寺堡区举行“教育扶贫基金”成立暨发放仪式。

是日 吴忠市委常委、宣传部部长兰德明带领各县、市、区党委宣传部部长、文明办主任、市直宣传文化系统各单位负责同志到红寺堡区开展全市宣传思想文化系统互观互检互学活动。

15日 红寺堡区举行“3·15”国际消费者权益日宣传咨询服务活动。

是日 红寺堡区委组织部召开新一轮扶贫干部驻村工作会议。

16日 红寺堡区召开拖欠职工、农民工工资问题专项整治工作会议，安排部署2017年治欠保支工作。

21日 武警宁夏总队官兵在红寺堡区肖家窑打响植树造林攻坚战役。这是自1999年以来，驻宁部队连续18年援建红寺堡区开展植树造林大会战。

是日 自治区九三学社调研组到红寺堡区调研农村义务教育阶段学生营养改善计划工作开展情况。

22日 宁夏军区副政委郝振耀一行看望慰问在红寺堡区肖家窑植树的武警宁夏总队官兵。

23日 自治区党委书记李建华在自治区党委常委李锐的陪同下，与相关厅局负责同志通过入农户、看牛棚、访企业了解红寺堡区脱贫攻坚工作进展情况、存在的问题和亟待解决的难题。

24日　红寺堡区召开领导干部大会，传达学习自治区党委书记李建华在调研红寺堡区脱贫攻坚汇报会上的讲话精神，安排部署当前工作。

27日　红寺堡区召开2017年消防工作会议。

29日　红寺堡区在吴忠市委党校举办2017年基层党务工作者暨新任职村干部专题培训班。

30日　红寺堡区召开创城、创卫誓师暨移风易俗启动大会。

是日　红寺堡区组织镇村干部和驻村第一书记参观学习移风易俗示范村建设工作。

31日　红寺堡区人大常委会主任马鑫主持召开区三届人大常委会第5次主任会议。

是日　自治区团委、宁夏青联在红寺堡区杨柳村开展以“同心共圆中国梦，脱贫攻坚青年行”为主题的走基层慰问演出暨脱贫攻坚帮扶活动。

4月

4日　红寺堡区召开2017年机关干部义务植树动员会。

是日　红寺堡区政府区长谭兴玲主持召开区人民政府第7次常务会议。

6日　红寺堡区委副书记杨海峰及四套班子其他领导与广大干部职工参加植树造林大会战。

7日　红寺堡区召开H7N9流感防控工作会议。

是日　红寺堡区政府区长谭兴玲调研电商扶贫工作。

8日　宁夏驻沪办主任、上海宁夏商会党建指导员谢彦平一行考察红寺堡区经济社会发展情况。

10日　红寺堡区民政局联合宁夏博尚体检院为五保老人免费体检。

是日　自治区党委常委、纪委书记许传智一行调研红寺堡区党风廉政建设工作。

11日　红寺堡区人武部组织民兵应急分队开展跑步、队列队形、军训基础动作及抢险救灾等课目训练。

12日　红寺堡区政府区长谭兴玲调研医疗扶贫工作。

是日　红寺堡区第四中学举行“创建书法特色学校”启动仪式。

13日　吴忠市委书记沈左权一行调研红寺堡区工业经济发展情况。

17日　红寺堡区召开2017年全国青少年航空航天模型锦标赛启动会。

18日　红寺堡区政府区长谭兴玲调研农田水利基本建设及2017年水利工程建设情况。

是日　红寺堡区举行机关干部“下农村送政策促发展”活动推进会。

△　红寺堡区召开2017年第一季度驻村第一书记座谈会，交流各村脱贫攻坚工作进展情况。

19日　吴忠市政协副主席曹玉华带领调研组调研红寺堡区创建全国文明城市工作进展情况。

是日　红寺堡区葡萄机械化服务中心成立仪式暨首届葡萄春耕展藤节活动在新庄集乡西川村举行。

△　红寺堡区团委举办青年之声—2017年红寺堡区少先队辅导员暨少先队活动课程培训会。

20日　自治区妇联主席董玲一行调研红寺堡区妇联工作。

21日　第十届国际葡萄与葡萄酒学术研讨会在吴忠市举办，来自红寺堡区的18家酒庄带着40余款精品葡萄酒参加推介会。

25日　红寺堡区创卫办联合各相关部门调研太阳山镇、柳泉乡、红寺堡镇部分村庄的环境卫生整治情况。

是日　吴忠市检察机关司法警察业务培训班在红寺堡区举办。

△　红寺堡区人大常委会主任马鑫主持召开区三届人大常委会第7次主任会议。

26日　红寺堡区举办招商引资德化专场推介会。

27日　红寺堡区召开2017年食品安全工作会议。

28日　红寺堡区人大常委会主任马鑫主持召开区三届人大常委会第三次会议。

5月

3日　红寺堡区政府区长谭兴玲调研村级文化建设工作。

是日　红寺堡区残联举办残疾人淘宝“云客服”培训班。

△　红寺堡区委书记丁建成调研太阳山镇脱贫攻坚工作。

4日　红寺堡区政府区长谭兴玲主持召开区人民政府第9次常务会议。

是日　红寺堡区委书记丁建成主持召开三届区委2017年第5常委会议。

△　由红寺堡区委、政府、区委宣传部主办，团委、文化体育旅游局承办的2017年“魅力红寺堡”广场文化启动仪式暨“青春激扬红五月·不忘初心跟党走”主题文艺晚会在红寺堡区体育馆广场隆重举行。

△　自治区司法厅副厅长李春劳一行督查红寺堡区第一季度司法行政工作。

△　自治区水利厅厅长白耀华带领相关处室负责同志督查红寺堡区金庄子水库项目建设进展情况。

5日　红寺堡区杨柳村举办首届油桃采摘暨踏青采风书法摄影活动。

8日　红寺堡区召开2016年扶贫开发成效考核反馈问题整改工作会。

9日　红寺堡区委常委赵彦林督查柳泉乡永新村脱贫攻坚工作进展情况。

10日　自治区副主席刘可为带领林业、环保等区直相关部门负责同志调研红寺堡区罗山国家自然保护区生态保护红线划定工作。

是日　红寺堡区“母牛银行”首批基础母牛发放仪式在新庄集乡柳树台村举行。

△　全区宣传思想文化系统“深化走转改·见证新发展”集中观摩采访活动走进红寺堡区。观摩采访红寺堡区基层一线脱贫攻坚、民族团结进步等方面工作的先进典型经验和改革发展亮点。

△　红寺堡区农牧部门召开小麦病虫害统防统治现场会。

11日　红寺堡区政协主席蔺保飞带领相关部门负责同志前往中卫市沙坡头区考察棚户区征收改造工作。

是日　吴忠市铁路护路联防工作会议暨争先创优活动在红寺堡区举办。

12日　红寺堡区召开推进“两学一做”学习教育常态化 制度化暨群众评议机关作风活动推进会。

是日　自治区文明办督查组督查红寺堡区中央彩票公益金支持建设的乡村学校少年宫建设情况。

15日　以“乘公交·享补助”为主题的马渠移民交通补助工程正式启动。

是日　红寺堡区召开第一季度经济形势分析会。

16日　自治区民政厅厅长杜正彬带领相关处室负责人到红寺堡区调研民政厅驻村工作队帮扶工作开展情况。

17日　六盘山圆梦爱心服务中心、深圳吴忠市花样盛年慈善基金会、宁夏国土资源地理信息中心、宁夏基础测绘院联合开展的“为梦想助跑，助力脱贫攻坚”爱心活动走进柳泉乡羊坊滩小学，为该校232名学生每人捐赠一双鞋。

18日　红寺堡区举行第二十七次“全国助残日”广场宣传活动暨青年志愿者“阳光助残”启动仪式。

是日　红寺堡区委书记丁建成主持召开全面深化改革领导小组2017年第1次会议。

△　红寺堡区举行残疾人自主创业帮扶活动暨马晓强“自强洗车中心”开业仪式。

19日　红寺堡区召开葡萄酒企业贷款协调会。

是日　红寺堡区文化体育旅游局举办以“旅

游让生活更幸福”为主题的红寺堡一日游活动。

23日　红寺堡区举办2017年档案业务培训班。自治区档案局副局长李亚文、区委副书记杨海峰、政协副主席买廷东出席培训班。

是日　广西德保县党政考察团对红寺堡区脱贫攻坚、民族团结进行考察交流。

△　红寺堡区委书记丁建成调研城市建设、规划情况。

24日　红寺堡区委书记丁建成调研未开工重点项目。

是日　自治区民政厅法规处处长岳秀霞带领调研组调研红寺堡区帮扶村扶贫建档、民生政策落实等情况。

△　红寺堡区民族团结主题系列微电影《移民村的故事—左邻右舍》在大河乡香园村举行开机仪式。

25日　红寺堡区政协主席蔺保飞带领政协副主席买廷东、宋立忠及部分政协委员调研红寺堡区村（居）“两委”班子建设情况。

是日　由自治区文明办、宁夏六盘山圆梦爱心服务中心联合举办的“六一儿童节”爱心鞋捐赠仪式在新庄集乡高口小学举行。

26日　红寺堡区举办移民史、部门志、乡村志编纂启动仪式暨志（鉴）编纂业务培训班。

是日　自治区民政厅副厅长佘瑞东带领部分全区性社会组织到红寺堡区开展捐资助学活动。

△　红寺堡区召开区委巡察工作启动会，对首轮巡察工作进行动员部署。

27日　红寺堡区委书记丁建成带领相关部门负责同志调研工业园区建设及企业发展情况。

30日至6月2日　红寺堡区考察团赴福建省泉州市德化县开展劳务对接洽谈活动。

31日　吴忠市委书记沈左权带领季文科、杨金海、王天军、马玉龙等市领导调研红寺堡区经济社会发展情况。

是日　自治区政府参事梅廷彦一行督查红寺堡区脱贫专项工作。

6月

1日　红寺堡区领导丁建成、马鑫、蔺保飞等走访慰问部分小学、幼儿园。

是日　自治区水利厅厅长白耀华一行调研红寺堡区水利工作。

△　红寺堡区举行“六一”国际儿童节表彰大会暨文艺会演。

2日　红寺堡区召开改善儿童营养和健康状况项目启动仪式暨培训会议。

5日　吴忠市人大常委会副主任马银静带领部分人大常委会委员、人大代表调研红寺堡区教师队伍建设情况。

是日　红寺堡区委第二巡察组对农牧和科学技术局近年的党风廉政建设责任落实、中央八项规定“回头看”情况、涉农扶贫领域腐败问题专项整治行动进展、重点工作推进等方面的工作情况进行为期一周的巡察。

6日　国家残联就业指导服务中心副主任李强带领调研组调研红寺堡区残疾人创业就业情况。

7日　2017年高考拉开帷幕，红寺堡区1706名考生参加考试。

是日　自治区政协副主席田成江调研红寺堡区土壤盐渍化情况。

8日　吴忠市政协副主席杨少清督查红寺堡区重点项目建设情况。

9日　红寺堡区公开选拔人民医院院长面试工作在人社局进行。

是日　自治区住房和城乡建设厅巡视员、九三学社宁夏回族自治区委会副主任委员霍健明调研红寺堡区美丽乡村建设和农村危房改造工作。

12日　红寺堡区财政系统举行以“加强财政法治建设、强化为民服务、健全社会监督机制、促进和谐红寺堡建设”为主题的“财政法规政策宣传周”活动启动仪式。

是日　红寺堡区团委、教育局、禁毒办联合举办2017年“远离毒品 青春无悔”青少年禁毒知识竞赛。

13日　由红寺堡区委、政府及中国食品工业协会葡萄酒分会主办，区林业局和葡萄与葡萄酒协会承办的第三届DSW全国精品葡萄酒挑战赛在红寺堡区体育馆开赛。

是日　吴忠市教育局督查组督查红寺堡区学校安全、中考报名、民族团结教育等工作。

△　自治区总工会党组成员、副主席拓兆功调研红寺堡区工会工作。

14日　“中国葡萄酒第一镇”“中国安全食品示范基地”揭牌仪式在红寺堡区罗山路北端与东环路交接处举行。原国家商务部副部长、中国商业企业联合会名誉会长何济海，评委会主任、西北农林科技大学葡萄酒学院终身名誉院长李华及红寺堡区领导丁建成、马鑫、谭兴玲、蔺保飞出席仪式。

15日　参加完第三届中国精品葡萄酒挑战赛暨红寺堡区葡萄酒高峰论坛的嘉宾及媒体记者150余人观摩红寺堡区葡萄产业。

是日　红寺堡区政协主席蔺保飞带领副主席买廷东、张致强、宋立忠及部分政协委员调研城乡环境综合整治和棚户区改造工作。

△　吴忠市委第二巡察组和红寺堡区巡察组联合开展的涉农扶贫领域专项巡察工作动员会在红寺堡区召开，主要对巡

察工作进行动员部署。

18 日　中国自动化集团红寺堡罗山通用机场项目开工仪式在红寺堡区弘德慈善产业园区举行。

是日　自治区民政厅党组书记妥永仓带领政府督查组督查红寺堡区重点工作开展情况和迎接国务院第四次大督查工作。红寺堡区领导丁建成、谭兴玲等陪同督查。

△　红寺堡区教育局、青少年活动中心及柳泉乡中心小学联合组织的 2017 年“圆梦蒲公英”主题活动，和梦一起飞互动演出在柳泉乡中心小学举办。

20 日　红寺堡区委组织部、团委联合举办“倡导社会主义核心价值观 发扬红寺堡精神”主题朗诵比赛。

22 日　红寺堡区举行“6·26”国际禁毒日集中宣传活动。

23 日　红寺堡区政府区长谭兴玲走访慰问新庄集乡部分困难党员。

29 日　红寺堡区举办领导干部专题学习班。

30 日　红寺堡区政府区长谭兴玲主持召开区政府廉政工作会。

是日　红寺堡区人大常委会主任马鑫主持召开区三届人大常委会第四次会议。

△　红寺堡区举行庆祝中国共产党成立 96 周年暨脱贫富民先锋颁奖典礼。

△　福建省泉州市德化县县委书记梁玉华带领党政考察团考察红寺堡区经济社会发展情况。红寺堡区委书记丁建成、政府区长谭兴玲等陪同考察。

7 月

1 日　红寺堡区举行庆祝建党九十六周年升国旗仪式。

是日　红寺堡区综合执法局正式揭牌。

△　红寺堡区政府区长谭兴玲在新庄集乡为基层党员干部讲专题党课。

△　吴忠市委常委、副市长廖允成在红寺堡区为新庄集乡中心小学全体师生上党课。

2 日　红寺堡区召开 2017 年普通高中学业水平考试考务工作会议。

3 日　自治区副主席王和山一行调研红寺堡区特色产业示范村建设工作。

4 日　红寺堡区委书记丁建成带领扶贫、水务、农牧等部门负责同志调研壹加壹农牧科技有限公司肉牛产业发展情况。

5 日　红寺堡区举办自治区第十二次党代会精神专题辅导报告会。自治区党校副校长李培文做专题辅导。

8 日　红寺堡区教育系统召开“两学一做”学习教育常态化制度化暨群众评议机关作风活动推进会。

9 日　红寺堡区召开迎接国务院扶贫开发领导

小组 2017 年脱贫攻坚督查工作会议。

10 日　红寺堡区召开创建全国文明城吴忠市工作推进会。

是日　红寺堡区中烟飞地肉牛养殖项目首批分红发放活动分别在新庄集乡新集村、红寺堡镇玉池村举行。

11 日至 12 日　自治区副主席姚爱兴一行调研红寺堡区村级综合文化服务中心和教育民生工程的建设情况。

12 日　自治区人大常委会副主任李锐为红寺堡区干部职工讲专题党课。

13 日　全国防汛抗旱工作电视电话会召开。红寺堡区委常委、政府副区长党玉龙及各乡镇、各部门负责同志在红寺堡分会场收听收看会议实况。

15 日　吴忠市摄影家协会组织 20 多名会员到红寺堡区肖家窑万亩葡萄基地、移民旧址、航模基地、移民博物馆等地进行摄影采风。

16 日至 22 日　国家民委“中华民族一家亲”文化下基层活动走进红寺堡。17 日，国家民委“中华民族一家亲三下乡”义诊活动启动仪式在红寺堡区人民医院举行。国家民委文化宣传司调研员孟拥军、清华大学第一附属医院发展办主任苗丽亚、清华大学第一附属医院心内科主任商丽华及红寺堡区领导丁建成、谭兴玲、李海龙、李珂、苏达志出席仪式。

20 日　宁夏嘉泽新能源股份有限公司在上海证券交易所主板成功上市，成为宁夏时隔 14 年以来首家在主板上市的企业。

是日　2017 年全国青少年航空航天模型锦标赛暨红寺堡区第四届航空旅游节媒体见面会在银川国际交流中心举行。

△　自治区人大常委会副主任、中华环保世纪行 —— 宁夏行动组委会主任孙贵宝带领调研组调研红寺堡区环保工作。自治区环境保护厅副厅长黄雅杭，吴忠市政府副吴忠市长王慧仙，红寺堡区政府区长谭兴玲陪同。

21 日　福建省泉州市德化县电商企业家考察红寺堡区电子商务工作。

25 日　自治区农牧厅副厅长马新民带领观摩团到红寺堡区观摩特色产业精准脱贫工作。

27 日　红寺堡区政府区长谭兴玲、政协主席蔺保飞一行走访慰问武装部、武警中队、消防大队广大官兵。

是日　红寺堡区召开 2017 年征兵工作会议。

28 日　红寺堡区区政协副主席宋立忠带领相关部门负责同志看望慰问退伍军人和现役军人家属。

是日　由红寺堡区档案史志馆主编的《红寺堡史话》评审会在自治区方志办举行。

31 日　红寺堡区召开领导干部大会，宣布吴忠市委关于红寺堡区相关领导职务调整的决定。

8月

1日　四川省政协副主席高烽带领考察团考察红寺堡区精准脱贫工作开展情况。红寺堡区政府区长谭兴玲、政协主席蔺保飞、政府副区长马占斌陪同。

2日　2017年全国青少年航空航天模型锦标赛暨红寺堡区第四届航空旅游节在罗山飞行营地开幕。

是日　自治区司法厅副厅长鲍焕军带领督查组督查红寺堡区司法行政重点工作。

4日　红寺堡区委书记丁建成主持召开区委常委班子“两学一做”学习教育常态化制度化专题学习讨论会。

是日　吴忠市政府办公室副调研员马娟带领调研组调研红寺堡区行政应诉专题工作。

7日　自治区国土资源厅厅长王政一行调研红寺堡区国土资源工作情况。

是日　红寺堡区柳泉乡召开精准脱贫工作推进会。

8日　吴忠市督查组督查红寺堡区2017年职工（农民工）工资治欠保支工作推进情况。

是日　自治区林业厅厅长马金元一行调研红寺堡区西川特色产业示范村建设情况。

△　红寺堡区政府区长谭兴玲、政协主席蔺保飞带领相关部门负责同志实地调研乌沙塘高效节水生态农业示范园区。

△　红寺堡区2017年招聘特岗教师面试工作圆满结束。

9日　“闽宁圆”平台启动仪式在福建省泉州市德化县举行。

11日　自治区农牧厅专家组一行调研红寺堡区玉米粘虫灾害防治情况。

14日　红寺堡区委书记丁建成主持召开恒丰纺织厂项目引进前期准备工作协调会。

是日　红寺堡区委书记、红寺堡区全面深化改革领导小组组长丁建成主持召开全面深化改革领导小组第7次会议。

15日　红寺堡区委书记丁建成调研新庄集乡和大河乡脱贫攻坚工作进展情况。

是日　韩红爱心百人援宁大型义诊活动走进红寺堡助力健康扶贫。

16日　红寺堡区举办PPP项目专题培训会。

是日　吴忠市政协副主席何本源带领调研组调研红寺堡区精准扶贫工作。

17日　红寺堡区委书记丁建成主持召开区委常委班子“两学一做”学习教育常态化制度化第二专题学习讨论会。

是日　红寺堡区工商联举行“百企帮百村”活动暨太阳山镇阳光商会成立仪式，筹集善款9万元，作为兴民村建档立卡户黄花菜种植补助金。

18日　由宁夏区直机关工会工委组织的“实干兴宁创佳绩”红寺堡专场演讲活动在区人民法院举行。

19日　全国政协教科文卫体委员会副主任、

香港中华总商会会长、香港新华集团董事局主席蔡冠深一行考察红寺堡区葡萄产业发展情况。

21日　红寺堡区顺利启动实施辖区内危化、工贸、煤矿及工业企业安全管理人员万人大轮训计划。

是日　红寺堡区召开2017年应征预检青年役前选拔式集训动员会。

24日—25日　由国家体育总局棋牌运动管理中心主办的2017年“棋牌项目西部行”象棋培训班在红寺堡举办。

25日　红寺堡区召开信访维稳工作专题会。

是日　“百名法学家百场报告会”红寺堡专场报告会在红寺堡区举行。

27日　红寺堡区委书记丁建成、人大常委会主任马鑫、政府区长谭兴玲督查处级领导包乡镇，驻村第一书记、帮扶单位、帮扶责任人帮扶政策的宣传、落实以及群众对脱贫攻坚惠农政策知晓率等情况。

是日　红寺堡区召开脱贫攻坚推进会。

△　“江阴周庄”2017中国体育彩票全国象棋业余棋王宁夏赛区红寺堡预选赛暨“大唐天下杯”象棋个人赛在红寺堡区体育馆落下帷幕。

27日—28日　中国男高音歌唱家、国家一级演员蒋大为出任红寺堡区葡萄酒代言人暨德商汇“一亩葡萄园，荒漠变绿洲”合作项目签约仪式在红寺堡区举行。

28日　红寺堡区召开2017年安委会第三次全体（扩大）会议。

29日　红寺堡区政府区长谭兴玲调研罗山自然保护区清理治理工作。

是日　工业和商务局、就业创业局、团委和电商扶贫创业孵化园共同举办红寺堡区首届“创青春”创新创业大赛圆满结束。

9月

3日　原全国政协第九届、第十届委员会常委黄璜一行到红寺堡区视察。

4日　自治区政协副主席张乐琴带领调研组调研红寺堡区精准扶贫工作。

是日　德州恒丰集团红寺堡现代纺织扶贫产业园项目正式签约。

5日　吴忠市委常委、政府常务副市长张学慧带领督查组督查红寺堡区安全生产工作。

是日　红寺堡区举办“扶贫政策”“扶贫资金管理使用”培训班。自治区审计厅副厅长刘佳出席培训班。

6日—7日　红寺堡区委书记丁建成、人大常委会主任马鑫、政府区长谭兴玲、政协主席蔺保飞看望慰问红寺堡区部分优秀教师代表。

△　红寺堡区举办“喜迎十九大 共赴新征程”庆祝第33个教师节大型文艺晚会。

8日　吴忠市委常委、政府常务副市长张学慧一行看望慰问红寺堡区部分优秀教师代表。

是日　红寺堡区委书记、区级总河长丁建成出席红寺堡区总河长第一次会议并讲话，对红寺堡区全面推行河长制提出要求。会议由红寺堡区政府区长、区级副总河长谭兴玲主持。

11日　自治区人大常委会副主任李锐一行调研红寺堡区新庄集水库项目。

是日　红寺堡区委第二巡察组对大河乡近年的党风廉政建设责任落实、中央八项规定“回头看”情况、涉农扶贫领域腐败问题专项整治行动进展、重点工作推进等方面的工作情况进行为期十天的巡察。

12日　中央国家机关“根在基层”红寺堡调研实践活动见面会在红寺堡区召开。国家民委直属机关党委常务副书记牛晓峰和红寺堡区领导王荣、李焜、李海龙、李珂出席会议。

是日　红寺堡区委书记丁建成调研卫生系统重点工作。

13日　福建省地方志编纂委员会副主任林浩一行调研红寺堡区闽宁扶贫协作工作。

是日　柳泉乡茅头墩的红粉佳荣酒庄开机榨汁，标志着红寺堡区2017年酿酒葡萄正式开始采收。

14日　红寺堡区召开“大干实干快干 全面完成全年目标任务”誓师大会。

是日　红寺堡区召开深入推进“脱贫富民”先锋引领工程暨第一书记座谈会。

15日　宁夏鹏胜房地产开发有限公司举行鹏胜·时代广场奠基仪式。

17日　福建省泉州市德化县县委常委、宣传部部长陈坚宏，政府副县长尚自刚带领考察团考察红寺堡区。

18日　吴忠市委书记沈左权在市政府副市长王天军、马玉龙及相关部门负责人的陪同下调研红寺堡区区域发展情况进行。

是日　红寺堡政府区长谭兴玲、政协主席蔺保飞带领相关部门负责同志调研大河乡龙源村精准脱贫工作。

19日　自治区新闻出版广电局安全播出检查组检查红寺堡区党的十九大广播电视安全播出、网络安全和安全保卫等准备工作。

20日　红寺堡区举办“庆国庆·喜迎党的十九大”职工篮球比赛。

是日　红寺堡区委书记丁建成调研宣传思想文化工作。

△　红寺堡区委书记丁建成带领区领导李焜、党玉龙、张致强及相关部门负责同志到罗山脚下的移民旧址，调研“绿盾

2017”自然保护区专项行动开展情况。

△　红寺堡区妇联举办“护航春蕾”行动助学金发放仪式，为红寺堡区105名贫困女高中生提供10.5万元助学金。

21日　彭阳县县委常委、统战部部长马文山带领考察团考察红寺堡区民族团结进步创建工作。

是日　红寺堡区委书记丁建成调研林业工作。

△　红寺堡区政府邀请部分人大代表、政协委员督查人大议案建议、政协提案和8件民生实事的办理情况。

22日　红寺堡区政府区长谭兴玲调研鲁家窑生态移民区扶贫工作。

25日　棋牌项目西部行走进宁夏活动，来到太阳山镇李敬中小学，为该校学生捐赠了学习用具，并进行棋类交流。

是日　2017年，60岁的红寺堡区参保病人金志平，在广东省第二中医院完成医保跨省异地就医结算，标志着红寺堡区顺利实现跨省异地就医直接结算。

26日　红寺堡区举办秋季工业项目大会战暨恒丰集团——吴忠兴民纺织科技扶贫产业园开工奠基仪式。

是日　红寺堡区政协主席蔺保飞带领副主席买廷东、宋立忠及部分政协委员调研全域旅游工作开展情况。

27日　“一亩葡萄园，荒漠变绿洲”合作项目启动仪式在红寺堡区罗山酒庄举行。

28日　大河乡召开第四届人民代表大会第二次会议。

是日　红寺堡区召开2017年中秋节关爱单亲母亲“爱妮保”保险捐赠仪式，共为红寺堡区75名城镇单亲母亲每人捐赠价值5万元的“爱妮保”保险。

△　红寺堡区在青云湖广场举行禁毒文化宣传长廊揭牌仪式。

10月

9日　福建省厦门市吉宏包装股份有限公司董事长庄浩一行考察红寺堡区。

10日　红寺堡政府区长谭兴玲主持召开脱贫攻坚政策解读培训会。

12日　红寺堡区政府区长谭兴玲主持召开村综合文化服务中心迎验协调会。

13日　红寺堡区召开党的十九大综治维稳工作推进会。

14日　自治区党委宣传部副部长周庆华带领检查组到红寺堡区验收综合文化服务中心项目完成情况。

16日　红寺堡区政协主席蔺保飞主持召开区政

协三届三次常委会议。

17 日　红寺堡区举行“喜迎十九大 颂歌献给党”合唱比赛。

18 日　党的十九大在北京人民大会堂隆重开幕。中央电视台记者到红寺堡区与移民群众聆听中共中央总书记习近平所作工作报告。

19 日　吴忠市红寺堡区工会第二次代表大会举行第一次全体会议。

是日　红寺堡区委书记丁建成带领相关部门负责同志调研各乡镇秋季农田水利基本建设进展情况。

20 日　红寺堡区工青妇换届大会在政府会堂召开。

是日　共青团吴忠市红寺堡区第二次代表大会圆满闭幕。

23 日　红寺堡区政府市长喜清江调研红寺堡区葡萄酒产业发展情况。

24 日　国土资源部咨询研究中心咨询委员、国土土地督察成都局原局长纪东义一行实地监测评估红寺堡区贯彻落实《国土资源“十三五”规划纲要》工作。

25 日　红寺堡区政府区长谭兴玲主持召开区人民政府第 16 次常务会议。

是日　红寺堡区委书记丁建成带领调研组调研各行政村基层党建和村集体经济情况。

26 日　红寺堡区第二届青少年视力健康工程捐赠仪式在第二中学举行。上海意康眼镜有限公司和红寺堡康明眼镜店向红寺堡区贫困学生共捐赠了 2680 副总价值 82.77 万元的健力宝学生健康品牌树脂镜片和眼镜架。

27 日　红寺堡区召开领导干部大会，传达学习党的十九大精神，安排部署学习宣传和贯彻落实工作。

29 日　红寺堡区委书记丁建成带领相关部门负责同志调研鲁家窑生态移民安置区脱贫工作。

11 月

1 日　自治区党委常委、政府副主席马顺清主持召开深度贫困地区脱贫攻坚工作电视电话会议。红寺堡区委书记丁建成、政府区长谭兴玲及其他四套班子领导在红寺堡分会场收听收看会议实况。

3 日　红寺堡区人民政府召开三届三次全体（扩大）会议。

是日　由自治区党委办公厅、文明办，宁夏日报报业集团，红寺堡区委、政府，宁夏六盘山圆梦爱心贸易有限公司等共同举办的以“不忘初心，牢记使命，助力脱贫攻坚”为主题的宁夏贯彻十九大精神慈善扶贫系列活动在新庄集乡柳树台村启动。

6日　红寺堡区人大常委会主任马鑫主持召开人大常委会党组（扩大）会议。

是日　首都医科大学附属北京友谊医院平谷医院的专家一行到红寺堡区开展为期三天的大型义诊活动。

△　上海市人大常委会常委、民革上海市委专职副主委董波到大河乡红崖小学开展“博爱图书 十年百馆”捐赠仪式。

7日　吴忠市级文明单位考核组对红寺堡区文明单位、文明村镇创建情况进行复查验收。

8日　自治区体育局党组书记、局长张柏森一行对帮扶的太阳山镇买河村扶贫工作进行调研。红寺堡区委书记丁建成陪同。

是日　红寺堡区委第一巡察组对林业局近年的党风廉政建设责任落实、中央八项规定“回头看”情况、涉农扶贫领域腐败问题专项整治行动进展、重点工作推进等方面的工作情况进行巡察。

9日　红寺堡区政府区长谭兴玲到新庄集乡为基层党员群众宣讲党的十九大精神。

10日　红寺堡区委书记、红寺堡区全面深化改革领导小组组长丁建成主持召开全面深化改革领导小组第8次会议。

是日　红寺堡区召开2018年重大项目、重点工作谋划会。

13日　吴忠市领导马银静、王慧仙、曹玉华带领相关部门负责同志对红寺堡区义务教育均衡发展工作进行终期评估复核。

14日　自治区人大常委会党组副书记、副主任李锐为红寺堡区基层党员群众宣讲党的十九大精神。

15日　金庄子水库成功蓄水，这是红寺堡区2017年农田水利基本建设中又一个实现下闸蓄水的高效节水项目。

是日　红寺堡区政府区长谭兴玲主持召开区人民政府第17次常务会议。

16日　自治区党的十九大宣讲团成员、自治区发改委主任许宁在红寺堡区为基层党员干部宣讲党的十九大精神。

是日　红寺堡区召开党的十九大精神宣传动员备课会，邀请吴忠市委党校常务副校长杨存葆为与会人员解读十九大精神。

19日　自治区葡萄产业发展局局长曹凯龙一行调研红寺堡区葡萄酒产业发展情况。

20日　红寺堡区委书记丁建成调研新庄集乡马渠移民安置点。

是日　红寺堡政府区长谭兴玲主持召开葡萄产业创新工作座谈会，分析红寺堡区葡萄产业发展情况，探讨促进葡萄产业创新发展的思路、举措。

21日　红寺堡区残疾人就业创业基地暨“爱心同行洗车美容中心”“海侠家政服务公司”正式开业。

22日—23日　红寺堡区举办领导干部学习宣传

贯彻党的十九大精神专题培训班，邀请宁夏党校副校长、行政学院副院长李培文教授作党的十九大精神专题辅导，区委书记丁建成出席开班仪式并讲话。

是日　华侨大学附属德化医院德化县医院与红寺堡区人民医院医疗联合体签约仪式在红寺堡区政府会议中心举行。

23 日　“圆梦中国 德耀中华——第六届全国道德模范颁奖仪式”在中央电视台综合频道首播，红寺堡区委常委宣传部部长杨志东与各级文明单位、文明村镇、劳动模范、宣传思想文化系统干部职工收听收看节目实况。

27 日　红寺堡区委书记丁建成主持召开环境监测责任落实会。

是日　红寺堡区政府区长谭兴玲主持召开2018 年人大议案建议、政协提案、民生实事征集及项目储备讨论会。

28 日　红寺堡区委书记丁建成在红寺堡镇为基层党员干部群众宣讲党的十九大精神。

是日　红寺堡区委书记丁建成深入大河乡部分贫困村调研脱贫攻坚工作。

29 日　红寺堡区人大常委会主任马鑫带领副主任关保智、杨进才及部分常委会委员、人大代表，对区三届人大一次会议上区政府承诺为民办理的 8 件实事和代表提出的议案建议办理情况进行视察。

12 月

4 日　红寺堡区举行“12·4 国家宪法日”升国旗仪式暨宪法宣誓活动。

是日　红寺堡区召开迎接国家、自治区 2017 年扶贫开发工作成效考核准备工作会议。

5 日　自治区人大常委会副主任肖云刚带领检查组检查红寺堡区环保工作。

6 日　红寺堡区政府在鹏胜·时代广场举行商业发布会，标志着红寺堡区传统商业模式正式向体验式、娱乐性升级。

是日　红寺堡区人大常委会主任马鑫在太阳山镇为全体镇村干部和村民代表宣讲党的十九大精神。

△　红寺堡区政府区长谭兴玲为新庄集乡全体干部职工、各村两委班子、驻村第一书记宣讲党的十九大精神。

7 日　红寺堡区委书记丁建成主持召开区委班子“两学一做”学习教育常态化制度化专题学习讨论会。

是日　吴忠市人大常委会副主任周庆辉、马耀宗调研红寺堡区脱贫攻坚工作。

8 日　红寺堡区政府市长喜清江调研红寺堡区部分中小学校义务教育均衡发展工作。

9日　民盟宁夏区委会副主委、自治区高级人民法院副院长贺耀带领调研组调研红寺堡区荒漠草原防沙治沙工作。

11日　《中国青年报》《农民日报》《工人日报》等媒体记者来到红寺堡区新庄集乡西源村、大河乡香园村开展“新时代新气息新作为”主题采访活动。

12日　柳泉乡召开脱贫攻坚工作督查反馈会。

13日　红寺堡区政府区长谭兴玲调研民政工作。

是日　红寺堡区委书记丁建成调研葡萄、枸杞、草畜三大产业发展情况。

14日　自治区住房和环境保护厅副巡视员冯宁军一行评议考核红寺堡区2017年农村危窑危房改造工作。

是日　自治区党委常委、副主席马顺清一行调研红寺堡区脱贫攻坚工作。

16—17日　自治区督查组专项督查红寺堡区2017年脱贫攻坚工作。红寺堡区政府区长谭兴玲、区委副书记王荣及其他副处级在家领导参加督查意见反馈会。

18日　红寺堡区环境保护督察组对前期督察的城区违法排污行为等进行回访。

是日　中国共产党红寺堡区第三届委员会第五次全体会议于在政府会议中心召开。出席这次全会的区委委员27人，候补委员6人。

19日　自治区党委常委、组织部部长盛荣华一行来红寺堡区，围绕基层党建与脱贫攻坚工作如何紧密结合进行调研。

22日　中国人民政治协商会议吴忠市红寺堡区第三届委员会第二次会议开幕。

26日　宁夏书法家协会主席宋琰带领十多位书法家，在红寺堡区新庄集乡杨柳村开展以“新春走基层 欢乐进万家”为主题的下基层送文化活动。

28日　自治区文化扶贫工程贫困地区村综合文化服务中心建设总结表彰会在红寺堡区召开。

罗山植被

区情概览

General Review of the Region

地理人文

【地形地貌】

红寺堡西有烟筒山，东南有大罗山，北有牛首山，红寺堡区位于三山之间，沿大罗山分布，属山间盆地区域。地势南高北低，海拔平均1240—1450米，南北海拔相差70—140米，是山区与川区的过渡带。苦水河和红柳沟（洪沟）过境。地下水储水构造属新生界储水盆地，埋藏深。土壤由灰钙土、新积土、风沙土和盐土4个类型组成，以灰钙土为主，其次是风沙土，新积土、盐土面积最小，仅占0.5%。

【气候特点】

红寺堡区属中温带干旱气候区，大陆性气候十分明显。年平均气温为8.4℃，平均无霜期为155天，年日照时数达3036.4小时，日照时间长，光热资源丰富。昼夜温差大，平均14℃。境内降水量少而集中且年际变化大，降水量为277毫米，多集中于7—9月，平均年蒸发量高达2050毫米，为年平均降水量的7.4倍，干燥度在3.5左右。风向主要为西北风，年均大风天55天，以春季风速最大。湿度及日照条件可以满足各种农作物生长发育的需要，有利于有机物的生长。

【自然资源】

红寺堡区自然资源丰富，农业资源得天独厚，矿藏资源品种多，储量丰富。植物资源有65科170属275种。动物有22目44科114种82个亚种。罗山为国家级自然保护区，蕴藏着丰富的生物物种。境内太阳山、土坡、罗山一带有丰富的煤炭、白云岩、石灰石、石膏、石英砂、石油、煤层气、铜矿、陶土等矿产资源。

【历史沿革】

红寺堡区历史悠久，大约在四千多年前，就有人类从事农牧业生产活动。“红寺堡”一名始于明朝，为屯军牧马之地，时属三边总制宁夏镇灵州千户所管辖。后经历代多次变迁，分属不同（州）县。中华人民共和国成立后，东南大部分地区属同心县，西北分属中宁、利通县（区）、东北分属灵武、盐池等县（市）。1998年9月5日宁夏回族自治区党委决定成立红寺堡开发区，2009年9月30日被国务院批准设立红寺堡区，成为全国最大的单体异地生态扶贫移民安置区。

【政区交通】

红寺堡区地处宁夏回族自治区中部，地跨北纬37°28′08"—37°37′23",东经105°43′45"—106°42′50"。北临吴忠市利通区和青铜峡市、灵武市，南至同心县，东至盐池县，西北与中宁县接壤。北距首府银川市127千米，南距固原市220千米，西距甘肃省兰州市360千米。区政府驻地红寺堡镇，是红寺堡区政治、经济、文化中心。

【行政区划】

2017年，红寺堡区总面积2767平方千米，耕地面积4.07万公顷，辖红寺堡镇、太阳山镇、大河乡、柳泉乡、新庄集乡2镇3乡和新民街道办事处1个，行政村65个，城镇社区5个。

【人口发展】

截至2017年末，红寺堡区常住人口20.25万人。其中，城镇人口6.66万人，占常住人口比重32.9%，比上年提高2.29个百分点。人口出生率为14.21‰，比上年下降2.08个千分点；死亡率为2.98‰，比上年下降0.28个千分点；人口自然增长率为11.23‰，比上年下降1.8个千分点，人口出生政策符合率86.76%，比上年提高0.51个百分点。

（王小玲　马勇）

经济建设

【经济指标】

2017年，红寺堡区实现地区生产总值19.34亿元，可比增长9.1%，与上年相比，地区生产总值净增2.05亿元。其中：第一产业实现增加值4.73亿元，增长4.9%；第二产业实现增加值9.04亿元，增长14.5%；第三产业实现增加值5.57亿元，增长5.2%。三次产业结构比由2016年的26.6 ∶ 44.0 ∶ 29.0调整为24.5 ∶ 46.7 ∶ 28.8。按常住人口计算，全区人均地区生产总值9604元，增长10.6%。

【基础设施建设】

2017 年，共整合资金 6.5 亿元，硬化乡村道路 338 公里，完成土地整理 1.3 万亩，安装太阳能热水器 1.3 万台、太阳能路灯 3998 盏，完成危房改造 1840 户。以“支部 + 文化旅游”“支部 + 产业带动”“支部 + 服务创收”“支部 + 股份合作”等模式，完成了 22 个村集体经济“清零”。

【特色产业】

制定“311”产业扶持政策，统筹整合涉农资金 1500 万元，大力发展“3+X”产业，打造龙源硒甜瓜、兴民黄花菜等 12 个特色种植示范区。中烟扶贫养殖园区投入运行。举办第三届中国精品葡萄酒挑战赛暨红寺堡区葡萄酒高峰论坛，现场签订 1760 万元葡萄酒销售订单。新认定自治区级龙头企业 7 家，培育各类新型经营主体 230 家。评定自治区 4 星级休闲农业企业 1 家，3 星级企业 1 家，打造自治区级休闲农业示范点 2 个，吴忠市级一二三产业融合试点 1 个。组织 5 家农业新型经营主体参加宁夏首届硒博览会，建成富硒农产品基地 4 个，打造农产品富硒品牌 4 个。全年完成农业增加值 6.74 亿元，增长 4.8%。

【新型工业】

2017 年，红寺堡区围绕农产品深加工、新能源和轻工制造三大板块精准招商，先后 9 次组织招商小分队外出招商，在福建厦门、德化和山东德州分别召开推介会，洽谈项目 22 个，德州恒丰集团红寺堡现代纺织扶贫产业园等项目开工建设，在建招商项目 35 个，到位资金 84.4 亿元。完善弘德园区功能配套，新建酒庄 3 家，特变电工光伏产业配套项目一期、白浪包装二期完工。嘉泽新能源在上海证券交易所主板成功上市，红川科技、索米亚被认定为自治区“专精特新”企业，弘德包装等 5 家企业获得第六届“宁夏中小企业 50 强”。新增规上工业企业 5 家，全年实现规模以上工业增加值 13.8 亿元，增长 18.2% 以上。

【第三产业】

2017 年，红寺堡区抢抓自治区全域旅游和东部环线旅游建设机遇，香园、中圈塘等村旅游驿站建成投运。举办 2017 年全国青少年航空航天模型锦标赛暨第四届航空旅游节、中华民族一家亲走进红寺堡大型义演、2017 年棋牌项目西部行走进红寺堡等活动。综合市场改造全面开工建设，电商孵化园开园运营，入驻企业 21 家、电商个体 9 家。全年实现第三产业增加值 5.57 亿元，增长 5.2%；社会消费品零售总额 6.18 亿元，增长 8%。

【项目建设】

红寺堡区 2017 年农村公路、滚新南路改建等项目建成投运，新庄集水库建成蓄水，金庄子水库完成主体工程。吴忠市重点项目大会战开工仪式在红寺堡区举行，2 个自治区 60 大庆重点项目完成投资 9800 万元，50 个重点项目全部开工，完成投资 47.83 亿元。

（单慧林）

社会发展

【民生福祉】

2017年，红寺堡区8件民生实事全部办成，建设一中扩建工程和中圈塘、朝阳等14所幼儿园，职教中心主体完工，义务教育均衡发展通过自治区评估认定，普通高中录取率达到69.4%，本科录取率达到40.5%。推进国家公共文化服务体系示范区、自治区基本公共体育服务体系示范区创建活动，64个村综合文化服务中心建成投用，在自治区率先实现全覆盖。宁夏移民博物馆、图书馆、乡镇文化站等免费开放，全年接待群众30万人次。人民医院门急诊综合楼主体完工，21所标准化村卫生室基本建成。推进多医联动模式，建立区内外三甲医院医生到红寺堡区人民医院坐诊、市区医院医生到乡镇卫生院坐诊服务机制，提升医疗服务水平。城镇职工“五险”参保人数达到2.5万人，城乡居民养老、医疗保险参保人数分别达到5.9万人和16.3万人。全区建筑业新建、在建项目工伤保险参保率均达到100%，失地农民养老保险参保率达到100%。核定城乡低保对象分别为2092人、24568人，低保实现全覆盖。开展扶老、救孤、助残、济困、助学、救灾等多种形式的社会救助，核定孤儿206人，完成66名困难先心病儿童筛查，建设“留守儿童之家”19个。新审批五保供养对象36人，五保供养对象达到287人。建成第二敬老院，中心敬老院、菊花台残疾人日间照料中心服务水平得到全面提升。

【和谐社会建设】

2017年，红寺堡区启动禁毒示范区创建活动，推进治安防控体系建设，建成区级综治中心和柳泉乡综治中心。全面推广应用矛盾问题排查化解系统，排查各类矛盾问题850件，化解90%以上。各类交通事故下降40%以上。落实安全生产“党政同责、一岗双责”，全面整改国务院安委会巡察反馈问题，安全生产形势平稳向好。完善城市基础设施，实施第二污水处理厂提标改造、城区供水改造及扩建

村综合文化服务活动中心

等市政基础设施建设。德水街改造、集中供热等13个项目完工，城东市民休闲公园等重点项目进展顺利，1800户棚改居民全部签订征收协议。团结商业广场、瀚海明珠商住小区等10个房地产项目加快推进，累计完成投资16.27亿元。推进“创城”“创卫”工作，城区垃圾机械化清扫率达到78%、垃圾处理率达到95%。新庄集乡葡萄小镇完成规划评审，大河乡小城镇一期建设基本完成，建成豹子滩等10个美丽乡村。完成S304线至要艺山、沙泉至关家疙瘩等级公路24条160公里。大河村、龙泉村小型农田水利节水改造等项目建成投用。完善区、乡、村三级垃圾清运长效管理机制。实施农村清洁能源工程，改善城乡居民生产生活条件。建立生态环境保护长效机制，开展“蓝天碧水·绿色城乡”“绿盾2017”专项行动和大气污染防治攻坚工作，完成罗山自然保护区人类活动点清理工作，沙泉水源地保护工作稳步推进。集中整治和规范农村乱圈乱占现象，遏制城区乱搭乱建行为。实施植树造林、禁牧封育、退耕还林、退牧还草等生态林业工程，新营造林10.7万亩，森林覆盖率提高到10.33%，城市绿地率提高到35%。全面整改中央第八环境保护督察组交办的污水处理不达标等问题。

【改革与开放】

2017年，红寺堡区推进3个方面9大领域31项改革任务。在朝阳等4个村开展村级互助担保基金综合试点，向404户社员发放村级互助担保基金贷款1531万元。开展现代农业社会化综合服务体系建设试点，农村产权流转服务中心投入运营。开展水资源使用权确权登记试点和国有林场、“河长制”改革、个体工商户登记制度改革等工作。综合执法局挂牌成立并运行，梳理本级8个政府部门纳入综合执法事项254项，承接3个市直部门下放执法事项64项。承接区市下放权力11项，全区68项行政许可项目和110项为民服务事项实现集中办理，申报材料减少40%，审批环节减少32%。深化与宁夏农科院等院校技术协作，与江南大学签订葡萄与葡萄酒产业发展合作框架协议。与福建德化等地区签订互学互助对口协作协议和基层建设互助共促合作协议，建立党政互访机制。完善创业资金扶持平台，促进创业带动就业。与德化县签订对口帮扶劳务合作协议，成立闽宁协作创业指导服务中心，累计开展黄花菜种植等创业培训指导服务1000余人次。城镇新增就业678人，城镇登记失业率控制在3.68%。转移农村劳动力4.18万人，实现劳务收入3.94亿元。发放创业担保贷款1028万元，培养小老板63名，培育小企业32个，创造新岗位310个，创业带动就业2285人。

（单慧林）

政治建设

【民主法治】

2017年，红寺堡区坚持和加强党的全面领导，发挥区委总揽全局、协调各方的领导核心作用。区委听取人大、政府、政协、法院、检察院党组工作汇报，支持人大开展执法检查、专题询问等监督活动，组织政协委员围绕重大问题建言献策，推进监察体制改革。强化党管武装，深化“双拥”共建。重视工商联、无党派人士发挥作用，支持党外人士代表积极参政议政。落实自治区群团改革部署要求，完善群团联席会议机制，完成工青妇班子考察配备、换届选举，推进党建与群团工作共建互促、优势互补、一体联动。加快法治红寺堡建设，建立“谁执法谁普法、谁主管谁普法”责任制，探索“2584”模式，深入推进“七五”普法，一体化推进依法行政、依法执政、依法治区。落实 4 个基层司法所长副科级待遇，建成红寺堡法治文化主题公园，举行“12·4”国家宪法日现场宣誓签名，增强人民群众的法治意识。

【“两学一做”学习教育常态化制度化】

2017 年，红寺堡区梳理党员干部围绕政治潜意识淡薄、服务意识欠缺、思想认识不到位、态度上不够积极等方面问题 496 条，建立“班子及个人整改清单”，督促党员干部对照清单，认真整改问题 490 条。成立 4 个督查组，对各基层党组织进行常态化督查，下发督查整改通知书 32 份，整改问题 60 条。推行“3+1+N”培训模式，对党组织带头人、基层党员、致富带头人等培训 6 期 800 余人次，区四套班子领导干部带头深入基层调研 175 次，到联系乡镇和部门讲党课 68 次；“七一”期间，各级党组织开展讲党课 510 场，受训人次达 3000 余人次。培育特色产业引路人、脱贫致富先锋官 83 名，无私奉献先锋 50 名，解决建档立卡户就业岗位 300 多个，实现经济收入 500 余万元，累计发放党员创业致富资金 130 万元，扶持 110 户农村党员、大学生村官创业。确定 1713 名机关干部、乡村两级干部、致富带头人等对 15635 户贫困户进行帮扶。2017 年，第一书记、帮扶责任人为农村党员讲党课 120 余次，捐助学生课桌、村部办公设施、电脑等价值 200 余万元，调处矛盾纠纷 150 余起。

【党建工作】

2017 年，红寺堡区全年共举办区委中心组学习研讨会 13 次，专题学习班 21 期。健全领导干部讲党课、上讲台制度，常委班子成员带头宣讲解读政策，开展“解放思想、担当作为、创新发展”大讨论活动，召开常委班子效能目标考核整改专题民主生活会，开展“两学一做”学习教育和“三先开路”专题教育活动，处级党员领导干部讲党课 90 余场次，各乡镇、部门领导班子成员讲党课 456 场次。先后组织

潘河村党支部两学一做学习教育常态化制度化推进会

集中观看《使命》《镜鉴》等电教片 26 场次。起草区委《关于深入推进全面从严治党的实施意见》，整顿转化软弱涣散村级党组织 7 个，完成城镇社区“两委”换届选举工作。学习宣传贯彻《中国共产党廉洁自律准则》和《中国共产党纪律处分条例》，落实“两个责任”，抓作风建设，加强纪律审查，营造风清气正的政治生态。

【基层组织建设】

2017 年，红寺堡区财政投入农村党建工作经费 846 万元。投资 798 万元，新建村级阵地 1 个 210 平米，改扩建阵地 44 个 4914.3 平米，完成 21 个 16456 平米的村级阵地粉刷。落实为民服务资金方面 664.7 万元（自治区划拨 195.5 万元、吴忠市配套 78.2 万元，本级配套 391 万元），整合各类资金 441 万元，打造基层服务型党组织示范点 25 个、星级远程教育示范站点 15 个、整顿转化软弱涣散党组织 17 个。培育脱贫销号先行村 14 个，夯实 42 个“空壳村”处级领导包抓责任，争取各类项目资金2000余万元用于发展壮大村集体经济。完成 22 个村清零目标中的 14 个。对 3000 人以上的 21 个村追加村级办公经费 21 万元。村干部报酬按月足额发放。实施“两个带头人”工程，选拔培养“产业型、市场型、创业型”村党组织书记 13 名，培养党员致富带头人 95 名，进入村“两委”班子的致富带头人 26 名，培养村级后备干部 75 名。调整 8 名不称职的村党组织书记。举办红寺堡区庆祝建党 96 周年暨脱贫富民先锋颁奖典礼，表彰脱贫富民先锋党组织 16 个、党员致富先锋 20 名，发放党员先锋示范户创业致富资金 60 万元，培育致富先锋户 79 户。提拔 3 名驻村第一书记。采集 197 个党组织和 4630 名党员基本信息 26 项内容。培养入党积极分子 136 名，发展党员 77 名。发放“共产党员户”门牌 3219 个。推行“红、黄、蓝、绿”四色卡和流动党员管理台账，规范农村党员档案和流动党员管理。新设立区人大机关党组等 15 个，设立红寺堡区非公企业和社会组织工委、弘德工业园区管委会工委。打造 2 个标准化党群活动服务中心，建立 4 个非公经济和社会组织党建示范点。

【党建促脱贫】

2017 年，红寺堡区建立处级领导、科级干部、党员一般干部、致富带头人包乡、包村、包组、包户制度，确定 1713 名机关干部、乡村两级干部、致富带头人等对 15635 户贫困户进行帮扶。2016—2017 年底，机关党员干部为农村党员讲党课 120 余次，帮助整修村部 32 个，建设村级文化活动阵地 3700 余平米。争取资金 3092 万元，硬化村庄道路 121 公里，捐助学生课桌、村部办公设施、电脑等价值 320 余万元，调处矛盾纠纷 1500 余起。坚持“一乡一业、一村一品”，推广“党支部 +”扶贫模式。依托“壹加壹”养殖基地，在玉池、柳泉等村推广金融撬动型扶贫模式，发展肉牛养殖，存栏量达 5000 头以上；在兴民、康庄、龙泉等村推行协会拉动型产业扶贫模式，种植黄花菜 2500 亩、枸杞 2100 余亩、甜瓜 1700 亩、枸杞 900 亩、优质牧草 1000 亩；在甜水河、杨柳、弘德等村推行企业带动型产业扶贫模式，种植酿酒葡萄5500亩、优质牧草3000亩、油牡丹 500 亩。

【依法行政】

2017 年，红寺堡区推进“七五”普法和法治政府建设，完善重大决策专家咨询和政府法律顾问制度，加强规范性文件审查备案工作。

完善司法救助机制，办理法律援助案件130件，挽回经济损失735万元。受理行政复议案件34件、应诉行政案件17件。依法接受监督。

（周鹏飞　于鑫）

文化建设

【文化惠民】

2017年，红寺堡区组织开展春晚、农民秦腔大赛、社火展演大赛、广场舞、送戏下乡、趣味运动会等系列群众文体活动150多场次；送春联1000余幅、送戏下乡80场次、放映农村数字电影900余场次。

【移民文化人才培养】

2017年，红寺堡区建立移民文化人才库和档案。开展以刺绣、剪纸、书画、摄影、广场舞等为主要内容的培训班20期，扶持培养公共文化服务人才、群众文化领军人才、非物质文化传承人才和文化产业带动人才1500余人，培育首批移民文化领军人物30名，按照群众文化需求分别与各乡镇结对子，帮助指导开展群众文化活动，形成常态化帮扶机制。

【非遗保护】

2017年，红寺堡区举办非物质文化遗产日活动，发放宣传材料近1000份、演出节目2场，现场拍卖刺绣、烙铁画、剪纸等作品12件。有自治区级非物质文化遗产项目5项，吴忠市级非物质文化遗产项目7项；自治区级非物质文化遗产保护项目代表性传承人3名，吴忠市级非物质文化遗产保护项目代表性传承人7名。

【全域旅游】

2017年，红寺堡区编制完成《红寺堡区全域旅游发展总体规划》《红寺堡区风景道修建性详细规划》等旅游发展规划。建成红关公路凉亭、观景台，城区及主要交通道路旅游标识牌，中圈塘、香园、罗山飞行营地、上源4个旅游驿站。开工建设西川特色产业示范村文化旅游服务区项目，新建中圈塘、永新、东源等乡村旅游示范村。建成罗山、汇达、红粉佳荣等一批酒庄。

【地方史志编研】

2017年，红寺堡区成立吴忠市红寺堡区党史地方志编纂委员会，制定红寺堡区2017—2021年志书编纂计划，制定下发《关于编纂红寺堡区移民史、部门志和乡村志的工作方案》文件，启动部门志、行业志、乡村志编纂工作。编纂完成《红寺堡史话》《红寺堡年鉴（2017）》，编纂《美丽红寺堡》地情刊物。

（拓婕　王小玲）

生态文明

【林业建设】

2017年，红寺堡区完成营造林10.7199万亩，其中新增防护林19897亩，退化林分改造22452亩，封山育林45000亩，特色经济林19850亩。森林覆盖率达到10.33%。完成防护林建设19897亩，完成退化林改造22452亩，其中盐兴公路乔木林带补植706亩，美丽乡村及乡村主干道路绿化976亩，城北盐中高速、滚红高速等地补植650亩，城区绿地补植补造120亩，柠条林补植补造2万亩。

农田林网

【城区绿化】

2017 年，红寺堡区组织实施金水街、团结西街及东环路分车带，东环路两侧，区政府、人大、政协单位庭院，城区老旧小区改造等景观绿化工程，完成景观绿化 404 亩。截至 2017 年底，城区绿化面积达 5628 亩，城市绿地率达 35%，绿化覆盖率达 39%，人均公共绿地面积达 27.5 平方米。

【水土保持】

2017 年，红寺堡区完成面上治理水土流失面积 26.05 平方公里，其中完成生态造林 15.04 平方公里（乔木林 1.54 平方公里，灌木林 3.67 平方公里，经果林 9.83 平方公里），人工种草 11.01 平方公里（种植多年生蓄草 10 平方公里，禁牧 1.01 平方公里）。完成录入全国水土保持监督管理系统（V3.0）2011—2017 年红寺堡区内生产建设项目水土保持监督检查和管理工作信息。

【农田水利】

2017 年，红寺堡区新建水源工程 14 座（其中蓄水池 12 座，水库 2 座），新建泵站 12 座。完成渠道砌护 375 公里，铺设各类主管道 648 公里，各类主要建筑物 15683 座。治理盐碱地 1 万亩，建设高标准农田 6.27 万亩，完成投资 31891 万元。筹措 430.77 万元对水毁工程进行维修。

【防汛抗旱】

2017 年 3 月下旬开始，集中对辖区内的重点防洪区域、防洪部位和各类在建工程进行汛前专项检查，及时消除存在的隐患。6 次组织人员对所有水库、蓄水池和在建工程等单位进行定期不定期检查。筹措 10 万元资金，补助每个乡镇 2 万元对沟道进行清障。开展防洪应急专项演练。筹资 20 万元补助各乡镇抗旱拉水工程。

【环境治理】

2017 年，红寺堡区累计出动清扫车辆 600 余车次，城区机械化清扫率 78%，出动洒水车 400 余车次，对城区主次干道进行洒水降尘。在日常清扫保洁、垃圾清运的基础上，抽调环卫人员270余人次，出动各类车辆80余车次，清理综合市场、平房小区等卫生死角160余处。清运生活垃圾12600余吨，处理垃圾12045吨，垃圾处理率95.6%。累计清理雨水井、雨篦子720余处。按照《公厕管理人员考核细则》对城区19座免费公厕采取创新管理机制。对城区公厕、垃圾中转站破损设施进行维修更换，采购果皮箱180个，果皮箱内箱400个。投资200余万元治理填埋厂倒排工程维修水渠、水管、栽植绿化树木1200株，安装80吨电子地磅、监控系统，改善生活垃圾填埋厂周边的环境，减少污染。签订《餐厨垃圾收集协议》26家，集中收集处理餐厨垃圾600余吨。

（李东　马云　董亚明）

河流治理

2017 年红寺堡区国民经济和社会发展统计公报

红寺堡区发展和改革局

（2017 年 5 月）

2017 年，红寺堡区认真贯彻学习党的十九大精神，按照自治区第十二次党代会和吴忠市经济工作会议精神的部署要求，全区在区委、政府的坚强领导下，坚持稳中求进工作总基调，坚持新发展理念引领经济发展新常态，不断深化供给侧结构性改革，稳增长、促改革、调结构、惠民生、防风险各项工作统筹推进，经济发展呈现“总体平稳、稳中有进、稳中向好”的运行态势，较好的完成了全年预期目标。

一、综合

人口：

2017 年年末全区常住人口 20.25 万人。其中，城镇人口 6.66 万人，占常住人口比重 32.9%，比上年提高 2.29 个百分点。人口出生率为 14.21‰，比上年下降 2.08 个千分点；死亡率为 2.98‰，比上年下降 0.28 个千分点；人口自然增长率为 11.23‰，比上年下降 1.8 个千分点，人口出生政策符合率 86.76%，比上年提高 0.51 个百分点。

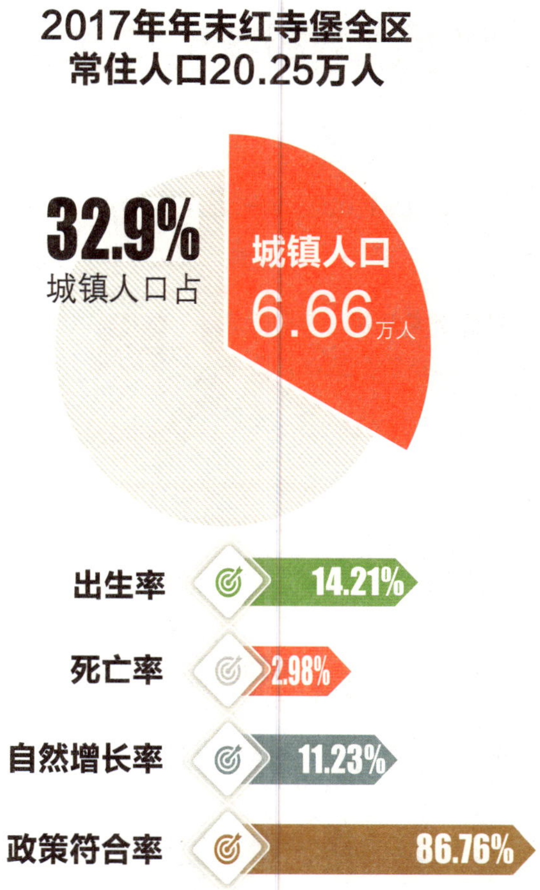

经济总量：

经初步核算，2017年全区实现地区生产总值19.34亿元，可比增长9.1%，与2016年相比，地区生产总值净增2.05亿元。

其中：第一产业实现增加值4.73亿元，增长4.9%；

第二产业实现增加值9.04亿元，增长14.5%；

第三产业实现增加值5.57亿元，增长5.2%。三次产业结构比由2016年的26.6 : 44.0 : 29.0调整为24.5 : 46.7 : 28.8。按常住人口计算，全区人均地区生产总值9604元，增长10.6%。

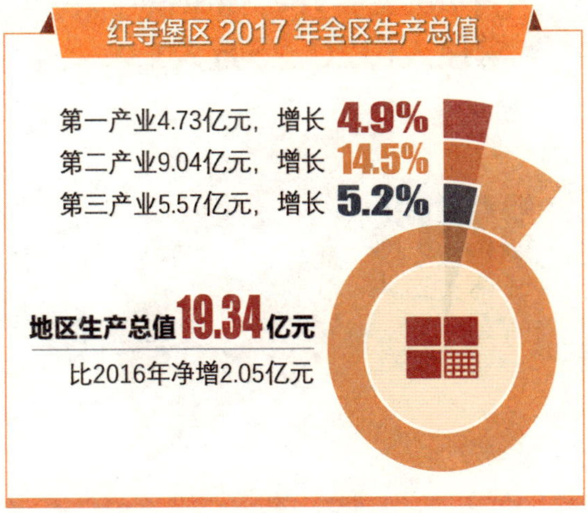

指　标	绝对值(亿元)	比上年增长(%)
全区生产总值	19.34	9.1
第一产业	4.73	4.9
第二产业	9.04	14.5
工业	5.32	17.4
建筑业	3.74	10.6
第三产业	5.57	5.2
交通运输、仓储和邮政业	0.2	4.2
批发和零售业	0.81	2.7
住宿和餐饮业	0.24	7.2
金融业	0.57	6.5
房地产业	0.78	-11.5
其它	2.71	12

财政收支：

2017年完成财政总收入3.2亿元，比上年增长28.3%，其中完成地方公共财政预算收入2.04亿元，增长28.4%。政府性基金收入1.15亿元，同比增长51.8 %。在地方公共预算收入中税收收入0.94亿元，同比增长14.7 %。

2017年财政总支出29.52亿元，比上年增长19%。其中，地方财政公共预算支出28.15亿元，增长18.5%；政府性基金支出亿1.37元，降低49.95%。

物价水平：

2017 年，居民消费价格指数总水平比上年上涨 1.3%，其中医疗保健类上涨 5.9%，交通和通信类上涨 3%，其他用品和服务类上涨 2.1%，教育文化和娱乐类上涨 2%，生活用品及服务类上涨 1.4%，衣着类上涨 0.5%，居住类下降 0.1%，食品烟酒类下降 0.3%。工业生产者出厂价格指数同比上涨 9.4%，工业生产者购进价格指数同比上涨 10%，商品零售价格指数上涨 2.1%。

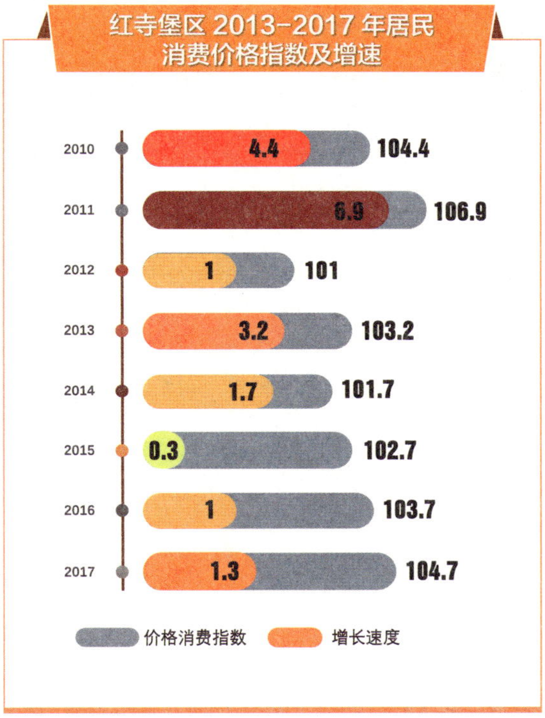

二、农业

2017 年完成农林牧渔业总产值 9.5 亿元，比上年增长 4.8%。其中，农业产值 6.7 亿元，增长 4.8%；林业产值 0.3 亿元，下降 3.5%；畜牧业产值 2.0 亿元，增长 6.9%；农林牧渔服务业产值 0.3 亿元，增长 3.3%。全区农林牧渔业增加值 4.9 亿元，比上年增长 4.8%。其中农业增加值 3.8 亿元，增长 4.8%；林业增加值 0.1 亿元，下降 3.5%；畜牧业增加值 0.8 亿元，增长 6.9%；农林牧渔服务业增加值 0.2 亿元，增长 3.3%

2017 年农作物总播种面积 36314 公顷，增长 5.6%。粮食播种面积为 20313 公顷，增长 0.9%。粮食总产量 12.1 万吨，增长 4.5%。其中：夏粮产量 1.2 万吨，秋粮产量 10.9 万吨。

2017 年末，牛存栏 3.2 万头，增长 18.1%；生猪存栏 0.8 万头，增长 5.0%；羊存栏 31.1 万只，下降 2.2%；家禽存栏 991 百只，下降 2.1%。年内牛出栏 2.7 万头，增长 19.1%；生猪出栏 1.2 万头，增长 5.9%；羊出栏 31.3 万只，增长 25.6%，家禽出栏 1714 百只，增长 4.2%。全年肉类总产量 1.1 万吨，增长 21.0%。禽蛋产量 721 吨，下降 13.0%。

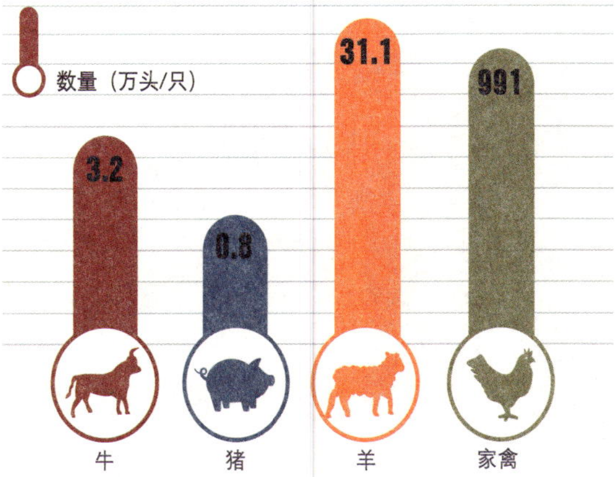

三、工业和建筑业

全年完成规模以上工业增加值同比增长18.5%。分经济类型看，公有工业增加值同比增长25.6%，非公有工业增加值同比增长13.8%；国有企业增加值同比增长17.4%，股份制企业增加值同比增长13.6%。从轻重工业看，轻工业增加值同比增长1%，重工业增加值同比增长25.6%。

红寺堡区2013-2017年规模以上工业增加值及增速

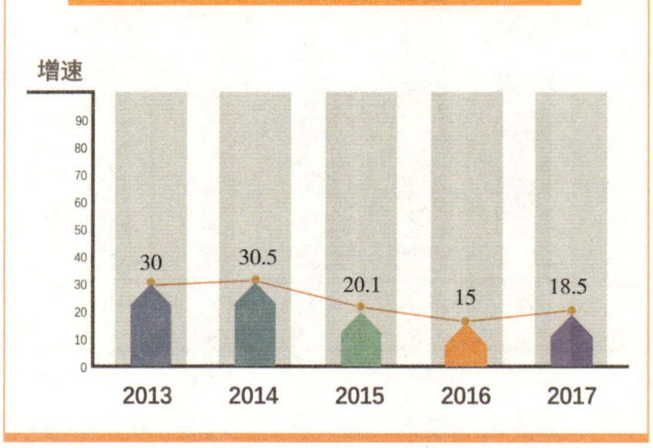

全年万元单位GDP值能耗为0.9484吨标准煤，同比下降17.8%。

全年建筑业实现增加值3.1亿元，比上年增长5.0%。全区具有资质建筑企业3家，完成主营业务收入7.2亿元，同比增长433.3%；建筑业企业房屋建筑施工面积22.8万平方米，比上年具有较大增长；房屋竣工面积0.5万平方米，下降44.4%。

四、固定资产投资和房地产

2017年全社会完成固定资产投资86.9亿元，同比增长12.9%。房地产开发投资9.5亿元，增长6.7%。分投资主体看，国有及国有经济控股完成投资34.3亿元，增长14.7%；民间投资52.6亿元，增长11.6%。

红寺堡区2013-2017年全社会完成固定资产投资额及增速

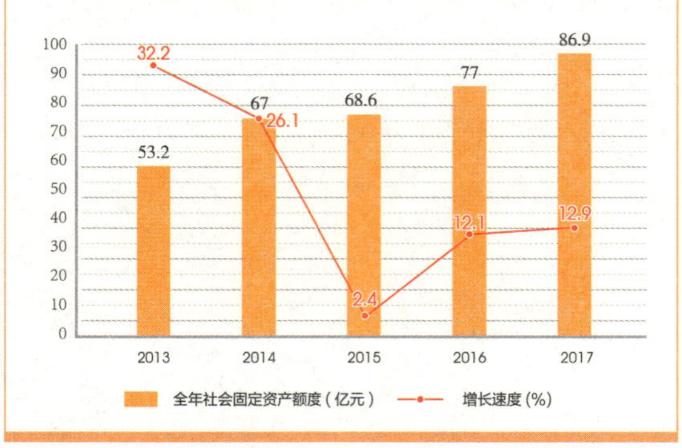

2016年全区分行业全社会固定资产投资

指 标	绝对量（亿元）	比上年增长（%）
全社会固定资产投资	86.9	12.9
农林牧渔业	13.6	74.6
采矿业		
制造业	20.45	225.6
电力、热力、燃气及水的生产和供应业	8	-65.2
建筑业		
批发和零售业	1.48	572.7
交通运输、仓储和邮政业	12.96	-34
住宿和餐饮业	0.02	-93.3
信息传输、软件和信息技术服务业	0.2	
金融业		
房地产业	9.5	6.7
租赁和商务服务业	0.7	
科学研究和技术服务业	0.16	6.7
水利、环境和公共设施管理业	7.6	46.2
居民服务和其他服务业	0.07	-86
教育	2.66	114.5
卫生和社会工作	1.09	202.7
文化、体育和娱乐业	0.38	
公共管理和社会组织	1.12	-65.4

从投资结构看，第一产业投资13.6亿元，增长74.6%。第二产业投资28.8亿元，下降1.8%。第三产业投资44.4亿元，增长11.5%。

2017年全区商品房全年实现销售面积8.7万平方米，同比下降29.5%。

五、商贸

2017 年全区实现社会消费品零售总额 6.2 亿元，同比增长 8.0%。其中，城镇零售额 5.5 亿元，增长 7.6%，农村零售额 0.7 亿元，增长 10.5%。城乡居民消费逐步拉近。批发业实现零售额 1.0 亿元，增长 18.7%，零售业实现零售额 4.3 亿元，增长 3.9%，住宿业实现零售额 0.1 亿元，增长 20%，餐饮业实现零售额 0.8 亿元，增长 19.5%。实现限额以上零售总额 1.6 亿元，增长 1.4%；实现限额以下零售总额 4.7 亿元，增长 10.5%。限额以上零售额占全部零售额的 26.3%。

六、税收和金融

2017 年全区实现税收收入 9354 万元，同比增长 14.7%。2017 年全区金融机构各项贷款余额 26.7 亿元，同比增长 18.3%；金融机构各项存款余额 43.6 亿元，同比增长 13.9%。

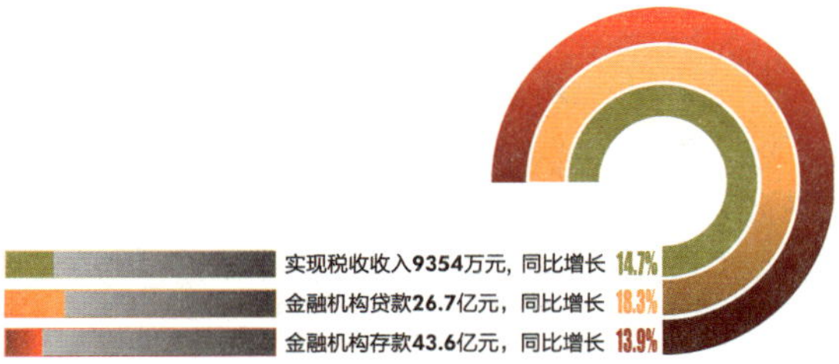

七、教育、文化、卫生、体育

2017 年末全区共有各类学校 115 所。其中，幼儿园 35 所，高级中学 1 所，普通中学 4 所，普通小学 75 所。专任教师总数 2145，其中，幼儿园 22 人，普通小学 1211 人，普通中学 690 人，普通高中 222 人。在校学生总数 44713 人，其中，幼儿园 6444 人，普通小学 23128 人，普通中学 11722 人，普通高中 3419 人，小学学龄儿童净入学率达 100%，初中阶段毛入学率 134%；高中阶段毛入学率 89%；小学六年巩固率 90.16%，初中三年巩固率 93.02%。全区参加高考考生 1687 人，录取 1342 人，录取率 79.55%。其中：本科上线 678 人，录取率 40.19%。

2017 年末全区有文化馆 1 个，图书馆 1 个，博物馆 1 个，体育馆 1 个，文化站 5 个，图书馆图书报刊总藏量 20.8 万册。广播电视覆盖率 100%，广播电视网络宽带覆盖全区 59 家行政村，农村户户通用户 31472 户。

2017 年末，全区共有各类医疗卫生机构 135 家，其中：人民医院、妇幼保健计划生育服务中心、疾病预防控制中心和卫生计生执法所各 1 家；乡镇卫生院 5 家、社区卫生服务站 4 家及村卫生室 98 家；民营医院 6 家和 18 家个体诊所。各类卫生机构技术人员 470 人，其中：执业医师及执业助理医师 143 人。实际开发床位数 755 张。

全年全区举办各种比赛 33 次。全区运动员在自治区、吴忠市各项比赛中获得第一名 7 人次，第二名 13 人次，第三名 16 人次，第四名 12 人次，第五名 7 人次，第六名 7 人次。

八、人民生活和社会保障

2017年末，城镇实有登记失业人口139人，登记失业率3.69%。

2017全年城镇居民人均可支配收入21198元，同比增长9.2%；其中：工资性收入15872元、经营净收入4365元、财产净收入462元、转移净收入499元。城镇居民人均生活消费支出12716元，增长9.2%。城镇居民恩格尔系数为27.1 %。

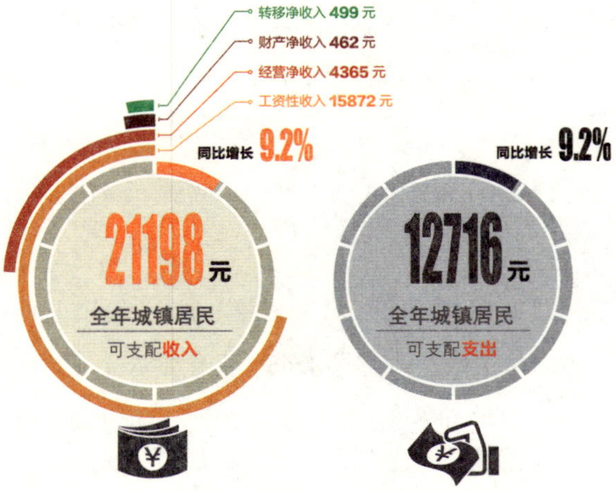

2017全年农村居民人均可支配收入7896元，同比增长11.5%；其中：工资性收入4496元、经营净收入2223元、财产净收入16元、转移净收入1161元。农村居民人均生活消费支出8104元，增长13.3%。农村居民恩格尔系数为29.2%。

2017年参加城镇职工基本养老保险人数为3590人，比上年增长5%；参加城乡居民基本医疗保险人数163798人，比上年增加10%，参加城镇职工基本医疗保险人数5985人，比上年增长7%；工伤保险参保人数6106人，城镇职工生育保险人参保数5572人。

2017年末，全区各种社会福利机构1个，床位数112张。

2017年末，全区居民最低生活保障人数25136人。其中：城镇居民最低生活保障人数1700人，农村居民最低生活保障人数23436人。

2017年末，全区80岁以上低收入老年人基本生活津贴人数1107人，其中：城镇居民80岁以上低收入老年人基本生活津贴人数44人，农村居民80岁以上低收入老年人基本生活津贴人数1063人。

注：

1. 本公报所列部分数字为初步统计数据。
2. 生产总值、各产业增加值绝对数按当年价格计算，增长速度按可比价格计算。
3. 居民消费价格指数为吴忠市价格指数。

红寺堡区 2017 年八件民生实事

2017 年，红寺堡区人民政府把为民办实事作为一项重要的工作内容来抓，坚持“为民、利民、惠民、亲民”的宗旨，按照“量力而行、尽力而为、当年办结”的原则，切实解决了一些群众关注、社会关切的突出问题。8 件民生实事已全部办结，集中解决了一批广大群众最关心、最直接、最现实的利益问题。具体办理情况如下：

（一）所有行政村设立金融便民服务点。 为全面推广应用移动终端、乡村超市 POS 机终端、自助设备等，计划投资 218 万元，建设行政村金融便民服务点（自助终端），实现所有行政村金融服务全覆盖，满足群众代收代缴、小额取现、转账、电汇、查询等金融需求。（农村信用社承办，各乡镇人民政府、发展和改革局协办）

红寺堡农村信用社现有物理营业网点 8 个，其中城区网点 5 个，乡镇网点 3 个。2017 年底，发展网上银行 1325 户、手机银行 6856 户、短信银行 70581 户、电话银行 361 户，发行借记卡 18.73 万张、贷记卡 120 张，布放电话自助结算终端 120 台、POS 机 346 台、万村千乡终端 41 台、移动营销终端 8 台、三农 / 社区便民服务终端 8 台、ATM 机 20 台，设立银行卡助农取款服务点 126 个，实现行政村金融服务全覆盖。

（二）为脱贫销号村安装太阳能热水器 1 万台。 计划投资 1000 万元，为脱贫销号村安装太阳能热水器 1 万台，有效减少柴薪和煤炭等能源的消耗，推进节能减排，改善农村生态环境，提升农民的生活质量。（农牧和科学技术局承办，各乡镇人民政府协办）

争取自治区农村阳光沐浴工程项目资金 1300 万元，为 38 个行政村农户安装太阳能热水器 1.3 万台（脱贫销号村 8600 台），累计安装 4.4 万台，覆盖率达到 93.7%，其中脱贫销号村建档立卡户实现全覆盖。

（三）实施三小北路延长线道路硬化工程。 计划投资 237 万元，实施三小北路延长线道路硬化工程，解决四中和三小师生出行难的问题。（建设和环境保护局承办，红寺堡镇人民政府、教育局、国土资源局协办）

四中和三小门前道路长 320 米、宽 15 米，项目总投资 241 万元。工程已完工并投入使用，切实解决了四中和三小师生“出行难”的问题。

（四）在 5 个脱贫销号村建设垃圾填埋场。 为进一步改善农村环境，解决垃圾收集清运难的问题，计划投资 260 万元在 5 乡镇各选 1 个脱贫销号村建设 1 万立方米垃圾填埋场。（建设和环境保护局承办，各乡镇人民政府、国土资源局、规划分局协办）

争取项目资金 260 万元，在 5 乡镇各建设1座1万立方米垃圾填埋场，已全部完工并投入使用。

（五）加大对经济困难家庭和特殊家庭在校学生扶持力度。计划投入214万元，分别对703名学前3年建档立卡幼儿每人每年免除保教费1000元，对841名普通高中建档立卡学生每人每年免除学费800元，对883名建档立卡家庭经济困难的中职学生按照区内每人每年300元、区外每人每年500元的标准给予交通补助，对74名义务教育阶段残疾适龄儿童按照每人每年6000元标准提供随班就读和送教上门教师交通费等经费保障。（教育局承办，各乡镇人民政府、财政局、扶贫办协办）

按照每人每学期750元标准免除建档立卡家庭经济困难儿童和残疾儿童保教费和每人每学期450元标准补助建档立卡家庭经济困难儿童和残疾儿童伙食费，资助幼儿2373人次516.8万元；每年筹措资金不少于1000万元，建立教育扶贫基金，按照建档立卡家庭高中每生每年1000元、中职每生每年5000元、高职每生每年6000元、大学每生每年7000元的标准，发放各类助学金2069.76万元；落实义务教育阶段残疾适龄儿童随班就读和送教上门教师交通补助费等5万元，55名义务教育阶段残疾适龄儿童全部随班就读；筹措资金310万元，从2017年开始，按照每生每年800元标准免除了高中学生教育学费。

（六）实施道路交通管制设施安装工程。计划投资1558万元，在城区、弘德慈善园区和柳泉乡街道等事故多发路段，安装交通信号灯49处、电子警察121处，设置交通标识牌2块，强化道路交通管理，减少交通事故发生，确保群众出行安全。（公安分局承办）

49处交通信号灯、121处电子警察、28块交通标识牌等全部安装完毕并投入使用。

（七）对15个脱贫销号村群众开展脑卒中筛查和防治管理。计划投资50万元，协同宁夏医科大学附属总医院对15个脱贫销号村40岁以上群众开展脑卒中筛查和防治，并做好脑卒中健康宣教、基层医护人员脑卒中干预技术培训、脑卒中高危人群筛查和防治，建立急性脑卒中救治体系，推进脑卒中分级诊疗，进一步提高全民健康水平。（卫生和计划生育局承办，各乡镇人民政府协办）

先后2次邀请自治区专家来红对各医疗卫生机构100余名医务人员开展项目培训。对白墩、豹子滩等15个脱贫销号村40岁以上6000余名目标人群进行筛查，初步确诊42名脑卒中患者。

（八）建设鹏胜社区卫生服务站。计划投资120万元，建设200平方米的鹏胜社区卫生服务站，方便鹏胜社区及周边2万居民的看病就医，提升城市社区卫生服务能力。（卫生和计划生育局承办，红寺堡镇人民政府协办）

争取项目资金100万元，将鹏胜社区卫生服务站与鹏胜社区进行资源整合，统一规划。该服务站基础改造工程全面完成。

罗山脚下崛起的新城—红寺堡

中国共产党红寺堡区委员会

CCP Hongsibu District Committee

重要决策

【经济指标】

2017年，红寺堡区实现地区生产总值19.34亿元，可比增长9.1%，与上年相比，地区生产总值净增2.05亿元。其中：第一产业实现增加值4.73亿元，增长4.9%；第二产业实现增加值9.04亿元，增长14.5%；第三产业实现增加值5.57亿元，增长5.2%。三次产业结构比由上年的26.6：44.0：29.0调整为24.5：46.7：28.8。按常住人口计算，全区人均地区生产总值9604元，增长10.6%。

【新型工业】

2017年，红寺堡区围绕农产品深加工、新能源和轻工制造三大板块精准招商，先后9次组织招商小分队外出招商，在福建厦门、德化和山东德州分别召开推介会，洽谈项目22个，德州恒丰集团红寺堡现代纺织扶贫产业园等项目开工建设，在建招商项目35个，到位资金84.4亿元。完善弘德园区功能配套，新建酒庄3家，特变电工光伏产业配套项目一期、白浪包装二期完工。嘉泽新能源在上海证券交易所主板成功上市，红川科技、索米亚被认定为自治区“专精特新”企业，弘德包装等5家企业获得第六届“宁夏中小企业50强”。新增规上工业企业5家，全年实现规模以上工业增加值13.8亿元，增长18.2%以上。

【第三产业】

以自治区全域旅游和东部环线旅游建设为契机，建成投运香园、中圈塘等村旅游驿站。举办2017年全国青少年航空航天模型锦标赛暨第四届航空旅游节、中华民族一家亲走进红寺堡大型义演、2017年棋牌项目西部行走进红寺堡等活动。综合市场改造开工建设，电商孵化园开园运营，入驻企业21家、电商个体9家。全年实现第三产业增加值5.57亿元，增长5.2%；社会消费品零售总额6.18亿元，增长8%。

【项目建设】

2017年，红寺堡区农村公路、滚新南路改建等项目建成投运，新庄集水库建成蓄水，金庄子水库完成主体工程。吴忠市重点项目大会战开工仪式在红寺堡区举行，2个自治区60大庆重点项目完成投资9800万元，50个重点项目全部开工，完成投资47.83亿元。

【基础设施建设】

2017年，红寺堡区整合资金6.5亿元，硬化乡村道路338公里，完成土地整理1.3万亩，安装太阳能热水器1.3万台、太阳能路灯3998盏，完成危房改造1840户。以支部+文化旅游、支部+产业带动、支部+服务创收、支部+股份合作等模式，完成了22个村集体经济“清零”。

【民主法治】

2017年，红寺堡区坚持和加强党的全面领导，发挥区委总揽全局、协调各方的领导核心作用。区委听取人大、政府、政协、法院、检察院党组工作汇报，支持人大开展执法检查、专题询问等监督活动，组织政协委员围绕重大问题建言献策，推进监察体制改革。强化党管武装，深化“双拥”共建。重视工商联、无党派人士发挥作用，支持党外人士代表积极参政议政。落实自治区群团改革部署要求，完善群团联席会议机制，完成工青妇班子考察配备、换届选举，推进党建与群团工作共建互促、优势互补、一体联动。加快法治红寺堡建设，建立“谁执法谁普法、谁主管谁普法”责任制，探索“2584”模式，深入推进“七五”普法，一体化推进依法行政、依法执政、依法治区。落实4个基层司法所长副科级待遇，建成红寺堡法治文化主题公园，举行“12·4”国家宪法日现场宣誓签名，增强人民群众的法治意识。

【和谐社会建设】

2017年，红寺堡区启动禁毒示范区创建活动，推进治安防控体系建设，建成区级综治中心和柳泉乡综治中心。全面推广应用矛盾问题排查化解系统，排查各类矛盾问题850件，化解90%以上。各类交通事故下降40%以上。落实安全生产“党政同责、一岗双责”，全面整改国务院安委会巡察反馈问题，安全生产形势平稳向好。完善城市基础设施，实施第二污水处理厂提标改造、城区供水改造及扩建等市政基础设施建设。德水街改造、集中供热等13个项目完工，城东市民休闲公园等重点项目进展顺利，1800户棚改居民全部签订征收协议。团结商业广场、瀚海明珠商住小区等10个房地产项目加快推进，累计完成投资16.27亿元。推进“创城”“创卫”工作，城区垃圾机械化清扫率达到78%、垃圾处理率达到95%。新庄集乡葡萄小镇完成规划评审，大河乡小城镇一期建设基本完成，建成豹子滩等10个美丽乡村。完成S304线至要艺山、沙泉至关家疙瘩等级公路24条160公里。大河村、龙泉村小型农田水利节水改造等项目建成投用。完善区、乡、村三级垃圾清运长效管理机制。实施农村清洁能源工程，改善城乡居民生产生活条件。建立生态环境保护长效机制，开展“蓝天碧水·绿色城乡”“绿盾2017”专项行动和大气污染防治攻坚工作，完成罗山自然保护区人类活动点清理工作，沙泉水源地保护工作稳步推进。集中整治和规范农村乱圈乱占现象，遏制城区乱搭乱建行为。实施植树造林、禁牧封育、退耕还林、退牧还草等生态林业工程，新营造林10.7万亩，森林覆盖率提高到10.33%，城市绿地率提高到35%。全面整改中央第八环境保护督察组交办的污水处理不达标等问题。

【改革与开放】

2017年，红寺堡区推进3个方面9大领域31项改革任务。在朝阳等4个村开展村级互助担保基金综合试点，向404户社员发放村级互助担保基金贷款1531万元。开展现代农业社会化综合服务体系建设试点，农村产权流转服务中心投入运营。开展水资源使用权确权登记试点和国有林场、“河长制”改革、个体工商户登记制度改革等工作。综合执法局挂牌成立并运行，梳理本级8个政府部门纳入综合执法事项254项，承接3个市直部门下放执法事项64项。承接区市下放权力11项，全区68项行政许可项目和110项为民服务事项实现集中办理，申报材料减少40%，审批环节减少32%。深化与宁夏农科院等院校技术协作，与江南大学签订葡萄与葡萄酒产业发展合作框架协议。与福建德化等地区签订互学互助对口协作协议和基层建设互助共促合作协议，建立党政互访机制。完善创业资金扶持平台，促进创业带动就业。与德化县签订对口帮扶劳务合作协议，成立闽宁协作创业指导服务中心，累计开展黄花菜种植等创业培训指导服务1000余人次。城镇新增就业678人，城镇登记失业率控制在3.68%。转移农村劳动力4.18万人，实现劳务收入3.94亿元。发放创业担保贷款1028万元，培养小老板63名，培育小企业32个，创造新岗位310个，创业带动就业2285人。

（单慧林）

重要会议

【区委三届五次全体（扩大）会议】

12月18日召开。会议听取和讨论区委书记丁建成同志代表区委常委会所作的工作报告，审议通过《中共红寺堡区委2018年工作要点》，开展市管干部年度考核民主测评、党风廉政建设主体责任和监督责任落实情况测评、干部选拔任用工作“一报告两评议”和区委书记抓基层党建民主评议。出席此次会议的有区委委员、候补委员、其它在职副处级领导干部；区纪委常委；法院院长、检察院检察长、弘德工业园区管委会主任、各乡镇、区委各部委、区直各部门、各分局（特派办、工作组）、各人民团体主要负责同志；区人大常委会、区政协各委办主要负责同志；驻红各单位主要负责同志；部分区、市党代表列席会议。

【三届区委第一次常委会议】

1月19日召开，区委书记丁建成主持。会议传达学习十八届中央纪委七次全会精神、自治区“两会”精神，研究贯彻意见；研究召开红寺堡区纪委三届二次全会相关事宜、自治区宗教工作会议精神，研究贯彻意见；传达学习自治区党委常委、人大副主任李锐同志在红寺堡区委常委班子民主生活会上的讲话精神，研究贯彻意见；听取安全生产和信访维稳工作情况汇报、研究《红寺堡区政协2017年度协商工作计划》，研究红寺堡区水利发展“十三五”规划有关事宜；研究《红寺堡区群团工作联席会议制度》；研究红寺堡区2017年城乡基础设施建设项目有关事宜。

【三届区委第二次常委会议】

2月17日召开，区委书记丁建成主持。会议传达学习吴忠市领导在调研红寺堡区首季“开门红”座谈会上的讲话精神；研究《红寺堡区2017年生态林建设实施方案》《关于开展共产党好黄河水甜深化移风易俗活动的实施方案》《红寺堡区教育扶贫基金实施方案》《红寺堡区扶贫产业担保基金管理办法》《红寺堡区扶贫产业担保基金担保对象认定办法》《红寺堡区全民健身实施计划（2016—2020）》《红寺堡区建立科级以上干部“实绩档案”暂行办法》《红寺堡区公开选拔人民医院院长工作实施方案》；研究弘德慈善园区污水处理厂项目建设有关事宜；研究案件（另发文）。

【三届区委第三次常委会议】

2月24日召开，区委书记丁建成主持。会议传达学习自治区领导干部学习贯彻党的十八届六中全会精神专题研讨班精神，研究贯彻意见；传达学习全国宣传部长、自治区宣传思想文化工作会议精神，研究贯彻意见；学习《领导干部报告个人有关事项规定》《领导干部个人有关事项报告查核结果处理办法》《中共宁夏回族自治区委员会实施<中国共产党问责条例>办法（试行）》；书面传达学习《宁夏回族自治区脱贫攻坚责任制实施细则》；听取红寺堡区2017年脱贫攻坚推进会暨农业农村工作会议筹备情况汇报；研究《红寺堡区2017年农业农村工作要点》；研究《关于公开征集“红寺堡精神”活动实施方案》。

【三届区委第四次常委会议】

3月19日召开，区委副书记、政府区长谭兴玲主持。会议研究《关于第十二届自治区党委委员、候补委员和纪委委员候选人初步人选的建议》《中共吴忠市红寺堡区委巡察工作实施办法（试行）》《2017年红寺堡区党风廉政建设和反腐败主要任务分工》《红寺堡区农业机械综合保险试点工作实施方案》；研究红寺堡区特色种植业及肉牛产业扶持政策措施有关事宜；研究《关于切实加强国土资源管理明确管理职责的实施办法》《红寺堡区生态文明建设规划（2017—2020年）》《红寺堡区贯彻落实中央第八环境保护督察组督察反馈意见的整改方案》；研究公务车辆处置有关事宜。

【三届区委第五次常委会议】

5月4日召开，区委书记丁建成主持。会上，传达学习自治区党委常委、纪委书记许传智同志调研红寺堡区党风廉政建设和反腐败工作精神，研究贯彻意见；研究《红寺堡区2017年巡察工作方案》《红寺堡区党委（党组）意识形态工作责任制实施细则（试行）》《红寺堡区党委（党组）理论学习中心组学习实施办法》《关于深入推进农业供给侧结构性改革加快培育农业农村发展新动能的实施方案》《红寺堡区统筹整合使用财政涉农资金管理办法（试行）》；研究红寺堡区2017年通过政府购买服务加快棚户区改造及脱贫攻坚建设项目有关事宜；研究《红寺堡区新庄集乡总体规划》《红寺堡区创建自治区基本公共体育服务体系示范区实施方案》《红寺堡区村级综合文化服务中心项目建设方案》《红寺堡区文化体育服务有限公司组建方案》和《红寺堡区旅游投资有限公司组建方案》；研究综合市场拆迁征收补偿有关事宜；研究2016年度红寺堡区效能目标管理考核结果及2017年度考核方案有关事宜。

【三届区委第六次常委会议】

5月18日召开，区委书记丁建成主持。会议传达学习石泰峰同志到吴忠及红寺堡区调研重要指示精神，研究贯彻意见；传达学习石泰峰同志在自治区党委常委会上的讲话精神，研究贯彻意见；传达学习全国、全区及全市禁毒工作会议精神；研究红寺堡区2016年度禁毒工作考核结果及创建全国禁毒示范县区有关事宜；传达学习自治区宣传部长会议、吴忠市宣传工作会暨创建全国文明城市推进会精神，研究贯彻意见；传达学习自治区纪委《关于左新波严重违纪案件的通报》；研究《关于推进“两学一做”学习教育常态化制度化实施方案》《红寺堡区2017年全面深化改革工作要点（讨论稿）》；研究2017年影响红寺堡区长远发展的有关问题（讨论稿）；研究关于成立弘德慈善园区党工委有关事宜。

【三届区委第七次常委会议】

6月2日召开，区委书记丁建成主持。会议传达学习咸辉、沈左权同志到红寺堡慰问调研及市委专题会议精神，研究贯彻意见；传达学习自治区纪委《关于四起落实全面从严治党责任不力典型问题的通报》、市纪委《关于我市3起违反中央八项规定精神案件的通报》；传达学习《自治区信访工作责任制实施细则》，听取信访维稳工作汇报，安排部署自治区第十二次党代会期间信访维稳工作；听取安全生产工作汇报；研究关于开展喜迎党的十九大暨庆祝建党九十六周年系列活动有关事宜；听取关于对六盘金街绿化带被占用及整改不力问题问责情况的汇报。

【三届区委第八次常委会议】

6月20日召开，区委书记丁建成主持。会议研究《红寺堡区深入学习宣传贯彻自治区第十二次党代会精神实施方案》；传达学习石泰峰同志就学习贯彻自治区第十二次党代会精神在自治区党校宣讲精神；传达学习中组部《关于认真学习贯彻习近平总书记重要指示精神广泛开展向廖俊波同志学习的通知》精神，研究贯彻意见；研究关于举办庆祝建党96周年暨脱贫富民先锋颁奖典礼有关事宜；研究《红寺堡区法治政府建设暨责任分工实施方案》。

【三届区委第九次常委会议】

7月7日召开，区委书记丁建成主持。会议传达学习习近平总书记在深度贫困地区脱贫攻坚座谈会上的重要讲话精神和区市常委会议精神，研究贯彻意见；传达学习《中共中央办公厅、国务院办公厅关于甘肃祁连山国家级自然保护区生态环境问题督查处理情况及其教训的通报》，研究贯彻意见；传达学习王岐山同志在扶贫领域监督执纪问责工作电视电话会上的讲话精神及《自治区党委办公厅、人民政府办公厅关于进一步明确自治区落实中央“八项规定”精神相关要求的通知》，研究贯彻意见；传达学习中宣部、中组部、中央网信办《关于规范党员干部网络行为的意见》，研究贯彻意见；研究《2017年全国青少年航空航天模型锦标赛暨红寺堡区第四届航空旅游节工作方案》《2017年全国青少年航空航天模型锦标赛执行委员会工作方案》；研究《红寺堡区全面推行河长制工作方案》《宁夏农业信贷担保有限责任公司红寺堡分公司组建方案》。

【三届区委第十一次常委会议】

8月15日召开，区委书记丁建成主持。会议传达学习习近平总书记在全国省部级主要领导干部专题研讨班上的重要讲话和区、市党委常委会议精神，研究贯彻意见；传达学习自治区脱贫攻坚工作督查调研及贫困县（区）委书记座谈会精神，研究贯彻意见；传达学习习近平总书记在庆祝建军90周年大会上的讲话精神，研究贯彻意见；传达学习吴忠市《关于盐同红集中连片贫困地区区域发展与脱贫富民攻坚的实施意见》，研究贯彻意见；听取我区创城工作汇报；研究《中共吴忠市红寺堡区第三届委员会常务委员会工作规则（送审稿）》《关于深入贯彻中央八项规定精神进一步加强和改进红寺堡区领导班子作风建设的实施意见（送审稿）》。

【三届区委第十二次常委会议】

8月22日召开，区委书记丁建成主持。会议传达学习自治区脱贫攻坚政策落实工作会、马顺清副主席专题研究红寺堡区脱贫攻坚有关事宜会议精神，研究贯彻意见；传达学习《关于平罗县处置信访问题不力引发群众到自治区重复越级集体上访的通报》，研究贯彻意见；传达学习自治区纪委《关于陈延严重违纪案件的通报》、红寺堡区纪委《关于大河乡平岭子村原党支部书记套取各类补贴资金典型违纪案件的通报》，研究贯彻意见；传达学习自治区民族团结进步暨和谐寺观教堂创建互观互检现场观摩会精神，研究贯彻意见；传达学习全国和区、市安全生产相关会议精神，研究贯彻意见；研究《关于加快红寺堡区教育发展推进脱贫攻坚的若干意见》；研究庆祝第33个教师节有关事宜；研究《红寺堡区禁牧工作问责办法（试行）》《红寺堡区银行业金融机构支持地方经济发展考核评价暂行办法》《红寺堡区金融支持地方经济发展奖励办法（试行）》《2017年度红寺堡区扶持工业经济发展资金奖励办法》《红寺堡区工业扶持项目资金效能监察管理办法（暂行）》《红寺堡区电商扶贫突破发展行动计划》《红寺堡区2017年电商发展扶持奖励办法》。

【三届区委第十三次常委会议】

9月19日召开，区委书记丁建成主持召开。会上，学习《习近平关于制度治党、依规治党论述摘编》，研究贯彻意见；传达学习自治区国有企业党的建设工作会议精神，研究贯彻意见；传达学习自治区开展“三大三强”行动推广“两个带头人”工程经验促脱贫富民战略实施工作会议精神，研究贯彻意见；传达学习自治区党委《关于激励干部想干事能干事干成事的若干意见》，研究贯彻意见；传达学习自治区全面深化改革领导小组第22次会议精神，研究贯彻意见；传达学习自治区公安系统英雄模范立功集体表彰大会精神，研究贯彻意见；听取市委督查红寺堡区“两学一做”学习教育常态化制度化工作进展反馈情况汇报；研究工会、团委、妇联换届工作方案；研究《红寺堡区教育扶贫基金管理办法》《红寺堡区农业信贷担保工作实施方案》；研究红寺堡区基层党组织设置调整和职能完善有关事宜；研究案件。

【三届区委第十四次常委会议】

9月30日召开，区委书记丁建成主持。会议传达学习中央全面深化改革领导小组第三十八次会议精神；传达学习全国社会治安综合治理表彰大会及自治区党委办公厅、人民政府办公厅《关于做好党的十九大安保维稳工作的通知》文件精神，听取信访维稳工作汇报；传达学习自治区实施创新驱动战略推进会及自治区党委、人民政府《关于推进创新驱动战略的实施意见》文件精神，研究贯彻意见；传达学习自治区金融工作会议精神，研究贯彻意见；传达学习自治区扶贫开发领导小组（扩大）会议精神，研究贯彻意见；传达学习自治区党委政法委、自治区高级人民法院“打响执行攻坚战”基本解决执行难工作推进会精神，研究贯彻意见；传达学习自治区查处涉农扶贫领域腐败问题专项行动联席会议精神，研究贯彻意见；传达学习自治区纪委《关于石嘴山市惠农区农业技术推广服务中心违反中央八项规定精神典型问题的通报》，研究贯彻意见；听取安全生产工作汇报；研究《红寺堡区“十二五”生态移民“多代多人”住房困难问题实施方案》；研究支持弘德慈善园区相关企业发展有关事宜。

【三届区委第十五次常委会议】

10月18日召开，区委书记丁建成主持。会议传达学习《中共中央办公厅印发<关于五年来中央政治局贯彻执行中央八项规定并以此带动全党加强作风建设情况的报告>的通知》和自治区、吴忠市党委常委会议精神，研究贯彻意见；传达学习吴忠市《关于建立干部容错纠错机制的实施办法（试行）》，研究贯彻意见；研究《红寺堡区空间规划》编制有关事宜；研究工会、团委、妇联换届人事安排有关事宜；研究干部因公出国（境）有关事宜。

【三届区委第十六次常委会议】

11月1日召开，区委书记丁建成主持。会议传达学习党的十九大、自治区党委十二届二次全会、自治区、吴忠市领导干部大会精神，各常委结合工作实际就学习贯彻党的十九大精神汇报发言；传达学习自治区《关于推进脱贫富民战略的实施意见》，研究贯彻意见；传达学习自治区《关于市县（区）党委建立巡察制度的实施意见》，研究贯彻意见；传达学习自治区党史工作经验交流会精神，听取红寺堡区党史研究工作汇报；研究召开区委三届四次全会有关事宜及《中共红寺堡区委员会<关于学习宣传贯彻党的十九大精神的意见>（送审稿）》《红寺堡区党委（党组）意识形态责任制考核办法（试行）》《红寺堡区党委（党组）网络意识形态工作责任制实施细则》《关于深入贯彻落实国家机关谁执法谁普法责任制的实施意见》《红寺堡区健康扶贫政策兜底保障工作实施方案》《红寺堡区健康扶贫基金管理办法（试行）》。

【三届区委第十七次常委会议】

11月24日召开，区委书记丁建成主持。会议传达学习自治区实施脱贫富民战略推进会、实施生态立区战略推进会、沈左权书记督查调研盐同红集中连片贫困地区区域发展与脱贫富民攻坚工作座谈会精神，研究贯彻意见；

传达学习中共中央办公厅、国务院办公厅《关于进一步加强信访法治化建设的意见》，研究贯彻意见；传达学习《党的十八大以来自治区党委贯彻落实中央八项规定精神加强作风建设情况的报告》，研究贯彻意见；传达学习全国推开国家监察体制改革试点工作动员部署电视电话会议精神，研究贯彻意见；研究《关于开展全区党政机关和领导干部通过网络走群众路线的实施方案》；研究开展全区科级领导班子和领导干部考核有关事宜；研究出席自治区人代会代表人选有关事宜；研究干部以及在各部门、单位设置党组并配备成员有关事宜。

【三届区委第十八次常委会议】

12 月 8 日召开，区委书记丁建成主持。会议传达学习自治区深度贫困地区脱贫攻坚座谈会精神，领学《宁夏回族自治区深度贫困地区脱贫攻坚实施方案》，研究贯彻意见；传达学习自治区第一书记和扶贫开发驻村工作队工作座谈会、深化人才发展体制机制改革工作座谈会、落实党建“四个重要文件”推进会精神，研究贯彻意见；听取自治区扶贫工程贫困地区村综合文化服务中心建设总结表彰会筹备情况汇报；研究《关于建立干部容错纠错机制的实施办法（试行）》《红寺堡区深化国家监察体制改革试点工作实施方案》；研究召开红寺堡区残疾人联合会第二次代表大会有关事宜；研究红寺堡区人大代表及常委会委员补选有关事宜。

【三届区委第十九次常委会议】

12 月 12 日召开，区委书记丁建成主持。会上，传达学习《中共中央办公厅印发 < 习近平总书记关于进一步纠正“四风”、加强作风建设重要批示的通知 >》和自治区党委、吴忠市委常委会议精神，研究贯彻意见。

【三届区委第二十次常委会议】

12 月 15 日召开，区委书记丁建成主持。会议传达学习马顺清副主席来红寺堡调研脱贫攻坚工作座谈会精神，研究贯彻意见；研究召开区委三届五次全会有关事宜及区委 2018 年工作要点；研究推进创新驱动、脱贫富民、生态立区战略工作方案；听取人大、政府、政协、法院、检察院党组工作汇报。

【三届区委第二十一次常委会议】

12 月 20 日召开，区委书记丁建成主持。会上，听取红寺堡区三届二次人代会、红寺堡区政协三届二次会议筹备情况汇报；讨论审议《政府工作报告》《红寺堡区第三届人民代表大会第一次会议代表议案建议办理情况报告》《红寺堡区人民政府落实 2017 年民生计划暨 2018 年承诺为民办实事的报告》《红寺堡区 2017 年国民经济和社会发展计划执行情况与 2018 年国民经济和社会发展计划（草案）的报告》《红寺堡区 2017 年财政预算执行情况和 2018 年财政预算（草案）的报告》；研究《2017 年政府购买公益性岗位做好就业扶贫工作实施方案》《红寺堡区平安创建考核奖惩方案》；研究开展 2018 年“两节”期间困难群众生活救助暨走访活动有关事宜；研究增补政协委员有关事宜；研究成立红寺堡区三届二次人代会、红寺堡区政协三届二次会议临时党委有关事宜；研究《中共红寺堡区纪律检查委员会监察委员会机关主要职责内设机构和人员编制方案》；研究关于深化监察体制改革转隶人员建议有关事宜。

【三届区委第二十二次常委会议】

12月23日召开，区委书记丁建成主持。会议研究推荐吴忠市第五届人民代表大会代表候选人初步人选有关事宜。

（单慧林）

纪检监察

【惩防体系建设】

2017年，红寺堡区纪委三届二次全体会议召开。召开基层党委（党组、总支、支部）落实党风廉政建设“主体责任”暨党组织书记“述责述廉”汇报会。集中开展新任及调整领导干部反腐倡廉警示教育活动，用10个月时间在全区集中开展涉农扶贫领域腐败问题专项查处行动，共立案39件，处理39人，通报曝光典型案例10起。从8月份至年底，区纪委联合区委组织部、机关工委在全区开展庸懒散拖突出问题大整治活动。

【廉政警示教育】

2017年，红寺堡区纪委严格把控党风廉政意见回复关，全年共出具回复函515人（次）。加强廉政警示教育，结合“两学一做”学习教育，先后对新提拔、调整的90余名干部进行任前廉政谈话，并签订《廉洁从政承诺书》。利用“三八”节，围绕“女性自信、自立、自强建设良好家风”与全区科级以上女干部交流谈心。结合村“两委”换届，组织全区63个行政村200余名新任村干部先后到吴忠市检察院廉政警示教育基地、吴忠市监狱接受警示教育。开通廉洁红寺堡公众号、廉政短信平台，刊登宣传信息48条，抓住重要时间节点，向全区副科级以上领导干部发送廉政提醒短信3千余条。制定出台《红寺堡区关于重申党和国家工作人员操办婚丧等事宜的规定》，对操办酒席的党员领导干部实行备案登记，严格把关，从严审批。

【落实“两个责任”】

2017年，红寺堡区委带头落实管党治党主体责任，区委常委会13次研究党风廉政建设和反腐败工作，研究解决存在的问题。中心组学习会6次传达学习有关会议及文件精神。区委书记示范引领，带头讲党课，就“两个责任”落实亲自约谈班子成员及乡镇、部门负责人27人（次）。制定《党风廉政建设和反腐败任务分工》《关于深入贯彻中央八项规定精神，加强和改进红寺堡区领导班子作风建设的实施意见》《落实党风廉政建设“两个责任”全程纪实制度》，向全区40个党组织9个纪委（纪检组）印发落实主体责任、监督责任“一岗双责”纪实手册，做到责任落实全程纪实、履责有痕。

【执纪审查】

2017年，红寺堡区纪委共受理信访举报152件，处置问题线索210件，初核198件，谈话函询14件，完成立案80件，下发《监察建议书》18份，给予党政纪处分75人，收缴违纪资金41.61万元。5个乡镇共初核问题线索45件，立案20人，给予党政纪处分20人，收缴违纪资金4.93万元。对十八大以来立案受处分的17名党员干部进行回访，有针对性地进行思想教育，发挥执纪监督的治本功能。

【监察体制改革】

2017年12月25日，红寺堡区监察委员会正式挂牌，纪委监委注重抓好转隶融合，组织开展党章党纪党规及业务知识学习6场次，安排一线业务骨干授课4次。完成初核34件，立案13件。红寺堡区纪委监委核定行政编制28名，其中：区纪委原编制17名、从区检察院划转编制11名。区纪委设书记1名、副书记2名、常委4名。区监委设主任1名，由区纪委书记兼任；副主任2名，由区纪委副书记兼任；委员4名，主要由区纪委常委兼任。核定内设机构正职6名，实有人数21人。内设机构6个，分别为综合办公室（政策法规研究宣传室）、党风政风监督室、案件监督管理室（信访室）、案件审理室、纪检监察一室、纪检监察二室。

具体人员名单：赵志青：区委常委、纪委书记、监委主任，张晓峰：纪委副书记、监委副主任，周仁科：纪委副书记、监委副主任，白明治：纪委常委、监委委员，黑茂森：纪委常委，刘　杨：监委委员。

【作风建设】

巩固深化中央八项规定精神“回头看”，强化对距离主管部门较远、平时关注较少、编制人数不多、财务相对独立的“小散远直”单位的督查。全年共查处违反中央八项规定精神问题4起，给予党政纪处分5人，收缴违纪资金2.76万元。问责“三不为”干部8名，对3名帮扶工作不力的干部责成有关单位处理。制定《红寺堡区禁牧工作问责办法》，对禁牧工作不力、不尽责的6名乡镇负责人进行问责。联合相关部门开展监督检查32次，下发各类督查专报26期，约谈乡镇、部门负责人15人（次）。

【干部队伍建设】

加强纪委常委会自身建设，带头贯彻执行《廉洁自律准则》《党内政治生活若干准则》及《党内监督条例》，带头强化自我约束和自我监督。强化“学思践悟”，先后组织全区纪检监察干部参加自治区、吴忠市业务培训79人（次）。结合“两学一做”学习教育，开展“六个一”学习交流活动。加强乡镇纪委建设，先后投入近10万元为各乡镇纪委配全配齐笔记本电脑、便携式打印机、照相机、录音笔、保密柜等办案设备。区纪委常委包抓乡镇，督促、指导乡镇纪委进一步规范纪律审查工作规程，保障执纪审查工作安全。强化监督管理，修订完善干部管理、财务管理、绩效考核等内控制度。

（黄文辉）

区委办公室工作

【文件流转】

2017年，红寺堡区委办公室共收、发电子公文3402件，发文559件，收文件2843件，其中包含自治区文件743件，吴忠市文件734件，红寺堡区各部门单位文件1366件。组织协调全区各种会议，包括全委会、常委（扩大）

会议等大型会议。做好会前准备、会上记录和服务、会后整理工作，制发会议纪要；做好上级领导调研接待工作，按照标准，严格执行自治区、吴忠市和区委制定的相关规定。

【文稿起草】

2017年，红寺堡区委办公室贯彻学习中央、区、市党委会议、文件精神，详细了解红寺堡区各项工作情况，摸清家底。立足区情，体现党的路线、方针、政策，深刻领会领导意图，深入基层调研，认真分析研判，特别是区委重要文件、重要会议材料的起草，坚持集体研讨，广泛征求各位领导和秘书意见，保证每份文稿至少经历四到五次的讨论。2017年，共组织起草领导讲话、汇报材料140余篇，完成区、市约稿60余篇。

【信息调研】

2017年，红寺堡区委办公室紧贴区委中心工作，围绕改革发展稳定大局、深入推进“两学一做”教育常态化制度化，关注社会反映强烈的热点、难点、焦点问题。全年共上报自治区、吴忠市信息740余篇，区市采编30余篇，领导批示2篇。

【督查工作】

2017年，红寺堡区委办公室围绕区委重点工作、重要事项、重大项目和领导关注、群众关心的热点难点问题，采取实地督查、联合督查、“盘点”督查、跟踪督查等方式，定期组织开展决策督查和专项督查，全年开展专项督查80余次，下发专（通）报11余期，整改率达95%以上。

【机要保密】

2017年，红寺堡区委办公室处理密文、密电285件，实现保密工作零事故。加强保密意识教育，落实保密工作责任制，举办保密培训班，启动实施保密要素普查和政府信息公开审查保密检查工作，加强对全区涉密计算机和非涉密计算机、党政部门涉密人员、信息网络的保密指导管理，确保国家秘密万无一失。加大保密督查执法力度，严肃查处失泄密事件。做好党政内网和电子政务工作，确保网上公文交换全程畅通和数据安全。

【后勤服务】

2017年，红寺堡区委办公室做好区委重要会议、上级领导视察等重大活动的组织、安排和协调工作，承办自治区领导调研会务接待31次，承办红寺堡区级大型会务活动10余次，承办常委会调研、学习、观摩等会务接待50余次。

【值班常态化】

2017年，红寺堡区委办公室坚持24小时值班制度，实行主副班接替制度，饮食期间主副班必须有一人在岗值班，对接听的每个电话、收发的每个文件，都做到快速反应、细心对待、谨慎处置。对紧急情况、重大事件报送做到“快”和“准”。落实领导在岗带班制度，确保一旦发生重大问题能及时掌握情况，及时向区委领导报告，协助做好指挥协调、信息报送和安全保障工作。

【信访接待】

2017年，红寺堡区委办公室热情接待来访群众，耐心细致做好群众思想工作。设立“书记信箱”，书记信箱收件20件，化解20件。建立领导接待接访日，及时接收和协调办理群众的各类来信来访。

【沟通协调】

2017年，红寺堡区委办公室发挥区委办公室综合协调职能，加强同自治区党委办公厅、吴忠市委办公室的联系，及时了解上级工作动态和要求。结合脱贫攻坚进村入户、下乡调研，掌握基层实情。牵头组织召开区委、人大、政府、政协“四办”主任联席会议7次，加强“四办”协调、沟通和联系，主动地做好重要活动和相关工作的协调。

【“两学一做”常态化教育实践活动】

2017年，红寺堡区委办公室深入推进“两学一做”常态化制度化，制定《红寺堡区委办公室“两学一做”教育实践活动学习安排表》，以“五个一”（每周集中学习一次，每月开展一次交流讨论活动，每月观看一部警示教育片，每位科级干部撰写调研报告，班子成员轮流讲一次党课）为学习要求，采取集中学习与个人自学相结合等方式，组织党员干部认真学习党章和党的十八届四中、五中、六中全会、习近平总书记系列重要讲话精神、党的十九大报告精神、以及中央、自治区、市规定的学习篇目，打牢作风建设思想基础。开展“两学一做”常态化制度化专题讨论。学习先进人物事迹。坚持每周一晨会学习制度，提高办公室人员工作能力和水平。清理办公室的各项制度，编印《红寺堡区委办公室制度汇编》，完善首问责任制、限时办结制和责任追究制，强化制度体系，促进办公室工作的规范化、科学化。

【理论学习】

2017年，红寺堡区委办公室坚持“1+X”（1+X”中的“1”指1个人作1小时左右的中心发言，“X”指若干人作相应的讲评，也指共同参与中心组学习的其他成员。1+X“触摸式”即不提前安排主讲人和主讲内容，而在学习大会上从参学单位干部名册中随机抽签，当场确定本次学习的主讲人，并组织开展学习，广泛采取讨论交流、问答、辩论等形式，使得“一人授课”变为“大家学”“团队学”）触摸式学习法，广泛学习经济、政治、文化、社会、国防教育、法律、科技、管理、历史等方面的知识，及时了解和掌握当代经济政治文化社会等各领域的新知识、新成果。在学习中注重结合国际、国内经济形势发展变化来学，注重结合推动全区各项重点工作来学，注重采取灵活多样的学习形式来学。撰写学习体会、调研文章80余篇，并集中进行交流。

（单慧林）

组织工作

【“两学一做”学习教育】

2017年，红寺堡区抓住查摆问题这个关键，结合党组织书记抓党建“四个清单”[1]及机关干部“负面清单”[2]，党员干部围绕政治潜意识淡薄、服务意识欠缺、思想认识不到位、态度上不够积极等方面，梳理问题496条，建立“班子及个人整改清单”，督促党员干部对照清单，认真整改问题490条。成立4个督查组，对各基层党组织进行常态化督查，下发督查整改通知书32份，整改问题60条。突出“严肃党内政治生活、强化党内监督”两个重点，依托红寺堡区“流动党校”，对党组织带头人、基层党员、致富带头人等培训6期800余人次，增强学习教育的实效性和针对性。坚持以上率下，区四套班子领导干部带头深入基层调研175次，到联系乡镇和部门讲党课68次；“七一”期间，各级党组织开展讲党课510场，受训人次达3000余人次。发挥党员先锋模范作用，分行业、分领域细化合格党员标准，培育特色产业引路人、脱贫致富先锋官83名，无私奉献先锋50名，解决建档立卡户就业岗位300多个，实现经济收入500余万元，累计发放党员创业致富资金130万元，扶持110户农村党员、大学生村官创业。围绕脱贫攻坚，建立处级领导、科级干部、党员一般干部、致富带头人包乡、包村、包组、包户制度，确定1713名机关干部、乡村两级干部、致富带头人等对15635户贫困户进行帮扶。发挥机关党员干部优势，指导村党支部严格落实“三会一课”等党内基本制度，夯实村党支部的战斗堡垒作用和发挥党员的先锋引领作用。2017年，第一书记、帮扶责任人为农村党员讲党课120余次，捐助学生课桌、村部办公设施、电脑等价值200余万元，调处矛盾纠纷150余起。

【干部队伍建设】

2017年，红寺堡区举办学习十九大精神专题培训班4批次、习近平总书记系列讲话、自治区十二次党代会精神专题培训班7期，培训2300余人次。选派410人次参加自治区和吴忠市党校及业务部门等培训班。选派2名年轻干部到福建晋江市挂职锻炼、1名优秀年轻女干部到自治区挂职学习、4名新任职副科级干部到信访部门挂职锻炼。将基层一线作为干部培养选拔主阵地，从乡镇干部中提拔3名正科级领导干部，8名副科级领导干部，3名优秀驻村第一书记，副主任科员转任副科级领导干部1名。将考核结果作为加强领导班子建设和领导干部选拔任用、培养教育、管理监督、激励约束的重要依据，分类设计测评要点，制定出台《红寺堡区科级以上干部“实绩档案”实施办法（试行）》。2017年报市委组织部预审干部5次，向上级相关部门发出征求意见函14份，将4名受到党政纪处分的领导干部免职。对调整交流的24名领导干部进行离任经济责任审计，对4名重要部门负责人进行任中审计。

【基层组织建设】

2017年，红寺堡区实施“三大三强”行动，全面落实“五百工程”[3]要求，2017年，区财政投入农村党建工作经费846万元。投资798万元，新建村级阵地1个210平米，改扩建阵地44个4914.3平米，完成21个16456平米的村级阵地粉刷。落实为民服务资金方面664.7万元（自治区划拨195.5万元、吴忠市配套78.2万元，本级配套391万元），整合各类资金441万元，打造基层服务型党组织示范点25个、星级远程教育示范站点15个、整顿转化软弱涣散党组织17个。培育脱贫销号先行村14个，争取各类项目资金2000余万元用于发展壮大村集体经济。完成22个村清零目标中的14个。对3000人以上的21个村追加村级办公经费21万元。村干部报酬按月足额发放。实施“两个带头人”工程，选拔培养“产业型、市场型、创业型”村党组织书记13名，培养党员致富带头人95名，进入村“两委”班子的致富带头人26名，培养村级后备干部75名。对8名不称职的村党组织书记进行了调整。举办红寺堡区庆祝建党96周年暨脱贫富民先锋颁奖典礼，表彰脱贫富民先锋党组织16个、党员致富先锋20名，发放党员先锋示范户创业致富资金60万元，培育致富先锋户79户。提拔3名驻村第一书记。采集197个党组织和4630名党员基本信息26项内容。从严落实“三会一课”、党员评星定格等党内生活制度，推行“党建一本通”，规范组织生活及档案资料。采取“四推三审两追究”模式[4]，培养入党积极分子136名，发展党员77名。发放“共产党员户”门牌3219个。推行“红、黄、蓝、绿”四色卡和流动党员管理台账，规范农村党员档案和流动党员管理。新设立区人大机关党组等15个，设立红寺堡区非公企业和社会组织工委、弘德工业园区管委会工委。打造2个标准化党群活动服务中心，建立4个非公经济和社会组织党建示范点。

【党建促脱贫】

2017年，红寺堡区建立处级领导、科级干部、党员一般干部、致富带头人包乡、包村、包组、包户制度，确定1713名机关干部、乡村两级干部、致富带头人等对15635户贫困户进行帮扶。2016年至2017年底，机关党员干部为农村党员讲党课120余次，帮助整修村部32个，建设村级文化活动阵地3700余平米。争取资金3092万元，硬化村庄道路121公里，捐助学生课桌、村部办公设施、电脑等价值320余万元，调处矛盾纠纷1500余起。依托“壹加壹”养殖基地，在玉池、柳泉等村推广金融撬动型扶贫模式，发展肉牛养殖，存栏量达5000头以上；在兴民、康庄、龙泉等村推行协会拉动型产业扶贫模式，种植黄花菜2500亩、枸杞2100余亩、甜瓜1700亩、枸杞900亩、优质牧草1000亩；在甜水河、杨柳、弘德等村推行企业带动型产业扶贫模式，种植酿酒葡萄5500亩、优质牧草3000亩、油牡丹500亩。

【人才队伍建设】

2017年，红寺堡区引进全国知名葡萄酒研究专家1名，自治区级葡萄种植管理专家3名，新西兰、澳大利亚的高级酿酒师3名，加拿大葡萄酒文化创意专家1名。与西北农林科技大学李华科研团队签订为期五年的校地合作协议，聘请李华为红寺堡区葡萄产业首席专家。组建西北农林科技大学博士生工作站，把红寺堡区列为博士生实习试验基地，委派12名专家学者定期来红寺堡区进行科技实验。财政列支500多万元，用于人才培养、表彰、慰问、疗养等。先后实施“移民文化人才”“葡萄产业人才”等6个自治区、吴忠市人才培养创新项目，项目资金达205万元，培养各类人才1200余名。建立“葡萄种植实用技术人才实训基地”“移民文化人才培养基地”，培养土专家140名。创建红寺堡区林业局、瑞丰葡萄酒有限公司、人民医院等4个自治区及吴忠市级人才培养示范点。

（周鹏飞）

老干部工作

【机构设置】

2017年，成立红寺堡区退休老干部党工委，由组织部副部长、老干部局局长担任工委书记，配备红寺堡区离退休老干部党工委专职副书记，负责老干部相关工作。

【党组织建设】

2017年，红寺堡区共有退休干部59人，其中党组织关系在红寺堡55人。开展党组织创建活动，建设离退休干部党组织阵地、阅览室、活动中心，全年组织慰问、学习等活动6次。

【阵地建设】

2017年，红寺堡区依托移民文化人才基地、社区服务阵地成立3处“红寺堡区退休干部活动中心”，设有书法室、棋牌室、绘画室、音乐室、剪纸室等活动室，用于退休老干部开展多种文娱活动，丰富退休老干部的精神生活。

【制度建设】

2017 年，红寺堡区结合老干部工作实际，制定完善学习、组织生活、重要信息反馈、流动党员管理、重大会议列席制度、定期走访和电话回访制度、困难帮扶制度、定期督促检查制度等 8 项制度。认真落实党费收缴和管理等相关制度，全面落实日常管理制度，使离退休干部党组织生活由“宽”变“严”。

【经费保障】

2017 年，红寺堡区财政划拨工作预算经费 3 万元用于开展老干部工作，从组织部工作经费里划拨 2 万元，用于七一、春节等节日期间走访慰问困难老干部、老党员。

（马芳）

区直机关党的工作

【“两学一做”学习教育】

2017 年，红寺堡区组建“流动党校”，以党建业务知识、党章、党史、习近平总书记系列讲话精神、自治区第十二次党代会精神等为主要内容，集中对基层党组织书记进行培训。开展“书记讲党课”活动，结合现场调研、深入基层、互动交流，有针对性的开展讲专题宣讲活动 60 多场次。建立领导干部联系点 96 个，深入调研 122 次，帮助基层解决问题 390 多个。“七一”前后，机关党员领导干部到基层联系点讲党课 156 场次。成立专项督查组，采取听、问、查、测等方式，对基层各党支部“三会一课”“主题党日”等制度和“党建促进月”活动等党建重点工作开展情况进行督查。指出问题 36 项，并一对一指导整改。建立机关党组织书记抓党建工作“四个清单”。建立年初确定目标、年中督促检查、年底考核奖惩的机关党建考核机制。组织全区机关党组织书记、党员、“两代表一委员”参与述职评议考核。

【星级党组织创建】

2017 年，红寺堡区开展基层党组织评星定级“回头看”工作，对 26 个支部评星定级结果进行重新定级。培育人力资源和社会保障局、建设和环境保护局、人民医院等基层服务型党组织示范点 5 个。举办党务工作者培训班 2 期。推行“党建一本通”，规范组织生活及档案资料。建立领导干部、党员一般干部、致富带头人包乡、包村、包组、包户制度。全区 47 个部门（单位）与 62 个行政村结对帮扶，1713 名机关干部、乡村两级干部、致富带头人等对 15635 户贫困户进行帮扶。整合资金 2028 万元，帮助落实项目 41 个。为农村党员讲党课 120 余次，捐助学生课桌、村部办公设施、电脑等用品，价值 120 余万元，调处矛盾纠纷 150 余起。

【群众评议机关作风】

2017 年，红寺堡区制定下发《红寺堡区 2017 年群众评议机关作风活动实施方案》、《红寺堡区 2017 年群众评议机关作风活动责任分工方案》。召开群众评议机关作风活动推进会，对群众评议机关作风活动进行安排部署，明确责任分工。在电视台开办“热点聚焦”栏目，发布群众评议机关作风活动倡议书。在群众相对集中的商城、市场、学校周边等公共场合，发放群众评议机关作风活动倡议书 1000 余份。结合“喜迎党的十九大暨庆祝建党九十六周年”系列活动，组织全区“两代表一委员”、基层一线党员、致富带头人部分群众代表共计150人，开展“不忘初心 感悟发展 助力脱贫”观摩活动1次。在教育系统开展“小学高段学生评价教师问卷满意度测评和家长评价学校调查满意度测评”工作。成立督查组，坚持每月集中督查督导1次，采取“一谈(座谈汇报)、二问(问相关内容)、三看(现场查看资料)、四评(观摩互评)”的方式进行督查，确保推进群众评议机关作风活动。建立督查考核制度，对活动推进慢、质量低的部门，约谈单位主要负责人。对不作为、慢作为的3名单位负责人在全区范围内进行通报批评。

（马芳）

名词解释

① **“四个清单”**：成绩清单、问题清单、任务清单、责任清单。

② **“负面清单”**：充分发挥相关执法执纪等职能部门职责范围内涉及到领导干部负面信息在选人用人过程中的筛选过滤功能，进一步从严把好干部选拔任用标准关、审批关、纪律关、监督关，有效防止干部“带病”提拔、“带病”上岗，营造风清气正的干部从政环境和选人用人环境。

③ **“五百工程”**：打造百个基层服务型党组织示范点、整顿转化百个软弱涣散基层党组织、培育百个脱贫销号先行村、创建百个星级远程教育示范站点、选树百名党员致富先锋户为主要内容的“五百工程”。

④ **“四推三审两追究”模式**：“四推”：即群众“海推”、群团“共推”、党员大会“公推”、两委班子“联推”四种渠道推荐产生入党积极分子。“三审”：即申请入党人员自被推荐为入党积极分子到转为正式党员的全过程中，要经过村党支部、乡（镇）党委和区委组织部三级审查、审批。“两追究”：即区委组织部对在发展党员中出现的违纪问题，要追究乡镇党委责任人和村党支部书记的责任。

宣传工作

【理论学习】

2017年，红寺堡区共举办区委中心组理论学习10次，在市级以上媒体发表理论文章5篇。开展自治区第十二次党代会宣讲工作，通过邀请专家学者深入讲、党政领导带头讲、宣讲团集中讲、支部书记普遍讲的形式，邀请张蛾子、马慧娟等民间艺人和乡土作家解读民生热点难点问题，发动“文明红寺堡”“巍峨太阳山”“魅力柳泉”等公众号推送“微课堂”“一天一词”等栏目，丰富理论学习方式，强化对中央精神和上级重大决策部署的学习。

【意识形态责任制】

2017年，红寺堡区制定出台《红寺堡区党委(党组)意识形态工作责任制考核办法(试行)》，签订党委（党组）意识形态工作责任书，严格落实各级党委（党组）半年向区委汇报意识形态工作机制。共梳理出意识形态5个方面12条风险点，确保讲台讲堂、会议会场、广播电台、舞台剧场等文化阵地可管可控。强化对辖区刊物、手机短信、微信博客、网站论坛等新兴媒体的监管。建立179人的新闻发言人、舆情信息员、网络评论员队伍，提高网上舆论引导水平。

【宣传报道】

2017年，开展红寺堡区新闻宣传工作提升年、主流媒体看红寺堡”等活动。围绕脱贫攻坚主线，依托“全国最大的异地生态移民集中区”“贺兰山东麓葡萄明星产区”等独特品牌，开展宣传活动。8月3日，中央电视台13套《朝闻天下》“绿色中国”主题节目中，分别以《酿酒葡萄结硕果，节水农业助增收》

《因水思变，农业供给侧改革正当时》《葡萄酒产业助力精准扶贫》为题，现场报道红寺堡区调整产业结构，发展高效节水灌溉，促进葡萄产业发展，助力移民脱贫致富的实况；策划2017年全国青少年航空航天模型锦标赛重大赛事宣传。以村综合文化服务中心建设为突破口，报道文化扶贫工程工作。10月18日，中央电视台新闻联播节目报道社会各界群众喜庆十九大胜利召开中，首先提到“宁夏红寺堡大河乡”干部群众收看十九大开幕盛况。10月19日中央电视台新闻联播节目，再次报道红寺堡区村综合文化服务中心建设工作。开展杨柳村“游醉美西川，品杨柳仙桃”、大河龙泉村“硒甜瓜开园”、太阳山兴民村“党旗飘、黄花艳”等系列采风活动；按照自治区网信办、吴忠市网信办统一策划和部署，在十九大召开前和召开中，同步开设专题专栏宣传。

【文明创建】

2017年，红寺堡区开展创建全国文明城市工作，试点打造社会主义核心价值观进非公企业（罗山酒庄），建设清云湖社会主义核心价值观主题公园、移民文化广场和红寺堡一中社会主义核心价值观宣传墙。评选各级文明单位58个、文明村镇28个、文明校园6个、最美家庭55户。启动第三届“我们身边的好人”评选工作。组织拍摄《无“礼”的幸福》《文明其实很近》等公益微电影，其中《无“礼”的幸福》获得自治区社会主义核心价值观微电影大赛一等奖、吴忠市第三届民族团结花更红微电影大赛优秀奖；开展文明出行、邻里守望等志愿服务和我为文明点赞、我们的节日等主题活动500余场次，参与群众7000多人次。开展“红寺堡精神”征集活动。按照测评体系标准，集中力量开展环境卫生、文明餐桌、道路交通秩序、市场经营秩序、城市基础设施功能配套五大专项整治行动，推进全国文明城市创建工作；启动以“共产党好、黄河水甜”为主题的移风易俗活动，制定出台《红寺堡区关于重申党和国家工作人员操办婚丧等事宜的规定》，打造大河香园村、新庄集杨柳村、红寺堡东方社区等建设示范村（社区），引导群众讲文明树新风，推动移风易俗。

【文化惠民】

2017年，红寺堡区开工建设红寺堡文化馆项目，整合资金2740万元，完成59个村综合文化服务中心建设任务，实现村级全覆盖。启动红寺堡全民健身中心、11人制足球场建设项目，健全区、乡、村三级公共文体服务设施网络，满足群众文体活动需求。扶持培养公共文化服务人才、群众文化领军人才、非物质文化传承人才和文化产业带动人才1500余人，完善图书馆、博物馆、体育馆服务职能，实现年接待量达25万人次以上。开展秦腔大赛、广场舞、春晚、社火展演、篮球、羽毛球邀请赛等群众文化活动100多场次。承办全国青少年航空航天模型锦标赛、中华民族一家亲义演、棋牌项目西部行和“大唐天下”杯象棋比赛等4个“国字号”大型文体活动。

【网络监管完善】

2017年，红寺堡区完善社会自媒体管理办法，定期与辖区自媒体进行交流座谈。制定网络舆情应对预案。停号整顿发布低俗广告的公众号，约谈发布虚假信息的负责人，澄清“塑料紫菜”“朱庄子车祸”等网络谣言。协调5家自媒体与农牧、交通等部门结对宣传，定期发布惠民政策、法律法规信息。引导所有自媒体围绕区委中心工作，宣传脱贫攻坚、民族团结、教育卫生、安全生产、平安创建、禁毒等工作。

（黄国民）

信访工作

【群众来访受理】

2017年，红寺堡区信访督办局共接待群众来访263批次1120人次。其中，初访165批次727人次，重复访98批次393人次，个体访196批次366人次，集体访67批次754人次。网上受理群众信访件162件。信访事项及时受理率100%，参评率100%，群众满意率95.19%，办结率99.17%。

【积案化解】

2017年，红寺堡区坚持把信访积案化解工作作为信访工作的重点，摆在突出位置，精心谋划，强力推进，力求实效。化解信访积案6件，红寺堡信访局被自治区信联办授予2017年度信访工作责任目标管理考核“积案化解先进单位”称号。

【矛盾排查】

2017年，红寺堡区各乡（镇）对本辖区内各领域、社会各方面的信访问题和矛盾纠纷进行定期、不定期排查，彻底排查影响稳定的突出信访问题和突出矛盾，逐一分类梳理，建立台账。全年共排查出35件重点矛盾纠纷问题。

【稳控工作】

2017年，红寺堡区做好党的十九大、中阿博览会等区、市重大活动期间信访维稳工作。及早排查、发现非访、越访事件。落实重要时间节点、重大活动期间的信访值班工作，落实“零报告”制度。十九大期间，红寺堡区未发生进京越级访、重点地区涉访情况。

【信息化建设】

2017年，红寺堡区实现所有责任单位网上信访平台全覆盖，开通手机投诉、微信等信访平台，网上受理群众信访件162件。网上信访初步形成“信访网上投、事项网上办、结果网上评、问题网上督、形势网上判”的工作模式。

【责任追究】

2017年，红寺堡区贯彻落实《信访工作责任制实施办法》，将信访工作列入重要议事日程，定期分析研判信访形势，推动疑难信访问题解决。问责相关责任单位2起3人。

（赵锦鹏）

统战工作

【党外知识分子工作】

2017年，红寺堡区听取党外人士对重大决策部署的意见建议。坚持召开党外人士情况通报会、座谈会，虚心纳谏，真诚交友。组织党外人士围绕热点问题进行调查研究，结合红寺堡发展实际向吴忠市和红寺堡政协提交提案50余件，有20余件提案被确定为重点提案。制定党外干部年度培训计划，组织党外知识分子深入学习统一战线、多党合作和政治协商制度理论等。建立党外代表人士队伍工作联系制度，区委组织部、统战部主动加强联系，专题研究党外代表人士队伍的培养目标，每年选派1名副科级党外干部到乡镇挂职锻炼。联系致公党北京市海淀区委员会为红寺堡区捐赠价值1340万元建设县、乡、村三级卫生网络信息系统，捐赠6000册图书用于支持文化教育事业；联系民革吴忠市委会为新庄集乡沙草墩村争取项目资金累计 172.8 万元，改善当地群众生产生活条件；联系农工党吴忠市委会以服务基地所在地柳泉乡卫生院为中心，为周边 2000 余名群众进行义诊和健康咨询活动；联系民革宁夏区委会多次在红寺堡区大河乡、新庄集乡开展扶贫捐赠、送医送药等活动。将新的社会阶层党外人士、新媒体人员纳入统战范畴，成立红寺堡区党外知识分子联谊会。

【民族团结创建工作】

2017 年，红寺堡区成立由区委书记任组长、政府区长任第一副组长，区委、政府分管领导任副组长的工作领导小组，建立组织协调、系统推进、监督检查、考核评价和条件保障五大机制，定期研究和部署创建工作。组织开展“民族团结月”活动，举办民族宗教形势政策报告会、知识竞赛、征文比赛、演讲比赛、广场文艺汇演等活动。开展文化下乡、移民广场舞大赛等特色民族文化活动。组织城镇社区开展以“家安、家暖、家和、家乐”为内容的“四家”活动。帮助少数民族流动人员解决好子女上学、医疗卫生、计划生育、户口登记、经营场所、房屋租赁和法律援助等方面的困难和问题，为其就业创业营造良好的环境。

（买兰花）

农村文化墙

2017 年 12 月 22—25 日，吴忠市红寺堡区第三届人民代表大会第二次会议召开

红寺堡区人民代表大会及其常委会

The People's Congress and its Standing Committee of Hongsibu District

综述

【概况】

2017 年，共召开人民代表大会 1 次、人大常委会 7 次、主任会议 15 次。开展各类调查视察检查工作 11 次，处理备案区人民政府提请的规范性文件 9 件。组织 5 次法律知识考试，任免国家机关工作人员 81 人（次）。常委会完善工作机制，提高服务水平，组织执法检查，促进依法行政；监督司法工作，促进司法公正；依法、按程序任免“一府两院”工作人员，加强对常委会任免的国家机关工作人员的任后监督，对“一府两院”作风和廉政建设进行常态化监督。

【监督工作】

2017 年，红寺堡区党大常委会对全区教育扶贫工作开展情况进行调查；坚持党管干部与人大依法行使选举权、任免权的有机统一，确保区委推荐的人选通过法定程序成为地方国家机关工作人员。落实《宁夏回族自治区各级人民代表大会常务委员会规范性文件备案审查条例》，启动规范性文件备案审查工作，做到“有案必备、有备必审、有错必纠”。2017 年，收到区政府报送备案的规范性文件 9 件，常委会组织法律顾问团初审后，提交主任会议审议，共提出 20 余条意见建议。听取和审议区政府关于 2017 年度国民经济计划执行情况、预算执行、财政决算的报告，结合审计报告进行审查，及时批准区财政决算；听取和审议区政府关于财政收入及税源培植情况的报告；对全区地方债务情况进行调查；重视和支持审计监督，跟踪督促审计查出问题的整改落实；视察 50 个重点项目建设情况。组织对全区农业产业结构调整情况进行调研，听取和审议区政府关于农业产业结构调整情况的报告。听取和审议区政府关于交通安全整治情况的报告。视察区政府承诺的8件民生实事办理情况。督办区政府关于棚户区改造工作审议意见的落实情况。开展司法监督，视察区人民检察院民行检察监督工作，调查区人民法院、区人民检察院司法体制改革工作，检查《中华人民共和国劳动合同法》在红寺堡区执行情况，配合吴忠市人大开展《治安管理处罚法》执法检查，协助做好立法项目征集调研，上报立法建议4条；围绕“平安红寺堡”建设，组织调研“七五”普法决议贯彻落实情况，视察区二届人大常委会通过的《关于深入开展第七个五年法治宣传教育的决议》贯彻落实情况，督促区政府制定“谁执法谁普法、谁主管谁普法”责任制落实方案。成立督查组，对“一府两院”及相关部门干部作风进行督查，共梳理归类出90余条建议，及时向“一府两院”反馈、呈送区委、抄送纪委。修订完善《区人大常委会工作评议办法》，评议国土资源局、文化体育旅游局的工作。2017年，常委会共向区政府转送调研、视察报告11篇。

【重大事项决定】

2017年，依法对红寺堡区政府提请审议的《深入贯彻落实国家机关“谁执法谁普法”责任制实施意见》《红寺堡区2017年购买服务加快棚户区改造及脱贫攻坚建设项目计划情况》《关于提请编制吴忠市红寺堡区城乡总体规划（2016—2030）的议案》等11项重大事项作出决议、决定。把决议、决定的落实作为监督工作的重点，及时对实施情况进行跟踪监督，推动贫困村基础设施建设、综合市场改造、城市道路建设、棚户区改造等一批重大项目的顺利实施。

【代表工作】

代表培训。常委会针对换届后新任代表多的实际，以宪法、地方组织法、代表法等为重点，全年共培训人大代表350余人（次）；先后组织常委会委员、人大代表、乡镇人大主席和人大机关干部，就如何履行代表职责、服务经济发展等方面，进行专题培训；组织乡镇人大主席、人大工作者赴全国人大培训基地、井冈山红色教育基地及自治区人大进行强化培训。代表履职。邀请人大代表列席区人大常委会会议，参加常委会执法检查、专题调研、工作评议等活动，保障代表的知情权、参与权和表达权；出台《关于在全区人大代表中深入开展“五带头三联系一述评”主题实践活动的实施意见》等一系列闭会期间代表开展活动的制度，完善代表工作运行机制；按照“十有”标准创建5个乡镇“人大代表之家”和30个代表小组活动室，实现全区代表活动阵地的全覆盖；对2017年度调离或辞职的代表，及时启动法定程序，依法终止代表资格8名，确认补选代表8名，许可采取强制措施1名；开展创先争优活动，表彰奖励一批履职尽责的优秀区人大代表和承办代表建议先进单位。代表活动。建立区人大常委会组成人员联系基层人大代表和人民群众“双联系”制度，开展四级人大代表“五带头三联系一述评”活动，组织75名区乡两级人大代表以积极负责的态度，向原选区选民述职，报告履职情况；广泛动员人大代表积极投身到红寺堡脱贫攻坚、经济社会发展的各项事业中。议案建议办理。常委会始终将代表满意、群众认可作为办好议案建议的第一标准，采取人大督办、政府交办、部门承办的方式，督促办理区三届人大一次会议确定的1件议案和31件代表建议。改进乡镇人大工作。印发《关于进一步加强乡镇人大主席团工作的意见》，制定落实常委会领导联系指导乡镇人大工作制度，班子成员深入乡镇，从工作程序、制度建设、职责履行等方面，指导乡镇人大组织开展工作；重视乡镇人大主席职能的发挥，邀请乡镇人大主席参加常委会组织的视察、评议工作，开展乡镇人大工作互观互学，考核联评乡镇人大工作。

【办公室工作】

2017 年，红寺堡区人大常委会办公室起草公文、讲话、调研报告等各类文稿 300 余份。全年共协助组织召开区人民代表大会 1 次、人大常委会议 7 次、主任会议 15 次、其他会议 6 次。做好自治区、吴忠市人代会红寺堡代表团的服务工作，协助组织开展三查”（察）活动 22 次，协调配合自治区、吴忠市人大调研组来红寺堡调研 5 次，协助自治区、吴忠市人大领导来红寺堡开展脱贫攻坚、宣讲政策、讲党课等活动 4 次。协助开展 “两学一做” 学习教育，加强党风廉政建设工作，建立党建活动室，接受正式党员 1 名。健全完善公文处理机制，加强宣传工作，联系红寺堡电视台，及时播报人大新闻，在自治区级媒体编发宣传信息 23 篇。规范整理电子文件和纸质文件，建好备查材料档案。修订完善《红寺堡区人大常委会工作评议办法》等制度。

（杨旭虎）

重要会议

【第三届人民代表大会第二次会议】

吴忠市红寺堡区第三届人民代表大会第二次会议于 2017 年 12 月 22—25 日召开。132 名代表、88 名列席人员参加会议，会议选举产生区人大常委会委员、监察委员会主任，补选 3 名三届人大常委会委员；会议对区人民政府工作报告、区人民法院工作报告和区人民检察院工作报告进行满意度测评；会议表决通过《关于代表议案、建议的决定（草案）》；通过《关于红寺堡区人民政府工作报告的决议（草案）》、《关于红寺堡区 2017 年国民经济和社会发展计划执行情况与 2018 年国民经济和社会发展计划的决议（草案）》、《关于红寺堡区 2017 年财政预算执行情况和 2018 年财政预算的决议（草案）》、《关于 2017 年民生实事落实情况和 2018 年承诺为民办实事的决议（草案）》、《关于区人大常委会工作报告的决议（草案）》、《关于区人民法院工作报告的决议（草案）》、《关于区人民检察院工作报告的决议（草案）》；新当选的同志向宪法宣誓；会议表彰人大工作先进集体和先进个人。

【三届人大常委会第二次会议】

2017 年 2 月 28 日，红寺堡区第三届人大常委会举行第二次会议。会议书面传达学习自治区十一届人大七次会议和吴忠市五届人大一次会议精神，听取区人民政府关于公车改革工作进展情况的报告，审议并通过区人民政府关于编制吴忠市红寺堡区城乡总体规划的议案和区人大常委会主任会议、区人民政府、法院、检察院有关人事任免议案，同意对区人民政府提请的《关于 2017 年生态林业建设方案的备案报告》《关于红寺堡区教育扶贫基金实施方案的备案报告》《关于红寺堡区扶贫产业担保基金管理办法和红寺堡区扶贫产业担保基金担保对象认定办法的备案报告》《关于红寺堡区全民健身实施计划（2016—2020）的备案报告》《关于吴忠市红寺堡区抗旱应急预案和防汛抢险应急预案的备案报告》《关于红寺堡区 2016—2020 年盐碱地改良规划的备案报告》

进行备案，会议任命孙冲为红寺堡区人大常委会代表联络与选举工作委员会主任，高文辉为红寺堡区人大常委会办公室副主任；会议决定任命涂德望为红寺堡区人民政府副区长（挂职），芮秋华为红寺堡区人民政府副区长（挂职），党玉龙为红寺堡区人民政府副区长（挂职），杨国文为红寺堡区发展和改革局局长，王毅为红寺堡区司法局局长，杨金花为红寺堡区教育局局长，张晓峰为红寺堡区监察局局长，马贵为红寺堡区人力资源和社会保障局局长，高爱国为红寺堡区卫生和计划生育局局长，虎治亮为红寺堡区林业局局长兼园林管理局局长；会议任命李静为红寺堡区人民法院立案庭庭长，李文科为红寺堡区人民法院行政审判庭庭长，陈昌宁为红寺堡区人民法院审判委员会委员、刑事审判庭庭长，宋建军为红寺堡区人民法院审判委员会委员、太阳山人民法庭庭长；任命郭生鹏为红寺堡区人民检察院副检察长。会议免去张晓峰红寺堡区人大常委会代表联络与选举工作委员会主任职务；会议免去杨国文红寺堡区林业局局长职务、杨金花红寺堡区人力资源和社会保障局局长职务、马贵红寺堡区司法局局长职务、高爱国红寺堡区监察局局长职务、孙冲红寺堡区教育局局长职务、王军红寺堡区卫生和计划生育局局长职务；会议免去马春虎红寺堡区人民法院审判委员会委员、立案庭庭长、审判员职务；会议免去陈昌宁红寺堡区人民法院刑事审判庭副庭长职务、宋建军红寺堡区人民法院太阳山人民法庭副庭长职务。

【三届人大常委会第三次会议】

2017 年 4 月 28 日，红寺堡区第三届人民代表大会常务委员会举行第三次会议。会议听取区人大常委会关于对“一府两院”作风及廉政建设监督情况的汇报，审议通过区人民政府关于《红寺堡区农村产权交易管理办法（暂行）》的议案，对区人民政府关于切实加强国土资源管理明确管理职责的实施办法进行备案，确认主任会议作出的两项决定，表决通过区人民法院、区人民检察院有关人事任免议案，会议任命姜春梅为红寺堡区人民法院审判监督庭副庭长；会议免李军红寺堡区人民法院人民陪审员职务；会议免去张瑞峰红寺堡区人民检察院副检察长、检委会委员、检察员职务，包来锁红寺堡区人民检察院检委会委员、检察员职务，吕学义红寺堡区人民检察院检察员职务，高黎丽红寺堡区人民检察院检察员职务，康芸红寺堡区人民检察院检察员职务。

【三届人大常委会第四次会议】

2017 年 6 月 30 日，红寺堡区第三届人民代表大会常务委员会举行第四次会议。会议书面传达自治区第十二次党代会精神，听取和审议区人民政府关于重点项目建设情况、2015—2016 年度审计发现问题整改情况、关于公车改革进展情况的报告并进行满意度测评，听取区人民政府关于财政收入及税源配置情况、地方政府性债务情况的报告；听取区人大常委会调查组有关情况的调查报告，听取区人大常委会法工委关于对“一府两院”作风建设和廉政建设常态化监督工作的汇报。

【三届人大常委会第五次会议】

2017 年 8 月 29 日，红寺堡区第三届人民代表大会常务委员会举行第五次会议。会议听取和审议区人大常委会执法检查组关于检查《中华人民共和国劳动合同法》贯彻实施情况的报告，听取和审议区人民政府《关于深入开展第七个五年法治宣传教育的决议》贯彻落实情况等 4 个报告和关于 2016 年预算执行及其他财政财务收支情况的审计报告，并对以上报告进行满意度测评，听取和审议区人大常委会有关调查、视察和审查报告，批准红寺堡区2016年财政决算，形成相关审议意见，讨论通过红寺堡区人大常委会工作评议办法，表决通过区人民政府、区人民法院、区人民检察院有关人事任免议案，会议决定任命高建斌为红寺堡区人民政府办公室主任，马文虎为红寺堡区工业和商务经济技术合作局局长，王光亚为红寺堡区水务局局长，王贯举为红寺堡区审计局局长；会议任命张铁为区人民法院人民陪审员，杨淑慧为区人民法院人民陪审员，明金花为人民法院人民陪审员，马瑞玲为区人民法院人民陪审员，刘建武为区人民法院人民陪审员，虎登双为区人民法院人民陪审员，高慧为区人民法院人民陪审员，范永华为区人民法院人民陪审员，段娟为区人民法院人民陪审员，白玉昌为区人民法院人民陪审员，周花为区人民法院人民陪审员；会议任命张少青为区人民检察院检察员、检察委员会委员、副检察长。会议免去马合军区人民政府办公室主任职务，王光亚审计局局长职务，王贯举工业和商务经济技术合作局局长职务，伏志梅水务局局长职务；会议免去郭海茹区人民法院民事审判庭副庭长、审判员职务。

【三届人大常委会第六次会议】

2017年10月31日，红寺堡区第三届人民代表大会常务委员会举行第六次会议。会议书面传达学习党的十九大会议精神，听取和审议区人民政府关于农业产业结构调整、道路交通安全治理、公车改革等3个报告以及区人民法院、检察院关于司法体制改革工作开展情况的报告、区人民检察院关于民行案件监督情况的报告，并对以上报告进行满意度测评，对国土资源局、文化体育旅游局两个部门进行工作评议，对3位市人大代表进行述职评议，表决通过区人民政府提请的关于审议深入贯彻落实国家机关谁执法谁普法责任制实施意见的议案和人事任免有关事宜，会议任命马亚群为财政局局长，浦彦卿为建设和环境保护局局长，李军保为交通运输局局长；会议免去张致强建设和环境保护局局长职务，朱斌财政局局长职务，马亚群交通运输局局长职务，浦彦卿农牧和科学技术局局长职务。

【三届人大常委会第七次会议】

2017年12月21日，红寺堡区第三届人大常委会举行第七次会议。会议通报关于乡镇人大考核情况，听取区人民政府关于民生实事和代表议案建议办理情况的报告，听取区委组织部关于成立区监察委员会及选举区监察委员会主任有关情况的说明，审议红寺堡区第三届人民代表大会第二次会议有关事项，讨论通过关于表彰代表议案建议办理先进单位、乡（镇）人大工作先进集体、先进代表活动小组、优秀区人大代表和代表工作先进个人的决定。审议人事任免有关事宜，会议任命张淑艳为区人大常委会代表联络与选举工作委员会主任，马秉刚为区人大常委会财经农业教科文卫工作委员会主任；会议决定任命王琳为农牧和科学技术局局长，汤洪为综合执法局局长，马志强为安全监督管理局局长；会议任命梁莹为区人民法院立案庭庭长，姜春梅为区人民法院审判监督庭庭长，张唯栋为区人民法院执行局执行二庭庭长，刘媛春为区人民法院民事审判庭副庭长；会议任命丁博颖为区人民检察院检察员，金小白为区人民检察院检察员，赖文超为区人民检察院检察员。会议免去张淑艳区人大常委会财经农业教科文卫工作委员会主任职务，孙冲红寺堡区人大常委会代表联络与选举工作委员会主任职务；免去李静区人民法院审判委员会委员、立案庭庭长、审判员职务，杨丽琴区人民法院审判委员会委员、审判监督庭庭长、审判员职务，梁莹区人民法院民事审判庭副庭长职务，姜春梅区人民法院审判监督庭副庭长职务。

【三届人大常委会第八次会议】

2017年12月25日，红寺堡区第三届人大常委会举行第七次会议。会议审议表决区监察委员会人事任命议案，会议任命张晓峰为监察委员会副主任，魏世雄、周仁科、白明治、刘杨为监察委员会委员；审议通过《吴忠市红寺堡区第三届人民代表大会常务委员会第八次会议补选吴忠市第五届人民代表大会代表的办法》；补选朱云为吴忠市第五届人民代表大会代表。

（杨旭虎）

专门委员会工作

【财经农业教科文卫工作委员会】

调查编制吴忠市红寺堡区城乡总体规划（2016—2030）。调查掌握经济运行情况，审查2017年上半年计划执行情况、2017年上半年预算执行情况、2016年财政决算情况，调查2016年审计工作情况，调查全区财政收入及税源培植情况，调查全区重点项目建设情况。依法监督财政资金使用情况，重视和支持审计机关依法加强对政府预算执行、重大公共投资项目、领导干部履行财务纪律和其他财政收支情况的监督。调查全区地方债务情况。组织调查全区教育扶贫工作和农业产业结构调整情况。督办关于区人民政府棚户区改造工作情况报告的审议意见落实情况。评议文化体育旅游局工作。筹建吴忠市红寺堡区人大常委会预算联网监督中心，起草《红寺堡区人大常委会预算联网监督实施方案》。

【民族宗教法制工作委员会】

执法检查护佑劳动用工安全，组织部分常委会组成人员和人大代表组成执法检查组，对红寺堡区贯彻实施《中华人民共和国劳动合同法》情况进行执法检查。视察区人民政府贯彻落实《区人大常委会关于深入开展第七个五年法治宣传教育的决议》情况。调查区人民法院、区人民检察院司法体制改革工作，视察区人民检察院依法监督人民法院民事行政案件审判及执行工作和全区道路交通安全整治工作。组织5次拟任命干部任前法律知识考试，共有38名干部在区人大常委会上顺利通过任命。9月上旬至10月中旬，区人大常委会评议调查组通过发布公告、开展前期调查、召开动员会、开展民主测评、发放调查问卷、个别谈话、实地走访、发放征求意见表等形式，主要对国土资源局近两年来的工作情况和主要负责人履职情况进行调查评议。建立起对“一府两院”干部作风和廉政建设常态化监督机制。推动规范性文件备案审查工作制度化、规范化建设。

【代表联络与选举工作委员会】

2017年，共培训人大代表350余人（次）。先后组织常委会委员、人大代表、乡镇人大主席和人大机关干部，就如何履行代表职责、服务经济发展等方面，进行专题培训。组织乡镇人大主席、人大工作者赴全国人大培训基地、井冈山红色教育基地及自治区人大进行强化培训。出台《关于在全区人大代表中深入开展“五带头三联系一述评”（要带头加强学习，做创新工作的模范；要带头扶贫帮困，做脱贫攻坚的模范；要带头维护稳定，做遵纪守法的模范；要带头移风易俗，做崇尚文明的模范；要带头依法履职，做为民谋利的模范。区人大常委会领导联系区人大常委会委员和各乡（镇）人大工作；区人大常委会其他组成人员联系区人大代表活动小组；区乡（镇）两级人大代表联系人民群众活动。人大代表向原选区选民述职并接受评议）主题实践活动的实施意见》等一系列闭会期间代表开展活动的制度，建立区人大常委会组成人员联系基层人大代表和人民群众“双联系”制度，开展四级人大代表“五带头三联系一述评” 活动，组织75名区乡两级人大代表向原选区选民述职，报告履职情况。按照“十有”标准创建5个乡镇“人大代表之家”（有固定互动场所、有统一规范标识、有必需办公设备、有代表信息公示栏、有基本学习资料、有相应规章制度、有活动计划安排、有详实活动记录、有专项活动经费、有专门工作人员）和30个代表小组活动室，实现全区代表活动阵地全覆盖。印发《关于进一步加强乡镇人大主席团工作的意见》，制定落实常委会领导联系指导乡镇人大工作制度，班子成员深入乡镇，从工作程序、制度建设、职责履行等方面，指导乡镇人大组织开展工作。重视乡镇人大主席职能的发挥，邀请乡镇人大主席参加常委会组织的视察、评议工作，开展乡镇人大工作互观互学，对乡镇人大工作进行考核联评。

（杨旭虎）

红寺堡城区

红寺堡区人民政府

People's Government of Hongsibu District

综述

【概况】

2017 年，红寺堡区实现地区生产总值 19.34 亿元，可比增长 9.1%, 与 2016 年相比，地区生产总值净增 2.05 亿元。其中：第一产业实现增加值 4.73 亿元，增长 4.9%；第二产业实现增加值 9.04 亿元，增长 14.5%；第三产业实现增加值 5.57 亿元，增长 5.2%。三次产业结构比由 2016 年的 26.6：44.0：29.0 调整为 24.5：46.7： 28.8。按常住人口计算，全区人均地区生产总值 9604 元，增长 10.6%。

【产业发展】

2017 年，红寺堡区调减玉米等高耗水作物 12.2 万亩，新增葡萄 8100 亩、枸杞 7000 亩、牧草 3.3 万亩、黄花菜 1.42 万亩，牛、羊饲养量分别达到 8.3 万头、83.5 万只；建成富硒农产品基地 4 个，打造自治区级休闲农业示范点 2 个、市级三次产业融合试点 1 个。新认定自治区级龙头企业 7 家，培育各类新型经营主体 230 家、专业合作社 26 家；建成农业机械化服务中心 3 家。举办第三届全国精品葡萄酒挑战赛暨红寺堡葡萄酒高峰论坛等活动，戈蕊红 2014 赤霞珠干红等 34 款葡萄酒获国内外葡萄酒大赛金、银、铜奖 34 项。新增规上企业 5 家。建成 3 个葡萄酒庄，葡萄酒年加工能力达 2 万吨。出台《2017 年红寺堡区扶持工业经济发展资金奖励办法》，红川科技、索米亚被认定为自治区“专精特新”企业，弘德包装等 5 家企业获得第六届“宁夏中小企业 50 强”，壹加壹、天得被评为标准化良好行为 AA 企业，嘉泽新能源在上海证券交易所主板成功上市。建成县级电商服务中心 1 个、村级服务站 60 家，注册电商企业10家，电商孵化园开园运营，入驻电商企业、个体30家。博大三期、鹏胜·时代广场等商贸综合体开工建设。快递年业务量达66.94万件，实现收入231万元。编制完成《红寺堡区全域旅游发展总体规划》，新建中圈塘等旅游示范村3个，罗山飞行营地等4个旅游驿站投入使用。承办2017年全国青少年航空航天模型锦标赛暨第四届航空旅游节、“中华民族一家亲走进红寺堡”等活动，初步形成“民族团结游”“航空体验游”等新型旅游模式。

【城乡建设】

2017年，红寺堡区实施市政建设项目26个，总投资6.17亿元。德水街改造、集中供热等13个项目完工。瀚海明珠等10个房地产新（续）建项目进展顺利。累计拆除违建2374平方米，实施棚户区改造1800套，处置建设用地遗留问题158宗40.85公顷。城区机械化清扫率78%、垃圾处理率95%。建成豹子滩等美丽乡村10个，改造危房1840户，大河乡小城镇一期建设基本完成。建成滚新南路等农村公路24条160公里。实施金庄子水库等23个重点水利工程和农村饮水安全项目，治理塘坊梁等盐渍化土地1.2万亩，打造柳泉、白墩等13个重点治理示范区6.42万亩高标准农田，改善和恢复灌溉面积15.3万亩，新增高效节水灌溉4.2万亩，新增蓄水能力704万方，巩固提升4.8万农村人口饮水安全。编制完成11条区级沟河道名录和“一河一策”方案。全面排查32家非煤矿山，打击非法乱盗滥采行为60余起。完成营造林10.7万亩，森林覆盖率提高到10.33%。制定出台《红寺堡区禁牧工作问责办法（试行）》。开展“蓝天碧水·绿色城乡”“绿盾2017”专项行动，扎实整改中央环保督察组反馈问题，完成生态保护红线划定，加强农业面源污染防治；第二污水处理厂提标改造全面完成，15家葡萄酒庄污水处理设施建成投用，淘汰燃煤锅炉18台88.4蒸吨；清理罗山自然保护区内46处人类活动点。

【深化改革】

2017年，红寺堡区68项行政许可项目和110项为民服务事项实现集中办理，承接自治区、吴忠市下放审批事项11项。深化商事制度改革，落实“一照通”“五证合一”等登记制度，推行个体工商户便利化登记。推进城市管理综合执法体制改革，挂牌成立综合执法局，梳理本级8个政府部门纳入综合执法事项254项，承接3个市直部门下放执法事项64项。采取PPP模式建设弘德园区污水处理厂。农村产权流转服务中心投入运营，推进农业水价综合改革。成立红兴等2家信贷担保公司，在朝阳等4个村开展村级互助担保基金综合试点，在弘德等10个村开展权能改革试点。公务用车、公立医院、司法体制等改革有序推进。

【开放合作】

2017年，红寺堡区构建开放平台，深化与西农大、宁夏农科院技术协作，与江南大学签订葡萄与葡萄酒产业发展合作框架协议。加强与福建德化等地区的友好协作，签订互学互助对口协作协议和基层建设互助共促合作协议，建立党政互访机制。吴忠市重点项目大会战开工仪式在红寺堡区举行，2个自治区60大庆重点项目完成投资9800万元。50个市、区级重点项目全部开工，完成投资47.83亿元。累计实施招商项目35个，实际到位资金84.4亿元。政府购买公共服务政策体系不断完善。加强政府诚信建设，优化发展软环境，全面落实“互联网+政务服务”工作，实现区、乡、村网络全覆盖。开展网上办事，推进“不见面、马上办”审批模式。推行一窗受理、窗口出件等便民服务。打击非法融资行为，公开曝光违法失信企业和个人，维护市场经济秩序。

【民生实事】

2017年，红寺堡区开展精准识别查漏补缺，新增建档立卡1130户4530人，15个贫困村销号、2952户12118人脱贫。整合投入扶贫资金6.5亿元，发放贷款10.4亿元，贫困户贷款覆盖面达到76.6%。安排资金3181万元，扶持6664户贫困户发展特色种养业。制定“311”产业扶持政策，统筹整合涉农资金1500万元，打造龙源硒甜瓜等12个特色种植示范区。建立“33211”健康扶贫保障体系，对2.59万人医疗救助615万元。按照每人1000元的标准，对2.06万人健康体检并建立电子档案，大病医疗补充险实现全覆盖。建立教育扶贫基金，整合“雨露计划”“燕宝基金”等资金，发放各类助学金2069.76万元，资助12479人次。整合资金1442.56万元，实现建档立卡户“扶贫保”全覆盖，将4276名特殊人群全部纳入兜底范围。开展“百企帮百村”活动，弘德包装、汇达、百瑞源等企业与贫困村结对帮扶。继续深化“闽宁协作”、中烟定点帮扶和医疗对口帮扶，建成中圈塘等4个闽宁协作示范村和玉池制衣、马渠冷链包装等5个“扶贫车间”；建成“飞地”肉牛扶贫养殖园区，564户建档立卡户参与养殖，户均增收6175元。上海六院、北京平谷医院等优势医疗集团500余名医疗专家到红寺堡开展临床技能培训、义诊等活动。改造义务教育薄弱学校8所，新改建农村幼儿园14所，学前三年毛入园率达74.55%，义务教育均衡发展通过自治区评估认定。推进国家公共文化服务体系示范区、自治区基本公共体育服务体系示范区创建活动，文化馆主体建成，64个村综合文化服务中心建成投用。21所村标准化卫生室基本建成，对40岁以上6000余目标人群进行脑卒中防治筛查。发放创业担保贷款1028万元，城镇新增就业678人，转移农村劳动力4.18万人，实现劳务收入3.94亿元。完成540户公共租赁住房分配和住房困难户租赁补贴发放工作。城乡居民养老、医疗保险参保人数分别达到5.9万人和16.3万人，支付养老、医疗等各类保险1.06亿元。5个社区服务站投入使用，

住宅小区人行小道

发放城乡低保、高龄津贴等救助资金9700万元。完成66名困难儿童先天性心脏病筛查，建成“留守儿童之家”19个。建成第二敬老院。建成600路视频监控图像、60路特征采集图像。排查化解各类矛盾纠纷850件。

【依法行政】

2017年，红寺堡区推进“七五”普法和法治政府建设，完善重大决策专家咨询和政府法律顾问制度，加强规范性文件审查备案工作，确保决策制度科学、程序正当、过程公开。完善司法救助机制，办理法律援助案件130件，挽回经济损失735万元。受理行政复议案件34件、应诉行政案件17件。依法接受监督。

【议案提案】

2017年，红寺堡区办结8件民生实事、32件人大议案建议和35件政协提案。邀请人大代表、政协委员开展民生实事、议案建议及提案办理专题视察、调研。通过区长信箱、区长接访等形式办理群众意见、建议、诉求84件。推进政务公开，利用政府门户网站、电视台等媒介公开政务信息3700余条。

【政务公开】

2017年，红寺堡区成立政务公开工作领导小组，负责红寺堡区政务公开工作的指导、安排和协调工作。领导小组下设办公室，专门负责政务公开各项工作落实，在区政府办公室增加政务公开职责并加挂红寺堡区政务公开办公室。各部门、各乡镇也成立相应工作领导小组，形成一级抓一级，层层抓落实的工作格局。制定《红寺堡区政府信息主动公开制度》《政府信息依申请公开制度》《红寺堡区政府信息公开保密制度》《政府信息公开受理举报制度》以及《政府信息公开责任追究制度》。开通“红寺堡区政务”微博、“文明红寺堡”微信和手机APP客户端，累计发布微博259篇，“文明红寺堡”微信累计发布信息1560条，将手机APP客户端二维码公开发布在政府门户网站，手机用户可以扫码关注和查阅政府网站信息。开设新闻中心板块，发送视频新闻16条，发送图片新闻28条。开设新闻发布会板块，发送2条新闻发布会信息。

（于鑫）

重要会议

【人民政府三届一次全体（扩大）会议】

红寺堡区人民政府三届一次全体（扩大）会议暨廉政和财税审计工作会议2月3召开日，区长谭兴玲主持。会议传达学习自治区政府主席咸辉在自治区人民政府第六次全体（扩大）会议上的讲话精神；签订党风廉政建设和固定资产投资目标责任书。交办区三届人大一次会议代表议案建议、区政协三届一次会议提案。各政府副区长就2017年分管工作进行了安排部署；相关部门就重点工作进行了表态发言。会上，各政府副区长就2017年分管工作进行安排部署；相关部门就重点工作进行表态发言。

【人民政府三届三次全体（扩大）会议】

11月3日召开，区长谭兴玲主持。副区长李焜、涂德旺、马占斌，区政府组成部门、各乡镇人民政府主要负责同志参加会议。会上，谭兴玲区长就如何贯彻落实十九

城乡一体化全面发展

大精神作了重要讲话，号召各级各部门立即行动，学习好、宣传好、贯彻好党的十九大精神，把十九大的战略部署转化为全区政府系统的工作思路、举措和行动。发改局、教育局、扶贫办和农牧局等单位结合工作实际，就如何学习贯彻党的十九大精神作了表态发言。

【第 3 次常务会议】

2016 年 12 月 21 日召开，区长谭兴玲主持。会议传达自治区双拥工作命名表彰大会精神，听取脱贫攻坚迎验工作准备情况的汇报，研究红寺堡区水利发展“十三五”规划有关事宜，会议研究红寺堡区防汛抗旱应急预案有关事宜，研究《红寺堡区生态脱贫行动计划方案》，听取中央第八环境保护督察组反馈问题整改落实情况的汇报，研究 2017 年城乡建设项目有关事宜、2017 年棚户区改造有关事宜、实施红寺堡区政府办公场所建筑节能和廉政灶改造工程有关事宜、京藏高速改扩建红寺堡过境段占用杨俊明养殖用地有关事宜和红寺堡罗山通用机场项目（PPP）模式有关事宜。

【第 4 次常务会议】

1 月 22 日召开，区长谭兴玲主持。会议听取各分管领导“113”工作模式进展情况和分管部门效能目标考核情况的汇报，听取三届政府第一次全体会议暨政府廉政工作会议、财税即审计工作会议筹备情况的汇报，听取 2017 年项目集中开工工作、2017 年安全生产工作安排及“两节”期间安全生产、“两节”期间文体活动安排、春节期间值班工作安排等工作汇报，研究《2017 年生态林建设方案》，研究成立水利工程质量监督站有关事宜，研究 2017—2020 年盐碱地改良规划有关事宜，研究《红寺堡区教育扶贫基金实施方案》《红寺堡区扶贫产业担保基金管理办法》及《红寺堡区扶贫产业担保基金担保对象认定办法》，研究《红寺堡区非煤矿山挂牌出让和分类管理工作方案》，研究农村土地承包经营权和流转经营权抵押贷款、农村产权流转服务中心启动运行、2 宗养殖用地、《红寺堡区全民健身实施计划（2016—2020）》、弘德园区污水处理厂项目、红寺堡职业教育中心及公共实训基地项目等有关事宜。

【第 5 次常务会议】

2 月 23 日召开，区长谭兴玲主持。会议听取红寺堡首季“开门红”经济指标分析情况汇报，传达学习国家民政部视频会议暨全区民政工作会议精神，听取脱贫攻坚暨农业农村工作会议筹备情况汇报，研究《红寺堡区统筹整合使用财政涉农资金管理办法（试行）》，研究关于建立红寺堡区财税联席会议制度、2017 年政府投资项目融资计划事宜、成立红寺堡区国际农发基金项目领导小组等事宜，研究《红寺堡区 2017 年经济林产业建设方案》《红寺堡区交通建设提升年实施方案》《关于切实加强国土资源管理明确管理职责的实施办法》，研究第二污水处理厂提标改造工程等 14 宗划拨用地有关事宜,研究南环路南侧商业用地(鑫月驾校）供地事宜，研究《关于深化律师制度改革的实施意见》《红寺堡区文化体育服务有限公司组建方案》《红寺堡区旅游投资有限公司组建方案》，研究建立区政府“三重一改一大”汇报、报告、通报制度及政府区长碰头会议制度事宜，研究政府区长、副区长工作分工调整事宜。

【第 6 次常务会议】

3 月 15 日召开，区长谭兴玲主持。会议研究《关于深入推进农业供给侧结构性改革加快培育农业农村发展新动能的实施方案》《红寺堡区 2017 年特色种植业及肉牛产业扶持政策措施》《红寺堡区农业机械综合保险试点工作实施方案》，研究进林粮食购销合作社生态种植养殖园项目选址用地事宜，研究《红寺堡区生态文明建设规划（2017—2020 年）》《红寺堡区贯彻落实中央第八环境保护督察组督察反馈意见的整改方案》《红寺堡区行政事业单位会计人员管理办法》，研究公务车辆处置、德水街北侧梁宏业等人商贸楼等 3 宗历史遗留问题处置意见、宁夏紫尚葡萄酿酒有限公司土地使用权人名称变更登记、机关办公楼建设用地处置、大河乡美丽小城镇道路项目供地、柳泉乡红塔村祥庆养殖用地、红寺堡区星级和谐社区评星定级以及建设毒品检查站等事宜。

【第 7 次常务会议】

4 月 5 日召开，区长谭兴玲主持。会议传达学习国务院及自治区廉政工作会议精神、《中共中央国务院关于推进安全生产领域改革发展的意见》、自治区安委会第二次全体（扩大）会议精神，安排部署迎接国务院安委会安全生产巡查事宜，通报慈善大道东侧压砂瓜用地事宜，研究创业街南侧南苑招待所商业用地等 15 宗历史遗留问题处置意见、21 本《国有土地使用证》签章发放、红寺堡区罗山北路改造工程等 2 宗划拨用地、莲花山殡葬用地和亨泰殡葬服务有限公司工业开发用地位置调整、弘德派出所及为民办实事（实施道路交通管制设施安装工程）、建设年产 5 万吨生物饲料项目事宜、表彰 2016 年全国青少年航空航天模型锦标赛先进个人、红寺堡区体育馆开馆暨 2016 年秋季运动会先进个人等事宜。

【第 8 次常务会议】

4 月 24 日召开，区长谭兴玲主持。会议传达自治区深化医药卫生体制改革领导小组第 2 次会议精神、自治区 2017 年第一季度经济形势分析会议精神，听取红寺堡区 2017 年第一季度经济运行情况汇报、红寺堡区 2017 年重点项目开工情况汇报，研究《红寺堡区法治政府建设暨责任分工实施方案》《红寺堡区创建自治区基本公共体育服务体系示范区实施方案》《红寺堡区综合文化服务中心项目建设方案》《新庄集乡总体规划》，研究中国自动化集团红寺堡区光伏发电项目用地事宜。

【第 9 次常务会议】

5 月 4 日召开，区长谭兴玲主持。会议传达咸辉同志在自治区扶贫开发领导小组会议上的讲话精神，听取各副区长脱贫攻坚包村和区长碰头会议定包抓重点工作进展情况的汇报，研究了《红寺堡区 2014—2016 年脱贫销号村巩固提升实施方案》《红寺堡区实行水资源消耗总量和强度双控行动 加快推进节水型社会建设实施方案》，研究重新核定自来水价格事宜，研究《红寺堡区 2017 年城乡居民基本医疗保险住院医疗费用总额控制实施方案》，研究关于召开红寺堡区 2017 年卫生计生工作会议、京藏高速石嘴山（蒙宁界）至中卫段改扩建工程（红寺堡区）临时用地费用、金水街广场东侧东辉私城等 7 宗商业用地处置意见等事宜，研究龙泉路西侧、劳动街南侧 1 号商住用地等 7 宗用地挂牌出让事宜，研究国网宁夏电力公司沙泉 330KV 输变电工程划拨用地事宜，研究《2017 年度红寺堡区扶持工业经济发展资金奖励办法》和《红寺堡区工业扶持项目资金效能监察管理办法（暂行）》，研究关于履行吴忠市劳动人事争议仲裁委员会仲裁调解协议、综合市场征收拆迁补偿资金等事宜。

【第 10 次常务会议】

5 月 17 日召开，区长谭兴玲主持。会议传达《自治区人民政府办公厅关于 2016 年全区争取政策项目资金落实情况的通报》，研究红寺堡区争取政策项目资金相关事宜。研究《红寺堡区 2017 年金融扶贫“555 工程”实施方案》《飞地扶贫肉牛养殖园区运行方案》，研究 2017 年第二批计划实施的水利项目，研究《马渠移民安置区脱贫攻坚实施方案》《新庄集乡西川特色产业与乡村旅游规划》《新庄集乡西川特色产业示范村建设实施方案》《新庄集乡西川特色产业示范村房屋征收补偿方案》，研究中农养殖专业合作社养殖用地、亨泰殡葬有限公司农业开发用地、司法所项目建设事宜、柳泉乡直属茅头墩工业用地挂牌出让、宁夏汇达置业集团有限公司国有建设用地使用权人变更登记、龙泉路（人民街 - 文化街）新建工程等 2 宗项目用地划拨、建设年产 25 万吨饲料加工项目等事宜。

【第 11 次常务会议】

6 月 19 日召开，区长谭兴玲主持。会议听取赴山东、井冈山等地考察学习情况汇报，研究《2017 年全国青少年航空航天模型锦标赛暨红寺堡区第四届航空旅游节工作方案》《2017 年全国青少年航空航天模型锦标赛执行委员会工作方案》，研究宁夏农业信贷担保有限责任公司红寺堡分公司组建方案，听取红寺堡区 2017 年防汛抗旱工作汇报，研究《红寺堡区全面推行河长制工作方案》《红寺堡区政策性农业保险实施方案》，研究燕然路西侧蒲兴银等 10 宗商业用地遗留问题处置意见、杨柳幼儿园等 10 宗划拨用地事宜，听取红寺堡区 2017 年棚户区改造工作情况的汇报，研究建设年产 20 万吨饲料加工生产项目、建设年产 1200 万吨汽车清洁用品与生活洗涤用品加工项目、关于弘德污水处理厂工程 PPP 项目以及干部处分等事宜。

【第 12 次常务会议】

7 月 27 日召开，区长谭兴玲主持。会议传达学习《中共中央办公厅、国务院办公厅关于甘肃祁连山国家自然保护区生态环境问题督查处理情况及其教训的通报》及区委的贯彻落实意见，传达学习国务院安委会安全生产巡查工作反馈电视电话会议等相关会议精神，研究整改落实意见，听取红寺堡区抗旱救灾情况汇报，研究《关于开展红寺堡区非煤矿山分类管理和清洁整治专项行动实施方案》，研究红寺堡区经五路东侧、纬七路北侧等3宗工业用地出让事宜，研究红寺堡区弘德街北侧、佳泉路西侧1宗商业用地出让事宜，研究罗山通用机场项目用地、鲁家窑二村小学等6宗划拨用地事宜，研究《红寺堡区教育扶贫基金管理办法》，审议《红寺堡区禁牧封育工作问责办法（试行）》，研究禁牧封育工作中的问题。研究弘德慈善产业园区建设发展过程中存在的问题及解决方案，研究建设年深加工1500吨黄花菜生产项目、亨泰殡葬有限公司农业开发用地、乌沙塘村447亩国有荒地无偿承包等事宜。

【第13次常务会议】

8月21日召开，区长谭兴玲主持。会议传达学习吴忠市各县（市、区）上半年主要亮点工作，听取各分管领导“113”工作模式进展情况汇报，传达学习自治区特色产业精准扶贫现场推进会精神、自治区研究红寺堡区脱贫攻坚有关问题专题会议精神、自治区脱贫攻坚政策落实会议精神，听取红寺堡区2018年产业谋划情况汇报，传达学习吴忠市“绿盾2017”自然保护区清理整治专项行动暨大气污染防治工作会议精神，研究贯彻落实意见，听取红寺堡区贯彻落实中央第八环境保护督察组督察反馈问题整改落实情况的汇报，研究《红寺堡区城市综合执法改革实施方案》《红寺堡区银行业金融机构支持地方经济发展考核评价暂行办法》《红寺堡区金融支持地方经济发展奖励办法（试行）》，《红寺堡区电商扶贫突破发展行动计划》《红寺堡区2017年电商发展扶贫奖励办法》，研究符合安置条件退役士兵安置事宜，研究《红寺堡区扶持发展劳务中介组织和劳务经纪人队伍奖励办法（暂行）》《关于加快红寺堡区教育发展推进脱贫攻坚的若干意见》，研究庆祝第33个教师节事宜，研究《红寺堡区农民一家一户种植模式的高效节水灌溉项目运行管护意见》，研究红寺堡区葡萄酒广告宣传、11宗工业用地出让、中国石化销售有限公司西北宁夏分公司国有建设用地使用权人名称变更、宁夏贺兰山地源中药材科技有限公司设施农业用地等事宜，研究新修改完善的《红寺堡区新庄集乡西川特色产业村房屋征收补偿方案》《关于新庄集乡西川特色产业示范村社区建设和文化植入工程项目房屋征收决定》，研究公务用车处置事宜，审议《红寺堡区2016年财政总决算及2017年上半年财政预算执行情况的报告》《红寺堡区2016年度本级预算执行及其他财政财务收支情况的审计工作报告》《红寺堡区2017年上半年国民经济和社会发展计划执行情况（草案）的报告》。

【第14次常务会议】

9月8日召开，区长谭兴玲主持。会议研究红寺堡区人民检察院综合技侦楼等19宗划拨用地供地事宜、弘德园区1宗工业用地出让、提升红寺堡区大河乡红柳沟耕地占补平衡土地项目新增耕地灌溉水源及设备能力、红寺堡区新能源有限责任公司申请特变电工红寺堡光伏项目土地租赁、鑫月驾校机动车检测中心项目建设用地信访事项处置意见、宁夏天鸿畜牧科技有限公司养殖项目建设用地等事宜，听取红寺堡区食品药品安全监管情况汇报，研究《关于深入贯彻落实国家机关谁执法谁普法责任制的实施意见》《红寺堡区农村公路管理办法》《红寺堡区农业信贷担保工作实施方案》《宁夏农业信贷担保有限公司红寺堡分公司招聘工作人员实施方案》，研究干部处分事宜。

【第15次常务会议】

9月28日召开，区长谭兴玲主持。会议听取赴新疆、河北考察学习情况的汇报，听取全区农村道路交通安全管理工作现场会筹备阶段存在问题及整改意见的汇报，研究《红寺堡区空间规划》编制事宜，研究《红寺堡区“十二五”生态移民“多代多人”住房困难问题实施方案》，研究弘德园区2宗工业用地出让、大河乡石坡子村卫生室等8宗用地划拨、红寺堡区文化街两侧用地、中国移动通信集团宁夏有限公司国有建设用地使用权人变更登记、红寺堡区北海林场国有林地颁证、红寺堡区第三幼儿园等3所公建幼儿园承办方式、实施红寺堡区第二中学等48所义务教育阶段学校维修改造项目和红寺堡镇红关幼儿园等17所幼儿园附属工程项目、关于选派人社局马贵同志赴澳大利亚参加培训等事宜。

【第16次常务会议】

10月25日召开，区长谭兴玲主持。会议通报红寺堡区脱贫攻坚反馈问题整改落实及2017年目标任务完成情况，传达学习自治区、吴忠市贯彻落实习近平总书记关于扶贫工作重要批示精神专题会议精神，研究贯彻落实意见。听取廉政建设工作情况汇报，研究《红寺堡区健康扶贫政策兜底保障工作实施方案》《红寺堡区健康扶贫基金管理办法（试行）》，研究原太阳山镇中心卫生院业务综合楼历史遗留问题处置意见，研究金翠园别墅、平房区、国税别墅区住宅用地遗留问题处置意见，研究文化街2宗项目用地出让、东环路东侧、排碱沟南侧等3宗工业用地出让、公安分局毒品检查站项目用地划拨、弘德园区污水处理厂项目用地使用权人变更登记、红寺堡区进林粮食购销专业合作社规模化养殖园区建设项目用地、建设节能门窗集成材料生产项目、公安分局执行人民警察值勤岗位津贴和加班补贴、红寺堡区连续三年考核被确定为优秀等次的公务员记三等功、公安分局警务辅助人员及事业编警务人员经费缺口等事宜。

【第17次常务会议】

11月15日召开，区长谭兴玲主持。会议书面传达自治区实施创新驱动战略、脱贫富民战略、生态立区战略推进会精神，听取和研究区委贯彻意见的落实情况。听取红寺堡区2017年政府规章行政规范性文件清理情况汇报，传达学习自治区政府第89期专题会议纪要精神；通报自治区人民政府督查反馈红寺堡区2017年重点项目建设及固定资产投资完成情况，研究整改落实意见。听取红寺堡区2018年项目储备及下一步工作谋划情况汇报，传达学习自治区党委、政府主要领导在《自治区环境保护厅关于近期全区环境空气质量下降有关情况的报告》上的批示精神；听取红寺堡区环境保护重点工作进展情况汇报，研究变更《红寺堡区2017年棚户区改造安置工程可行性报告》事宜，研究罗山路西侧高自安等10宗商业用地遗留问题处置、收回2宗闲置土地使用权、石炭沟扶贫创业园项目建设、宁夏汇达阳光生态酒庄有限责任公司农业综合开发用地调整、宁夏德泽红寺堡农业产业投资开发有限责任公司5000头黑毛驴标准化繁育基地项目用地等事宜。

【第18次常务会议】

12月18日召开，区长谭兴玲主持。会议讨论审议《政府工作报告（讨论稿）》《红寺堡区第三届人民代表大会第一次会议代表议案建议办理情况的报告（讨论稿）》《红寺堡区2017年民生实事落实情况和2018年承诺为民办实事的报告（讨论稿）》《红寺堡区2017年国民经济和社会发展计划执行情况与2018年国民经济和社会发展计划（草案）的报告（讨论稿）》《红寺堡区2017年财政预算执行情况和2018年财政预算（草案）的报告（讨论稿）》，研究《关于2017年政府购买公益性岗位做好就业扶贫工作实施方案》《红寺堡区平安创建考核奖惩方案》《红寺堡区农业水价综合改革实施方案》《红寺堡区防洪规划》《红寺堡区2018年“两节”系列文化体育活动实施方案》，研究开展2018年“两节”期间困难群众生活救助暨走访活动、新庄集乡柳树台肉牛养殖扶贫示范园区设施农业用地、人民医院基础设施及设备购置资金、实施红寺堡区第一小学等10所义务教育阶段学校维修改造项目和红寺堡区第三幼儿园等3所幼儿园附属工程项目等事宜。

（于鑫）

区政府办公室工作

【服务决策】

2017年，红寺堡区审核制发《2017年产业脱贫攻坚实施方案》《飞地扶贫肉牛养殖园区运行方案》《红寺堡区统筹整合使用财政涉农资金管理办法（试行）》《红寺堡区电商扶贫突破发展行动计划》《红寺堡区2017年电商发展扶贫奖励办法》等一批政策性文件。对50个重点项目、8件民生项目、政府重点工作、常务会议纪要和专题会议纪要的落实、人大建议、政协提案的办理等进行督办。2017年，共督办各类文件、会议分解任务260余项，督办领导批示件36件，督办各级人大代表议案、建议40件，政协委员提案48件。建立区长信箱、信访接待登记册等信访受理平台，受理群众来信来访60件，信件办复率98%，群众满意度98%。

【以文辅政】

2017年，红寺堡政府办公室认真起草各类文字材料，高标准完成全区各类工作会议的领导讲话稿及会议纪要的起草工作，共起草各类讲话稿200余篇，汇报材料150余篇，编发政府常务会议纪要14期，各类专题会议纪要76期。

【信息服务】

2017年，红寺堡区政府办公室上报自治区、吴忠市信息465条，编发《政务快讯》15期，撰写调研报告25篇。建成具备内容丰富、能够全面反映区情区貌的政府门户网站，设立新闻中心、信息公开、在线办事和农业农村等板块。

【文件会务】

2017年，红寺堡区政府办公室共制发各类文件530余件，登记处理各类文件2750余件，处理会议通知400多个。承办区政府常务会议18次，组织大型会议、活动80余次，组织重点工程、重要事项领导调研活动50余次。

【综合服务】

2017年，红寺堡区政府办公室选派6人分别赴成都、北京、南京等地参加公文写作、政务公开等相关业务工作培训。按照相关规定和程序办理干部因公出国（境）手续，办理出国（境）手续2人次。处理各类群众来信、来访，组织干部职工开展下基层活动，坚持24小时值班制度。

【应急管理】

2017年，红寺堡区政府办公室组织相关部门的工作人员学习《关于进一步加强信息报送和完善应急处置机制的通知》，建立应急机制，加强应急管理，增强政府应对突发公共事件的能力，参加应急视频点名 16 次、4G 网络移动小平台测试 9 次。上报自治区、吴忠市应急信息 114 条。

（于鑫）

法治建设

【依法行政】

2017 年，红寺堡区政府法治办公室做好区乡两级政府权力清单和责任清单的清理，推进简政放权、放管结合、优化服务工作。制定下发《红寺堡区建立政府权力清单和责任清单制度实施方案》，清理十大项行政权力（行政审批、行政处罚、行政强制等）。梳理行政职权事项 1500 余项，确认保留权力事项 1367 项，编制出 9255 项责任事项。下发《关于公布红寺堡区政府权力清单和责任清单目录的通知》，要求各乡（镇）、各部门、各单位在区政府门户网站上公布政府权力清单和责任清单。

【普法工作】

2017 年，红寺堡区政府法治办公室推进“3584”普法模式，启动百场法治文化基层行暨广场说法活动，将广场文化与法治宣传结合起来，提升法治文化的渗透力。组织开展“三下乡”“3·5 雷锋日”“3·8 妇女维权周”“3·15 消费者权益保护日”等宣传活动。先后开展禁毒、安全生产、消防、国家安全等各类法治宣传 11 场次，接受群众法律政策咨询 1600 多人次，发放各类宣传资料 2.3 万余份。对全区申领行政执法证的 255 名行政执法人员印发培训资料，进行集中考试。

【两法衔接】

2017 年，红寺堡区搭建“两法衔接”信息共享平已，有 14 家行政执法单位完成信息平台网络迁移工作，共录入各类案件 143 件。成立“两法衔接”工作领导小组，通过 6 次联席会议制度研究解决重大问题和重要事项，并纳入法治政府考核。采取派驻联络站的方法，每月定期到派驻机关查阅行政执法台账，研判重大执法案件，并通过联络员微信群及时互通信息，消除分歧。组织全体司法行政执法人员参加两法衔接工作培训班。向行政机关发出检察

法治公园一角

建议 8 次，监督行政机关移送案件 21 件。制定《红寺堡区行政执法与刑事司法衔接联席会议制度》和《红寺堡区行政执法监督推进年活动实施方案》，强化对两法衔接工作的监督。

【行政复议】

2017 年，红寺堡区采取便民措施，畅通行政复议渠道，完善接待制度，认真接待行政复议申请人员。改进行政复议审理方式，综合运用书面审查、实地调查、听证、和解、调解等方式解决纠纷，将调解、和解贯穿于立案、审理、决定等办案全过程，确保及时有效地化解行政争议。2017 年共收到行政复议申请 34 件（其中 32 件为新民小区同类案件），维持 34 件。

【行政诉讼】

2017 年，红寺堡区各级行政机关参与行政应诉案件 17 件（其中部门应诉 8 件，区政府应诉 9 件），经过诉讼，法院驳回原告诉讼请求 3 件、判决撤销被告作出的具体行政行为 1 件、原告撤诉及按撤诉处理 4 件、判决被告履行法定职责 1 件、裁定不予立案 4 件、尚未审结的案件 4 件。办理信访复查案件 7 件。

【行政调解】

2017 年，红寺堡区共建人民调解组织 300 个，其中乡村 269 个、社区 5 个、企事业单位 6 个、行业性和专业性 20 个。排查矛盾纠纷 600 起，调处 596 起。化解特大纠纷 4 件、重大纠纷 13 件、疑难复杂纠纷 583 件，预防民转刑案件 4 起，预防群体性上访事件 4 起，挽回损失 1230.4 万元。调处率 100%，调处成功率 99%，履行率 100%。

【矫正帮教】

2017 年，红寺堡区投入资金 60 万元，在大河乡司法所新建集社区矫正和帮教安置为一体的综合基地。坚持“一人一档”“见人见档”原则，建立完整、规范的基础性台帐和信息库。红寺堡区累计接收社区服刑人员 424 人，累计期满解除社区矫正 304 人，特赦 6 人，在册社区服刑人员 114 人。2017 年共接收 40 人，期满解除 25 人。在册安置帮教人员 458 人。联合敬老院对未成年社区服刑人员开展“孝老爱亲”专项活动 1 次、联合法律援助律师开展普法教育 20 余次、聘请专业心理咨询师开展心理矫治教育 1 次、赴吴忠监狱开展警示教育 1 次。受教育社区服刑人员达 300 余人次。将弘德慈善园区确定为技能培训和就业基地，促进就业或协助就近打工 49 人，帮助解决实际问题 22 个。全面推进“1231”监管机制。

（于鑫）

政务服务

【标准化建设】

2017 年，红寺堡区规范窗口部门标识和窗口工作人员公示牌，给窗口工作人员配备工作装，要求挂牌上岗。对进入政务服务中心办理的事项名称、办理时限、收费标准、办理流程和办事指南等进行公开。设置综合服务台，配备 2 名导办员，全程为办事群众服务。指导乡镇民生服务中心和村级（社区）为民办事全程代办点进行标准化建设，在服务规范、办事流程、办理时限等方面统一要求，初步形成区乡村“三级”政务服务体系。

【服务优化】

2017年，红寺堡区共受理办结政务服务事项367884件。申报材料在原规定的基础上减少40%，审批环节减少32%，承诺时限压缩60%。主动为老弱病残等特殊人群提供免费上门服务，为特殊人群提供全程代办和帮办服务。对有困难不能按时到达中心办理相关业务的企业和个人提供预约服务和延时服务，2017年，大厅公安出入境窗口和户籍窗口、水投公司窗口、社保窗口等提供上门服务、预约服务和延时服务1400多人次。

【互联网＋政务服务】

推进"互联网＋政务服务"，开展网上办事。打通区乡村三级政务网络。以"政务云"项目建设为契机，健全网络，整合资源，完成红寺堡区5个乡镇、21个部门、5个社区、64个行政村电子政务外网的接入，初步建立纵向到底、横向到边的网络，实现三级网络覆盖。举办6期政务云系统应用培训班，培训各类人员212人次。给政务大厅、乡村民生服务中心配备高拍仪70台，制卡机5台，做好系统应用的各项保障工作。完成行政审批和便民服务事项、办理流程、事项编码在政务云系统的录入工作，已全面上线运行。推进"不见面、马上办"审批服务模式。

【窗口管理】

2017年，红寺堡区制定《政务服务中心管理办法（试行）》《窗口及窗口工作人员管理办法（试行）》《窗口工作人员考核办法（试行）》《窗口工作人员作风建设提醒约谈制度（试行）》《窗口服务承诺制度》和《窗口工作人员服务规范》等制度，加强对窗口工作人员的管理和监督，坚持用制度管人管事。坚持每天定时或不定时巡查窗口工作人员作风和纪律，每月召开一次巡查情况通报会。开展红旗窗口和服务之星创建活动，每季度评选红旗窗口6个，服务之星12名，激发窗口工作人员的积极性。

（杨青凤）

2017 年 12 月 21 -24 日，中国人民政治协商会议吴忠市红寺堡区第三届委员会第二次会议

政协红寺堡区委员会

CPPCC hongsibu district committee

综述

【概况】

2017 年，政协红寺堡区委员会共召开党组扩大会议 6 次，中心组学习会议 11 次，常委学习专题会议 2 次，委员专题培训会议 2 次。机关支部坚持“三会一课”和每周学习例会，引导和推动广大政协委员、机关干部，毫不动摇地坚持中国共产党领导的多党合作和政治协商制度。

【建章立制】

2017 年，政协红寺堡区委员会坚持用科学的方法推进政协工作，完善政协工作运行机制，先后制定完善了《政协全体会议工作规则》《政协常委会议工作规则》《政协专门委员会工作规则》和《提案工作细则》等 12 项规章制度。对政协各类工作参与对象、活动程序、工作要求等方面作了具体规定，调动政协全委会、常委会、主席会议、专委会、政协各基层联系点等方面的积极因素，推进协商民主制度化发展。

【政治协商】

2017 年，政协红寺堡区委员会共召开常委会议 4 次，主席会议 10 次、专题协商推进会议 15 次，力促会议协商立功见效。年初与区委、政府共同研究制定年度协商计划，坚持班子成员领办课题，先后围绕脱贫攻坚、村“两委”班子建设、全域旅游、城乡环境综合治理等工作进行专题调研。共形成 4 个课题的专题调研报告 5 篇。政协三届一次会议期间，与委员开展面对面协商，审查确立了 39 项提案。

2017年，政协机关及委员通过座谈、调研、电话沟通等形式，共开展提案协商活动120余案次，就相关问题集中开展协商，并通过主席会议、专题会议等形式进行协商督办，促进提案的办理落实，提升民主协商实效。

【民主监督】

2017年，政协红寺堡区委员会制定《民主评议部门工作暂行办法》《社情民意信息工作考核奖惩办法》等制度，使民主监督做到有章可循、有据可依。主动选派政协领导和委员参与区内重点项目建设、脱贫攻坚等重要工作督导督查，对区内相关考试进行民主监督，选派委员参与人民法院“开放日”等活动，拓展民主监督形式和内容。组织委员对棚户区改造、文明城市卫生城市创建、依法治区等工作开展专题视察，形成4篇视察报告，对林业局等4个单位的工作进行民主评议。

【参政议政】

2017年，政协红寺堡区委员会向区委、区政府建言献策，促成区政府设立1700万教育扶贫基金，补齐教育扶贫的短板。通过对“一乡一业，一村一品”精准扶贫模式的调研视察，提出对农户特色种养业实施“311”政策扶持的建议，被区委、区政府采纳。共收集反映城市建设、市政管理、安全生产、基础设施建设、教育医疗、食品安全等社情民意11期。促成《关于加强红寺堡区土地盐渍化治理的建议》和《关于加强红寺堡区防洪体系建设的建议》两项提案被列入自治区政协重点提案。

【建言献策】

2017年，政协红寺堡区委员会为城东1800户棚户区改造任务出智出力，为帮扶乡镇和各帮扶村解决实际问题40余件，涉及帮扶资金140余万元。压缩机关办公经费14万元，用于贫困村基础设施建设和贫困户的产业帮扶。为7名符合救助条件的患者，争取到自治区“兴华爱心基金会”重特大疾病救助资金21.9万元，其中最高单人单笔获得救助资金8万元。协调工商界委员为太阳山镇兴民村、大河乡龙源村特色种养业项目捐助发展资金10余万元。促成养殖大户、农业企业获得贷款1000余万元。

（马彩军）

重要会议

【三届二次全委会议】

中国人民政治协商会议吴忠市红寺堡区第三届委员会第二次会议于12月21日至24日召开。会议应出席委员99人，实到90人。应邀列席会议的共54人。大会开幕式由红寺堡区政协副主席张致强主持。红寺堡区委、人大、政府领导和区人武部、人民法院、人民检察院、弘德慈善产业园区管委会、罗山管理局、水投公司主要负责人到会祝贺。红寺堡区政协主席蔺保飞、副主席买廷东代表三届常委会分别作《常委会工作报告》和《提案工作报告》。12月23日下午，红寺堡区政协三届二次会议举行第二次全体会议。会议共收到大会发言材料22份，6位委员作了大会发言，围绕经济发展、脱贫攻坚、教育、卫生、城市建设等方面发表意见和建议。大会闭幕式由红寺堡区政协主席蔺保飞主持，并致闭幕词。会议通过红寺堡区政协第三届委员会常务委员会工作报告、提案工作报告、区政协2018年协商工作计划和关于三届二次会议提案审查情况的报告，通过会议决议，列席区人大三届二次会议，听取并讨论了政府工作报告和其他报告。会议赞同谭兴玲区长所作的政府工作报告，赞同人民法院工作报告、人民检察院工作报告及其他报告。会议同意蔺保飞同志代表政协吴忠市红寺堡区第三届委员会常务委员会所作的工作报告，同意买廷东同志代表政协吴忠市红寺堡区第三届委员会常务委员会所作的提案工作报告。会议按照《政协章程》的规定，经过民主协商，选举产生政协吴忠市红寺堡区第三届委员会秘书长，并完成其他各项议程。会议认为，2017年，在红寺堡区委的坚强领导下，政协三届常委会牢牢把握团结、民主两大主题，认真履行政治协商、民主监督、参政议政三大职能，在服务大局中主动作为，在履行职能中彰显了特色，在协商议政中凝聚了共识，在协调关系中促进了和谐，在参与工作中释放了能量。打造合力政协、会议对全面推进红寺堡区经济社会建设提出87条意见和建议。大会共收到提案106件，经审查立案45件。

【三届一次常委会议】

2月13日召开，政协主席蔺保飞主持。会议应到常委19人，实到18人。会议传达学习自治区政协十届五次会议精神和吴忠市政协五届一次会议精神；审议通过《政协吴忠市红寺堡区委员会2017年工作要点》《红寺堡区政协2017年度协商工作计划》《政协吴忠市红寺堡区委员会全体会议规则》《政协吴忠市红寺堡区委员会常务委员会规则》《政协吴忠市红寺堡区委员会委员履职工作规则(试行)》。会议听取常委们的意见建议，对2018年政协工作做了深入探讨交流。

【三届二次常委会议】

7月3日召开，应到常委19人，实到19人。会议传达学习自治区第十二次党代会精神；听取区人民政府关于政协提案交办情况的通报、公安分局（禁毒办）禁毒工作情况的通报；研究有关人事事项；审议通过区政协有关工作规则、区政协关于村“两委”班子建设、创建文明城市和脱贫攻坚等3份调研报告。

【三届三次常委会议】

10月29日召开，会议传达学习有关会议和文件精神；听取区人民政府关于我区上半年经济运行情况重点项目建设进展情况的通报、法院工作开展情况的通报、检察院工作开展情况的通报和公安分局禁毒工作开展情况的通报。

【三届四次常委会议】

12月20日召开。会议听取区委统战部关于政协吴忠市红寺堡区第三届委员会增补委员情况的说明；宣布红寺堡区委关于政协吴忠市红寺堡区第三届委员会第二次会议临时党委的决定；审议通过《政协吴忠市红寺堡区第三届委员会第二次会议议程（草案）》《政协吴忠市红寺堡区第三届委员会第二次会议日程（草案）》，审议通过政协吴忠市红寺堡区第三届委员会第二次会议各次大会执行主席、主持人、秘书长、副秘书长、委员分组及召集人建议名单；审议通过政协吴忠市红寺堡区第三届委员会第二次会议提案截止时间。

专门委员会

【提案委员会】

三届一次全委会之后，共征集提案92件，经审查立案39件（其中并案14件）。在立案的提案中，经济建设方面提案27件，占50.9%；教科文卫体方面提案9件，占17%；政法综治、民族宗教等方面提案17件，占32.1%。17个承办部门（单位）均已办复。

【经济与民族宗教委员会】

组织委员开展调研视察等各类活动4（项）次。围绕棚户区改造、城乡环境卫生综合整治、全域旅游工作开展专题调研，形成多篇调研报告，提出多项合理可行的意见建议，得到区委政府批示；组织开展民主评议部门活动，对4个部门进行民主评议；协调配合自治区政协、吴忠市政协开展调研视察活动3次。

【社会法制与教科文卫体委员会】

组织委员开展调研视察等各类活动5（项）次。围绕农村“两委”班子建设情况进行专题调研，形成《关于红寺堡区农村“两委”班子建设情况的调研报告》，提出意见建议6条；对推进依法治区工作进展情况进行专题调研，认真分析存在的问题，并提出建议6条；围绕全域旅游开展协商议政，提出对策建议。协调配合自治区政协、吴忠市政协开展调研视察活动4次。

（马彩军）

2017年9月20日，为喜迎共和国六十八华诞和党的十九大胜利召开，红寺堡区举办了"庆国庆·喜迎党的十九大"职工篮球比赛

社会团体

Social Groups

共青团工作

【思想教育】

2017年，共青团红寺堡区委员会利用"三五学雷锋"、清明节、五四青年节、等重大纪念日、节庆日，开展"志愿服务月""社会主义核心价值观记心中""红领巾心向党""不忘初心跟党走"等相关主题活动。发现和培养各领域中的优秀青少年20余名，利用"微信""微博"等进行宣传，营造学习先进的氛围。加强网上共青团建设，出台《红寺堡区"青年之声"平台运行管理办法》。开展"爱上这座城 青春红寺堡微摄影大赛""红寺堡优秀创业青年事迹微展播""践行社会主义核心价值观微信知识竞赛"等活动100余次，吸引粉丝3.2万人。联合文明办招募网络文明志愿者200名，开展清明网上祭英烈、我与党旗合个影等微信微博话题、跟帖活动，引导青年正确认识、理智应对网上舆论，强化新媒体对青少年的宣传引导作用。

【帮扶工作】

2017年，共青团红寺堡区委员会资助建档立卡贫困户二本以上贫困学生179名，发放助学金35.8万元。争取黄河银行、国酒茅台、芙蓉学子、慈恩基金等4个助学项目，资助二本以上贫困学生101名，发放助学金40.9万元。筹资"希望工程—壹圆基金"31万余元，资助红寺堡区5个乡镇二本以上贫困大学生300人。号召社会各界公益组织、爱心人士结对帮扶贫困学生159名。整合扶贫办资金800万元，募集社会资金160万元，对建档立卡户高中及以上贫困生实施在学阶段长期资助，2017年发放教育扶贫基金364.4万，资助建档立卡户高中及以上贫困学生3655名，其中高中生1388名。实现2017年建档立卡高中、中职、高职、二本以上贫困学生资助全覆盖，资助非建档立卡贫困户二本以上学生350余名。

争取希望小学项目，2016年建成东源等4所希望小学，2017年项目资金150万元全部到位；2017年新申报红兴等4所希望小学。为石炭沟小学等17个贫困小学争取建设“神华爱心书屋”项目，争取图书32344册，折资74万元。全年开展电商培训10期，培训青年500人次，其中利用暑假组织大学生专题电商培训2期，140人次。为8名青年创业者的优秀项目提供2万元的创业奖金。指导上报1位青年初创者参加自治区青年创业创新大赛，获得优秀奖。推荐6名创业青年参加赴福建德化县电商培训交流学习。开展扶贫济困公益活动20次，发放衣服鞋子书包图书等物资共计66万余元。联合上海意康眼镜公司、红寺堡区康明眼镜店开展“青少年视力健康工程”公益活动，2017年资助10名困难学生，为3000名贫困学生免费配发眼镜，总价值达82.7万元。

【青年工作】

2017年，共青团红寺堡区委员会支持建成红寺堡区首家创客空间—昊澎创客空间。吸纳20多名青年申请入驻。开展农村电商培训2期，培训青年300多人，对现有的初创者进行扶持和服务，指导上报2家初创者参加自治区青年创业创新大赛。协调成立红寺堡区第一家青少年服务社会组织，通过项目扶持，建立红寺堡区第一家青少年事务综合服务中心。开展“青年文明号”“青年安全生产示范岗”创建活动，红寺堡区农村信用社东街分社、人民法院立案庭获得自治区级“青年文明号”称号。成立禁毒志愿者宣传队，为红寺堡区各中小学下发“小手拉大手—不让毒品进我家”宣传承诺书，覆盖万名青少年。

【志愿活动】

截至2017年底，红寺堡区共招募注册志愿者1.8万名，累计服务工时36万小时。将每月的最后一个周五定为红寺堡区志愿者服务日，2017年先后组织开展“青春志愿行 温暖回家路”“捐热血、献爱心”“美丽家乡、创卫有我”“健康有约免费义诊”“文明交通你我同行”“消防安全知识进万家”“青春红丝带预防艾滋病”“周五包抓路段”等各类志愿服务活动500多次。联合塞上明珠公益组织在罗山社区开展“七彩假期——青少年社区安全自护小课堂”4场次，联合西部计划志愿者研究生支教团在东方社区开展为期20天的“七彩假期——青少年暑期课程公益辅导班”，联合宁南青少年社会事务公益组织在大河乡开展为期20天的“七彩假期——关爱留守儿童公益辅导班”，联合红寺堡爱心救助协会开展“阳光助残”等关爱活动4次，为困难家庭送去价值1万元的慰问品。认定红寺堡区3星级志愿者1名，2星志愿者6名，1星志愿者64名，推选全国优秀志愿者1名，自治区优秀志愿者1名。

【固本强基】

2017年，共青团红寺堡区委员会召开座谈会5场200多人参加，走访社会组织、企事业单位、乡镇、村（社区）、学校等基层单位青年300余人次，发放调查问卷300份，收集问题和意见、建议40条。制定《共青团吴忠市红寺堡区委改革方案》，召开共青团吴忠市红寺堡区第二次代表大会，选举产生书记1名，副书记1名，挂职副书记1名，兼职副书记2名。按照初、高中阶段团青比30%、60%的比例共发展团员1075名。

（金学兰）

工会工作

【工会建设】

2017年，红寺堡区总工会以葡萄酒企业为建会重点，推动非公企业工会组织网络建设和完善。新建会171家，发展会员10142人。办理"宁夏工会会员服务卡"5136张卡，发放率51%。联合组织部、团委、妇联等部门，打造柳泉乡、天得葡萄酒企业、杨柳村等6个群团工作室；整合资源，在红寺堡图书馆打造完成"职工电子书屋"。完善"红寺堡区工会"服务号。

【民生服务】

对符合建档条件的940名困难职工全覆盖走访慰问，送去慰问金174万元。举办3期助力脱贫攻坚枸杞修剪培训班，为150人发放合格证。为帮扶村落实2万元产业帮扶资金，为建档立卡户落实1.5万元困难帮扶资金。医疗互助参保职工人数3173人，参保率91%，共申请8人次，发放补助金3.66万元。发放维权"大礼包"1500余份，惠及职工（农民工）5000余人。举办"春风行动"专场招聘会，提供就业岗位135个。35家事业单位推行厂（院、校、站、所）务公开制度，推行率96.9%。29家企业开展工资集体协商工作，开展率96.6%，职工知晓率93.3%以上，满意率90.5%以上。开展和谐劳动关系创建的企业12家，获得吴忠市级1家，获得红寺堡区级2家。60家企事业单位推行职代会制度，推行率92.3%。

【亮点工作】

2017年初，红寺堡区总工会向28名三级劳动模范发放"劳模三金"12万元，并召开劳模座谈会；在电视台开辟《劳模风采》专栏。红寺堡区总工会获宁夏职工"劳动者之歌"歌咏大赛优秀组织奖，国税局被命名为全国工会职工书屋示范点，白浪包装公司印刷班组获自治区、吴忠市两级工人先锋号，壹加壹公司获市级"五一劳动奖状"，马桂芹获市级"五一劳动奖章"。打造完成寇启芳、李晓梅劳模创新工作室，培育王峰、王玲、乔文生劳模创新工作站。举办庆五一"中国梦·劳动美·宁夏好·红寺堡情"文艺晚会、羽毛球职工邀请赛、"庆国庆·喜迎党的十九大"职工篮球赛等大型文体活动7场次。举办女职工劳动保护知识、女职工心理疏导、经审和财务培训班4期450余人次；开展"法律八进"活动，在弘德包装材料有限公司等6家企业举办"七五"普法知识讲座。在25家企业开展"查保促"活动，开展率83%。开展以抵制"因教致贫""因婚返贫""随礼返贫"为主题的文明新风进企业、进乡村巡回演讲活动。举办葡萄酒品酒大赛、家庭服务业职工技能竞赛、建筑行业职工技能竞赛及安全事故应急演练活动、"安康杯"知识竞赛活动，2800人次参与。

2017年10月19日，红寺堡区工会第二次代表大会

【工青妇换届大会】

10月中旬，召开红寺堡区工青妇换届大会，选举产生红寺堡区总工会新一届委员会委员、常务委员会委员、领导班子和经费审查委员会委员、主任。协商产生新一届女职工委员会委员、主任。

【廉政建设】

2017 年，红寺堡区总工会履行全面从严治党主体责任，落实《关于新形势下党内政治生活若干准则》和《中国共产党党内监督条例》。巩固深化落实中央八项规定精神，先后两次梳理总工会制度，保留 17 条，修订 2 条，规范权力运行机制，召开 2017 年党风廉政工作会议，联合纪委、妇联召开女领导干部廉政警示教育座谈会。召开工会一届六次、七次全委扩大会和女工委一届五次全委扩大会。完成本级审计和对下审计工作，督促基层工会审同级及三公开完成率达 100%。

（杨晓燕）

妇女工作

【组织建设】

2017 年，红寺堡区妇女联合会召开红寺堡区第一次妇女代表大会，选举产生吴忠市红寺堡区第一届执行委员会委员 21 名，红寺堡区妇联第一届执行委员会第一次全体会议选举产生常务委员会委员 11 名、主席 1 名、副主席 1 名、挂职副主席 1 名、兼职副主席 2 名；辖区 5 个乡镇全部完成区域化建设，召开乡镇妇女第一次代表大会。65 个行政村、5 个城镇社区全部完成“会改联”任务，选举产生乡镇妇联主席 5 名，专职副主席 5 名，兼职副主席 15 名，执委 75 名，产生第一届村（社区）妇联主席 69 名，副主席 138 名，执委 1035 名。

【妇女创业就业】

2017 年，红寺堡区共发放农村妇女创业小额担保贷款 4809 万元，直接扶持 1019 名农村妇女创业，为 1237 名妇女兑现贴息资金 325 万余元。争取香港何崇本“母亲小额循环项目款”180 万元，扶持 174 名留守妇女创业。全年开展 6 期刺绣、手工制品制作、种植技术培训班，培训妇女 700 余名。建成红寺堡镇玉池村弘德福利制衣有限公司、红寺堡镇河水村凯夏鸿布鞋加工厂、柳泉乡红塔村延兴工贸有

2017 年 10 月 20 日，红寺堡区妇女第一次代表大会

限公司3家“巾帼扶贫车间”，助力红寺堡区脱贫攻坚工作。

【家庭文明建设】

2017年，红寺堡区妇女联合会表彰29户红寺堡区“最美家庭”，18户家庭被吴忠市评选为“最美家庭”，杨志莲、李龙两个家庭被评为自治区级“最美家庭”称号。红寺堡区妇联联合教育局在城乡各学校开展“共沐书香 亲子阅读”活动和“爱国爱家文明友善”少年儿童书画比赛，在图书馆以及各村、社区举办国学经典家庭教育讲座和“智慧父母 陪伴成长”等家庭教育公益讲座7场，传递科学家教知识，受益家长1000余人。在红寺堡镇朝阳村等15个脱贫销号村开展“爱润万家 好家教 好家风好家庭”宣讲，受益群众达1000余人。开展“抵制高价彩礼 倡树婚嫁新风”移风易俗宣讲活动，引导各族妇女群众摒弃社会陋习，引领良好民风建设。深化“康乃馨”关爱单亲母亲家庭行动，免费为单亲母亲购买“爱妮保”保险。

【权益维护】

2017年，红寺堡区妇女联合会开展“七五”普法宣传等主题宣传活动和妇女维权知识专题培训班20余场次，累计摆放宣传展板20余块，发放各类宣传资料1万余份。为涉及妇女儿童权益的舆情热点案件提供维权服务，全年共接待上访群众15人次，调处率99%以上。建立完善红寺堡区妇儿工委办工作机制，推进《吴忠市红寺堡区妇女发展规划（2011—2020）》和《吴忠市红寺堡区儿童发展规划（2011—2020）》各项工作顺利开展。

【精神文明】

2017年，红寺堡区妇女联合会召开纪念“三八”国际劳动妇女节107周年表彰大会，表彰8个优秀基层妇女组织、10名三八红旗手、10名优秀妇女工作者、5名妇女儿童维权先进个人，命名红寺堡区“巾帼文明岗”5个、红寺堡区“优秀妇女之家”5个。红寺堡区柳泉乡妇联等7个先进集体和董永红等14个先进个人受到全国、自治区、吴忠市妇联的表彰，其中红寺堡区司法局被评为全国维护妇女儿童权益先进集体。举办“邮储杯”庆三八广场舞大赛，全区机关企事业单位、乡镇、城镇社区、农村21个代表队520余人参加比赛。利用报纸、电视、杂志、网络宣传妇联工作，利用“网上妇女之家”“红寺堡区妇联”微信公众号和红寺堡区头条官方网站等网络平台，宣传红寺堡区妇女工作的动态和妇女群众关心的政策法规，全年共撰写各类新闻稿件和工作动态78篇，被宁夏妇女网采用12篇。在红寺堡区妇联微信公众号上共编发各类宣传信息203条，在今日头条共编发各类信息81条，总阅读量达14494人次。

（王桂红）

残疾人工作

【基本情况】

截至2017年底，红寺堡共有残疾人1.68万，占定居人口的8.42%。持证残疾人6668人，其中一级634人，二级2751人，三级1664人，四级1619人，视力残疾815人、听力残疾616人、言语残疾158人、肢体残疾4078人、智力残疾443人，精神残疾252人，多重残疾306人。

【康复工作】

2017年，建设红寺堡区残疾人康复中心，项目总投资1650万元，其中中央投资904万元。依托社区卫生室建成5个规范示范化康复站，同时为其配备5套康复器材，通过自治区验收。组织9名残疾人进行骨关节免费手术项目条件的初步筛查，为175名精神病患者提供服药或住院救助，为残疾人免费发放轮椅390辆，坐便椅、单拐、双拐、助听器等其他器具270件左右，为8名残疾人免费安装假肢和矫形器，为100名肢体残疾人实施康复训练，为24名盲人开展定向行走训练。邀请自治区、吴忠市康复专家对全区80余名社区康复员、村医进行精准康复培训。为40名残疾人进行低视力验配，配发低视力产品60件。

【扶贫助残】

2017年，红寺堡区残联开展残疾儿童就学情况调查，登记所有在校残疾学生。扶持学前儿童6名，扶持资金每人1000元，扶持7名2017年考入大学、4名考入大专、2名考入中专的残疾学生每年分别给予4000元、3000元、2000元不等的助学资金。举办残疾人刺绣培训班两期120人次、淘宝“云客服”培训班一期40人次、农村实用技术培训班两期180人次、残疾人家政服务和汽车美容培训班一期70人次。投入资金20.5万元，重点扶持秀兰刺绣传承有限公司、信友山鸡养殖合作社，秀兰刺绣传承有限公司5年共培训残疾妇女385人，带动一批残疾妇女创业致富。打造福康盲人保健按摩所和保康盲人按摩店两个一星级规范化盲人按摩机构。2017年，共收缴残疾人保障金206万元。

【扶贫帮困】

2017年，红寺堡区残联为30名创业就业残疾人发放补助资金6万元，为400名符合政策条件的肢体残疾人发放机动车燃油补贴10.4万元，为181户残疾人发放康复扶贫贴息贷款30.66万元，全年共发放残疾人困难生活补贴381.36万元，重度残疾人护理补贴307.152万元。利用元旦、春节开展慰问帮扶活动，共向全区特困和困难残疾人发放慰问金38.75万元。开展“第二十七次”全国助残日系列活动。动用资金22986元为30户残疾人家庭配发康复体育器材。

【信访维权】

2017年，红寺堡区残联聘请2名法律专业人员到残疾人法律援助站进行业务指导，为有需求的残疾群众提供法律咨询服务。为470名残疾人进行等级鉴定，办理残疾人证，为42名残疾人换发残疾人证。为50户贫困残疾人家庭实施家庭无障碍改造，每户资金4000元。

【组织建设】

2017年，红寺堡区残联聘用乡（镇、街道）残疾人专职委员5人，村（社区）联络员74人，达到区、乡（镇、街道）、村（社区）三级基层组织网络全覆盖，形成网络健全的工作管理体系。

【残疾人精准脱贫】

2017年，红寺堡区残联鼓励支持残疾人徐海侠自筹资金130万元创办红寺堡区残疾人就业创业基地暨“爱心同行洗车美容中心”和“海侠家政服务公司”，为50名残疾人提供就业岗位。在大河乡大河村组织残疾人种植中药材“菟丝子”333亩，收入达80万元，使参与种植的40户残疾人户均收入达2万元。

（陈莉）

中圈塘葡萄示范基地

社会管理

Social Management

劳动人事

【劳动监察】

截至2017年底，劳动监察执法局受理投诉欠薪案件26起，结案25起，移交公安机关1起，结案率100%，涉及623人446.86万元。2017年，红寺堡区在建项目41个，共收缴农民工工资保证金2660.76万元，收缴率100%，其中政府类投资项目31个收缴2014.94万元，非政府类投资项目10个收缴645.82万元。全年开展日常巡查检查各类用人单位220家，涉及5627人，合同签订人数5005人，合同签订率90%。

【劳务产业】

2017年，红寺堡区就业创业和人才服务局结合精准扶贫，组织工作人员入户摸底调查，建立红寺堡区富余劳动力信息库。与青海省、中宁县等周边地区开展劳务合作，由劳务经纪人组织输出枸杞采摘人员1万人以上。全年实现农村劳动力转移就业人数41809人，实现劳务收入48433.6万元。

【就业和再就业】

2017年，红寺堡区落实援企稳岗补贴111020.6元，灵活就业人员社保补贴5.96万元，职业培训补贴91.4万元，创业担保贷款贴息246.4万元。开展“春风行动”“民营企业招聘周”等各类就业服务专项宣传活动。协助吴忠兴民纺织科技有限公司、宁夏汇川爱德服装有限公司等企业开展员工招聘，实现100多人就业，提供政策咨询2000余人次，免费发放岗位信息和政策宣传材料1万余份。

【全民创业】

2017年，红寺堡区开展创业能力培训270人（次），培育小企业33家、小老板66个，全民创业带动就业2285人。创建红寺堡就业创业信息微信平台，第一时间推送就业创业政策、工作动态、招聘信息、培训通知、就业创业典型事迹等内容，提高群众掌握就业创业信息的便捷性和实效性，关注人数近万人。

（安洋　余银）

社会保障

【诚信医师管理】

2017年，红寺堡区卫计局根据床位数、医师数、医院级别及近三年的住院总费用统筹支付报销比例，对统筹区内8家医疗机构住院费用进行包干付费，包干13910人次，包干总额2524.3万元。提高乡、村两级的门诊包干次均费用及人次，并按照门诊包干预付制度给予支付，确保包干费用。2017年，城乡居民参保16.3万人，包干41万人次，包干总额829万元。于2017年10月起在红寺堡区二级医疗机构全面开展单病种付费，并建立单病种付费制度（暂试行），共结算5例。完成辖区内协议医疗机构医师信息采集、录入工作，将医保监控稽核结果与医师诚信测评挂钩管理，通过医保监控系统对医保服务医师诊疗行为进行监督检查和诚信管理，确保参保人员的合法权益。

【异地就医备案】

2017年，红寺堡区接入跨省异地就医直接结算平台，实现跨省异地就医直接结算。截至年底，完成跨省异地就医备案85人，有5人分别于广东、北京、西安等地实现直接结算。

【健康体检】

2017年，红寺堡区按照《红寺堡区城乡居民普惠性健康体检工作实施方案》，下发《关于做好红寺堡区2017年度城乡居民普惠性健康体检工作的通知》，确定红寺堡区人民医院、友谊医院、太阳山镇、柳泉乡、大河乡、新庄集乡、鲁家窑等乡镇卫生院为体检机构。截至年底，体检4464人。

【掌上12333APP】

2017年，红寺堡区打造最多跑一次和不见面审批社会保险服务品牌，召开社会保险网上申报业务培训和掌上12333应用推广会议，完成辖区内参保企业单位的培训工作，编制印刷宣传材料3000余份。引导辖区内所有单位使用网上申报系统和掌上12333APP，已开通网上申报的50家企业单位全部通过网上人社系统进行申报核定。

【一卡通】

2017年，红寺堡区启动以“一卡多用”为目标的社会保障卡综合运用工作，累计制卡18.1万张，激活卡14.6万张，激活率81%，实现辖区“三支一扶”工资、“公益性岗位”工资、各险种所有待遇通过社会保障卡支付。农村低保涉农资金等通过社保卡发放率70%以上。

【稽核管理】

2017年，红寺堡区依托自治区医保监控系统，采取实地稽核为主、日常稽核与专项稽核为辅的方式，对医疗保险外伤、大病219人进行稽核，报销费用623.4万元，不予报销43

人，不予报销金额37.5万元。2017年稽核协议医疗机构及药店19家，54次，拒付违约变更法人的1家药店违约期间的违规刷卡费用2.9万元，收回14家医疗机构违规资金81.07万元。签订17家协议医疗机构，26家协议零售药店。

【保险认证】

截至2017年底，红寺堡区有7名被征地农民办理参保手续，其中当年办理参保5人，全部参加企业职工养老保险。累计筹集资金42.6万元（个人缴费16.2万元，财政补贴24.3万元），筹集率100%。1人达到领取待遇年龄，按月领取养老金917元。制作红寺堡区离退休人员领取待遇资格认证书，城镇职工养老保险应认证560人，实际认证558人，认证率99.9%；机关事业单位应认证197人，实际认证196人，认证率99.9%；城乡居民领取待遇人员应认证14606人，实际认证13684人，认证率93.7%。将基础养老金由155元提高到170元，为15062名领取待遇人员调整并补发（从2016年1月补发）养老金共112.9万元。

【保险基金清算】

2017年，红寺堡区对辖区58家机关事业单位进行养老保险基金清算，清算社保应核定基金7314.48万元，社保应给财政退费1328.08万元，并将核定数据全部反馈至国税部门。

【社会保险】

2017年，红寺堡区城镇职工养老、机关事业养老、医疗、失业、工伤、生育保险参保人数分别达大3590人、3510人、5932人、4841人、6018人和5538人，完成目标任务的103%、102.3%、111.5%、107%、134.7%和124%。城乡居民养老、医疗保险参保人数分别达到59133人和163624人，完成目标任务的102.6%和114.6%。建档立卡户城乡居民基本养老、医疗保险参保数达到37600人和64583人，参保率92.4%、100%。落实新生儿落地参保政策，参保新生儿1030人。

【便民服务】

2017年，红寺堡区完善服务规范，全面

城市公交开通运营

落实首问负责制、全程代理制、一次性告知制、限时办结制、责任追究制等制度。完善纪律要求，定期梳理分析各窗口在不同发展阶段的管理风险点，并针对新出现的管理风险点进一步细化工作流程、细化责任要求，细化和完善纪律规定。完善服务用语即做到服务语言规范，表达清晰准确，语气亲切温和，倡导文明礼仪之风。加强规范化建设，优化前后台服务流程、管理流程、业务控制流程，实现前后台业务有机衔接。加强专业化建设，组织干部外出培训 60 余人次，组织安排医疗保险业务经办人员培训一期 150 余人参加，安排医疗保险协议医疗药店培训一期 35 人参加，安排乡镇民生服务中心经办人员培训一期 36 人参加，安排机关事业单位养老保险基金清算培训一期 70 余人参加，安排业务骨干 4 人多次深入乡镇指导业务，安排社会保险网上申报业务和掌上 12333 手机 APP 应用培训 70 余人次。编印各类保险政策宣传册、政策问答等共 7 万余份，结合工作实际，在乡镇民生服务中心、街道社区、定点医疗机构等场所投入 2 万余元，配置社会保险政策宣传展板 20 余块，悬挂宣传标语 20 余条，张贴宣传画，及时公开与群众切身利益息息相关的业务经办流程和政策依据等内容。

【住房补贴】

2017 年，红寺堡区制定《吴忠市红寺堡区行政事业单位工作人员住房补贴实施方案》，2017 年，红寺堡区享受住房补贴人员共 3290 人（其中在职人员 3103 人，退休人员 187 人），补贴金额共 13797189 元，全部审核发放到位。

（余银）

人事人才

【考核定级】

完成 2017 年度全区机关事业单位人员考核工作，2017 年度全区应参加机关事业单位年度考核人数 3541 名，实参加考核人数 3534 名。考核优秀等次 540 名，占考核人数的 15.3%。其中：林业局、发展和改革局、农牧和科学技术局、公安局、政府办、统战部、扶贫办优秀比例为 12%，法院、纪委优秀比例为 18%，柳泉乡、红寺堡镇、太阳山镇、大河乡、政务服务中心优秀比例为 20%，新庄集乡优秀比例为 15%。考核基本称职（基本合格）等次 2 名，考核不称职（合格）等次 7 名，考核不定等次 263 名，其中 256 人为新录用（聘）工作人员，处于试用期，其他 7 人为受处分人员。参加考核的单位主要负责人 43 名，实参加考核人数 43 名。副处级以上领导干部应参加考核人数 31 名，实参加考核人数 31 名，考核优秀等次 9 名（其中 5 名挂职领导建议推荐为优秀等次）。完成 2018 年度 5 个公务员招录和 137 个事业单位招录工作。

【公务员培训】

2017 年，红寺堡区组织 282 名科级以下公务员参加由自治区党校主办的宁夏干部网络学习，配合自治区公务员局派出 25 人参加公务员出省培训，派出 14 名公务员参加自治区公务员培训。

【职称审核】

2017 年，红寺堡区完成卫生、教育、农业、林业、工程、档案等系列的中高级职称审核推荐工作，审核推荐上报高级 61 人，其中教育系列通过49人（22人为乡镇工龄满25年不占职数人员），推荐上报中级127人，其中教育系列116人（1人为乡镇工龄满15年不占职数人员）；初级职称评审通过180人，其中教育系列通过128人。

【工资改革】

2017年，红寺堡区完成县以下机关公务员职务与职级并行及工资改革等工作。2017年，职务与职级并行晋升工资待遇共45人，其中：乡科级正职晋升副调研员10人，乡科级副职晋升主任科员5人，科员晋升副主任科员30人。

【晋升工资】

2017年，红寺堡区完成2017年乡镇工作人员补贴发放910人，所需金额共计3898680元；完成机关、事业单位工作人员考核晋升工资2838人，晋升金额164971元，其中机关436人，晋升资金33663元；事业人员2402人，晋升资金131308元；完成36个事业单位2016年奖励性绩效工资2550人，资金21069352元。

【项目申报】

组织完成百名专家基层服务行申报工作，共申报申请水利工程、葡萄种植、设施蔬菜种植、黄花菜种植等专业专家11人，申报乡土专家17人。申报人才工作项目2个（电子商务人才培养项目和特色职业技能人才培养项目）。

（余银）

民政工作

【低保供养】

截至2017年9月，红寺堡区城市低保保障对象共有815户1767人，累计发放城市低保保障金715.702万元，农村低保保障对象14574户23256人，累计发放农村低保保障金4986.673万元，建档立卡户和低保户重叠率56.2%；80岁以上低收入老年人1093人（农村1043人，城市50人），累计发放高龄基本生活津贴328.302万元。

【医疗救助】

2017年，红寺堡区开展医疗救助工作，健全工作机制，完善政策措施，加强统筹衔接，

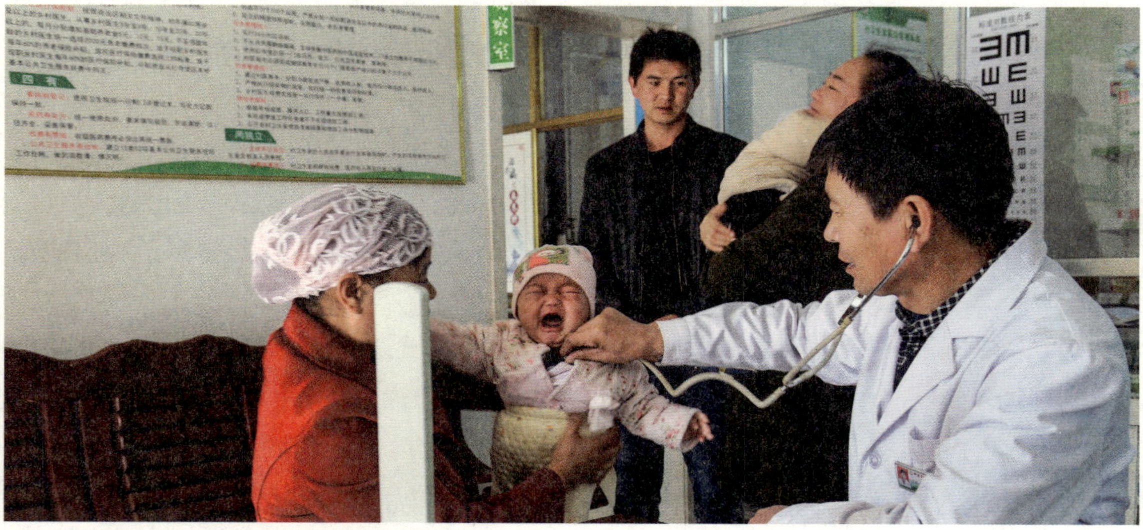

社区医务人员为儿童免费做检查

提高医疗救助管理服务水平，发挥医疗救助托底作用，为城乡重特大疾病贫困患者减轻医疗负担。截至9月份，共救助3546人次，累计支出救助资金630.87万元。

【优抚安置】

2017年，红寺堡区为重点优抚对象发放优抚金共计426872.5元。为60岁农村籍退役士兵发放上半年优抚金共计112700元，为2015—2016年现役军人按照相关标准发放优待金。完成2016年退役士兵档案的接收、地方一次性自谋职业补助金的核算发放工作。组织红寺堡区退役士兵参加专场招聘会，并按照每人200元的标准发放补助金。春节期间，慰问重点优抚对象和武警官兵，共计发放慰问金12万元；八一建军节期间，慰问吴忠市消防、武警、军区以及红寺堡区消防、武警、人武部；慰问重点优抚对象及现役军人家属，发放“八一”慰问金共计15.7万元；慰问红寺堡区12名困难重点优抚对象，每人发放慰问金500元；退伍老兵发放价值3400元的纪念品。9月下旬，人武部、民政局及乡镇武装部相关负责人分三组赴新疆、青海等地回访红寺堡区的新兵，对回访过程中了解到的困难新兵家庭按照每户3000元的标准进行救助。

【基层政权】

截至2017年底，红寺堡区59个村完成换届选举，共选出村委会主任59人、副主任及委员182人，其中59个村通过巷道布局，按照5—15户推选一名代表并结合村民代表会议容易召开的原则，共推选出村民代表2333人，59个村推选产生村务监督委员会，本届换届选举共登记选民104513人，参加投票选民86759人，参选率83.01%。以换届选举为契机，对新换届的村委会成员、村民代表、村监会成员进行培训，在提高村干部履职能力的同时，在全区全面推广村级事务“五步工作法”（即：提出议案→民主议定→公布告知→组织实施→监督管理”），并进一步规范“五联表”的填写。6月，在全区开展村务公开监督小组、村民民主理财小组等相关组织（机构）专项清理工作，把相关监督职能全部纳入村监会工作职责，农村各项公开制度得到完善，村务公开目录细化，村务公开内容、形式、程序、时间等规范化，实现事前、事中、事后全程监督。

【社区建设】

2017年，红寺堡区制定下发《关于将网格信息报送情况和平时督查成绩纳入星级和谐社区创建工作考评的通知》，要求网格员（即在社区按照大小适中、方便管理、界限明晰等原则划分的网格中，从事社会管理和公共服务工作的专职人员）每天必须入网格巡查和入户走访，实行网格信息周报制度，并于年初在全区开展社区减负增效“回头看”活动，清理社区服务事项，规范精简各类创建活动，确保社区更大程度的服务于社区居民。联合组织部、街道办开展年终考核，根据考核情况对社区进行评星定级，与星级服务型党组织实行“统一考评、分别定级”。督查5个城市社区星级和谐社区创建工作，其中东方社区被评定为五星级和谐社区，罗山社区和鹏胜社区被评定为四星级和谐社区，振兴社区被评定为三星级和谐社区，创业社区被评定为二星级和谐社区。

【区划地名】

2017年，红寺堡区民政局用时3个月对2016年未完成的或有遗漏的相关地名普查内容进行完善，其中包括：地名普查目录的编制、

2017 年 2 月 13 日，中国地名学会监理工作组检查督导红寺堡区第二次全国地名普查工作座谈会

外业地名调查和测量、地名信息的外业采集、门牌信息的收集与整理、1∶5 万图形（矢量及影像）数据库、地名标志数据库和地名地址数据库的建库等工作；按照国家标准，结合红寺堡区地名标志设置的情况和实际需要，规范建设地名标志服务体系，设置缺失的地名标志，更换损毁的或非标准的地名标志，并逐个填写地名标志登记表，采集地名标志多媒体信息；与民政厅对接，争取到地名标志路牌设定的试点项目；完成路牌制作的项目预算及招投标，完成道路街巷、临街商铺及户牌信息的收集整理工作。

【社会福利】

截至 2017 年底，红寺堡区核定孤儿 214 人（其中事实无人抚养 188 人，父母双亡 26 人），共发放孤儿补助资金 976200 元；全区共有留守儿童 239 人、留守老人 806 人、留守妇女 439 人，为行政村配备“三留守”关爱督导员，于 6 月，对关爱督导员进行岗前培训，签订《红寺堡区“三留守”关爱督导员工作责任书》，颁发《红寺堡区“三留守”关爱督导员聘书》，并按照自治区《关于做好配备农村“三留守”关爱督导员工作的通知》要求，为“三留守”督导员按照每人每年 3600 元的标准发放误工补贴；红寺堡区共有五保供养对象 269 人，其中集中供养 63 人、分散供养 206 人，截至第三季度共发放五保供养资金 92.85 万元；6—7 月份，民政局开展特困老人普查，在入户核查及走访困难群众家庭中，从低保中剥离出“三无”人员共计 41 名，全部纳入特困供养救助范围，对符合条件的困难老人劝其入住敬老院进行集中供养。制定《红寺堡区养老服务质量建设专项行动实施方案》，提升红寺堡区中心敬老院及新庄集乡菊花台残疾人日间照料中心的服务质量，依托全国养老院业务管理系统对红寺堡区养老院信息进行重新调研摸底。

【社会事务】

2017 年，红寺堡区民政局共办理结婚登记 2392 对（其中新办理结婚登记 1270 对、补办1122对），办理离婚登记254对；救助流浪乞讨人员19人，发放救助金共计890元。

【项目建设】

2017年，红寺堡区建设城乡社区服务站5个，红寺堡镇上源村、大河乡平岭子村、太阳山镇白塔水村、新庄集乡中川村、西源村，截至年底，太阳山镇白塔水村、新庄集乡中川村、西源村、红寺堡镇上源村竣工并完成验收，大河乡平岭子村完成主体建设。2017年，自治区分配红寺堡福利彩票公益金贫困人口社会工作服务项目2个，资金共计40万元。

（付方玉　杨恒升）

扶贫开发

【建档立卡】

2017年，红寺堡区按照“户申请、村民小组提名、村民代表评议和票决、乡镇审核”及“两公示一比对一公告”（村级公示，乡镇公示，建档立卡信息数据比对，区级公告）的工作流程，完成建档立卡工作，档案资料完善且均已装订成册。结合建档立卡动态调整工作，核实、筛选建档立卡贫困人口，2017年，实现贫困村脱贫出列15个，减少贫困人口2965户12861人，分别占贫困户和贫困人口的18.4%和20.4%。贫困发生率10.7%。

【完善基础设施】

2017年，红寺堡区整合项目资金6.5亿元，完成土地整治1.3万亩、道路硬化338公里、田间生产路151公里、渠系配套158公里、薄弱学校改造8.9万平米，安装太阳能路灯3998盏，新建、改扩建村级文化服务中心64个，完成杨柳、中圈塘村人饮改造工程。对2014年以来销号的15个贫困村，安排资金3450万元，实施道路硬化、渠系维修、太阳能路灯安装、到户补助等项目13个。完成危房改造1840户。

【培育脱贫富民产业】

出台《红寺堡区2017年特色种植业及肉牛产业扶持政策措施》，筹措资金1000余万元，对农户发展产业分3年按照“311”标准进行扶持。按照1个主导产业培育2—3个龙头企业，采取“市场牵龙头、龙头带基地、基地连农户”的方式，规划建设中烟扶贫肉牛养殖园区，建成太阳山黄花菜、白墩高效节水种植示范区等产业扶贫基地。依托汇达、天得等企业发展酿酒葡萄，新增8100亩。依托百瑞源等企业发展枸杞产业，新增7000亩。依托壹加壹、富阳等企业发展草畜产业，新增牧草3.3万亩，牛、羊饲养量分别达到8.3万头、83.5万只。打造兴民黄花菜、康庄苹果等特色产业示范基地25个，带动1.2万贫困户发展产业。按照每个棚1000元的补助标准，鼓励马渠移民安置区移民进行圈棚改造，发展养殖业。推进“金融+龙头+合作社+农户”“合作社+协会+农户”“支部+党员+农户”等扶贫模式，培育形成弘德枸杞育苗、兴民黄花菜、龙泉甜瓜、杨柳葡萄、红阳肉牛养殖等特色产业村。

【强化政策扶持】

2017年，红寺堡区对照“两不愁、三保障”脱贫标准，建立“补、贷、保、兜”四位一体到户扶持机制。“补”即安排资金3440万元，扶持6664户贫困户发展产业；“贷”即筹资5000万元，建立小额贷款风险补偿金，对所有贫困户进行评级授信，累计发放扶贫小额贷款10.4亿元，其中建档立卡户12535户5.3亿元，贷款覆盖率达到76.6%。建立4000万元产业担保基金，审核龙头企业、合作社、种养殖大户及建档立卡户1943家贷款1.89亿元，1606

家1.25亿元贷款发放到位。互助资金规模达到7183.2万元，发放借款7771户6151.5万元，其中建档立卡户3148户。安排资金1500万元对建档立卡户扶贫小额贷款进行贴息；“保”即安排资金1111.4万元为红寺堡区所有贫困户购买人身意外险、大病补充险、产业险和贷款人意外伤害险，有效防止贫困户因灾、因病返贫。每年筹资1000万元注入教育扶贫基金，对全区所有建档立卡户家庭高中、中职、高职、本科学生按照每人每年1000—7000元不等的标准进行资助，截至2017年底，资助学生12479人（次），资助金额2069.76万元。5月份，吴忠市教育精准扶贫现场观摩会在红寺堡区召开。9月份，红寺堡区的经验做法在自治区教育精准扶贫推进会上进行了交流。深化健康医疗扶贫，建成“33211”健康扶贫保障体系，对建档立卡户实施医疗救助2.59万人（次），补助615.02万元。按照1000元/人的标准，对20620人进行免费体检并建立电子档案。“兜”即将低保户、五保户等丧失劳动能力的1399户4276人贫困人口全部纳入政策兜底范围。针对“十二五”生态移民安置区及菊花台等村残疾、智障、单身等特殊贫困人口集中，老年人比重较高等实际情况，在菊花台日间照料中心进行集中供养、政府兜底。

（哈小军）

审计工作

【财务审计】

2017年，红寺堡区审计局共完成审计33项，涉及32个部门单位。其中：预算执行审计1项，财务收支审计8项，统筹安排领导干部经济责任审计16项，专项审计6项，领导临时交办2项，政府投资项目审计456个（送审金额195825.23万元，审减金额12351.22万元）。管理不规范资金18834.70万元，移送处理问题16个，提出审计建议22条。

【审计监督】

2017年，红寺堡区审计局配合自治区审计厅、吴忠市审计局完成对重大政策措施执行情况的审计监督，确保政令畅通。重点加强对扶贫、民政、教育等民生资金及项目的审计监督，深化领导干部经济责任审计，加大对重点部门、关键岗位的领导干部经济责任、公共资金及环境资源资产的审计力度。

【审计整改】

2017年，红寺堡区审计局会同财政、监察等部门对2014年至2016年各级审计机关在审计中查出问题的整改落实情况进行专项督查，并向区人大常委会主任会议进行专题汇报。根据会议要求，通过制定整改措施，落实责任到人，强化问责力度等，强化审计结果。

（牛虎山）

民族宗教

【宗教事务】

2017年，红寺堡区在宗教活动场所创新开展“四讲”活动。“解经—讲卧尔兹”。结合伊斯兰经训教义用“解经”的方式向穆斯林群众宣讲：宗教法治化能够保障宗教活动有序和健康，宗教本土化有利于伊斯兰教的生存和发展，中正和平包容思想符合伊斯兰教理念，伊斯兰教的清真食品很有针对性，不能泛化和滥用等，引导信教群众正确理解和把握当前宗教政策。“正本—讲历史”。搜集和整理回族来源及形成史料，教育引导广大穆斯林群众正确认识和学习回族历史，有效抵制当前“沙化”“阿化”苗头性、倾向性问题。“清源—讲故事”。摘抄一些回族著名历史人物典型事迹，学习他们“热爱祖国、维护统一、主张和平、反对强暴”的崇高品质，成为爱国主义教育、民族团结教育的典型示范。“易俗—讲文明”。崇尚礼仪，崇尚节俭是中华民族的优良传统，也是伊斯兰教倡导的生活方式，参与辖区宗教界“助推移风易俗，树立文明乡风”的倡议活动。将伊斯兰教关于婚丧嫁娶的教律经训制成宣传栏，向信教群众宣传宣讲，配合乡村组织引导群众做易风俗讲文明的倡导者和行动者。

【矛盾排查】

2017年，红寺堡区制定和完善矛盾纠纷排查调处等一整套规章制度，以乡镇为单位每季度召开一次“三定学习”会议，每半年组织开展一次矛盾隐患排查化解工作，坚持抓早、抓小。完善县、乡、村、所四级宗教工作网络，严格落实乡村两级宗教工作制，建立健全分级负责、属地管理和责任追究制度。

【朝觐工作】

2017年，红寺堡区共有152名朝觐人员，区委、政府成立朝觐工作协调领导小组，专门研究部署朝觐工作。按照自治区民委下达红寺堡区的朝觐人员名额，严格执行网上报名排序，公示、政审、体检、培训，环环相扣，为朝觐人员提供服务，无一起群众上访反映朝觐问题。

（买兰花）

青云湖公园法治宣传栏

法治

Rule of Law

社会治安综合治理

【智慧红寺堡建设】

2017年，红寺堡区规划建设“智慧红寺堡”公共社会安全综合管控体系，规划投资1.85亿元，利用五年时间，按照“集成、智能、经济、实用”原则，建成标准统一、运行规范的乡、村、网格、家庭多级联网的综治体系，建设覆盖全红寺堡区的智能化立体化全方位视频监控网络。“智慧红寺堡”一期投入建设资金1743万元，新建及改造600路治安监控图像，搭建完成视频资源共享平台、视频存储云改制、图像结构化、人脸数据库、WIFI特征采集数据库。整合基层综治力量，推进区、乡、村三级综治中心建设，探索推行“综治中心+N”运行模式，建设1个区级综治中心、5个乡镇综治中心。

【治安防范】

2017年，红寺堡区加大对各类违法犯罪的打击力度，开展命案防控、打击“两抢一盗”“黄赌毒”“缉枪治爆”“电信诈骗”禁毒“大收戒”“道路交通安全整治”等活动。建立完善村（居）警务工作、重点人群管理、矛盾问题排查、法制宣传引导、信息情报收集、110联动处突和以巡防为主的群防群治七大工作机制。成立反恐实战应急分队，开展24小时巡逻防控工作。全年无命案发生、无群体性事件、无重大事故发生。

【矛盾化解】

2017年，红寺堡区选聘专职人民调解员45人、兼职人民调解员322人。建立人民调解组织300个，其中乡村269个、社区5个、企事业单位6个、行业性和专业性20个。累计排查各类矛盾问题1100件，化解1084件，化解率达 98.5% 以上。接待信访群众 263 批 1120 人次，其中初访 165 批 727 人次，办结 162 件，初访办结率达到 98.2%。

【平安建设】

2017 年，红寺堡区社会治安综合治理理念不断转变，社会治安形势持续好转，各类矛盾纠纷平稳下降，群众安全感稳步上升，群体性事件、个人极端案事件、群死群伤安全生产事故、可防性命案连续两年“零发生”，2017 年红寺堡区被自治区综治委评为平安县（市、区）。

（杨成）

公安

【社会维稳】

2017 年，红寺堡区公安局排查化解矛盾纠纷 932 起，其中可能引起群体性事件的纠纷 6 起，预防“民转刑”案件 20 起。录入五类重点人口、七类重点人员信息系统 589 名，签订肇事肇祸精神病人管控责任书 146 份，强制送医治疗 6 人。全年交通事故死亡数、受伤数、经济损失数同比分别下降 38%、2%、3%，未发生一次性死亡 3 人以上较大交通安全事故。

【毒品整治】

2017 年，红寺堡区公安局破获“11・30”特大贩卖毒品案，抓获犯罪嫌疑人 3 名，缴获毒品海洛因 10 公斤，破获“12・10”特大贩卖毒品案，抓获犯罪嫌疑人 9 名，缴获毒品海洛因 7.5 公斤，联合兴庆区公安分局破获“4・11”特大贩卖毒品案，缴获毒品海洛因 3 公斤。全年缴获大麻 31.85 公斤、毒品海洛因 21.25 公斤。

【案件侦破】

2017 年，红寺堡区公安局侦破盗窃电动车、砸车玻璃盗窃财物等系列案件，打掉涉恶团伙 1 起，实现网上现行逃犯清零。全年接警 5437 起，立治安案件 901 起，查结率 84.12%；查处交通违法行为 18618 起，同比上升 16.47%；立刑事案件 592 起，同比下降 10%，破案 414 起，同比上升 16.95%。全年依法打击处理 177 人，打掉侵财犯罪团伙 6 个，可防性案件发案 497 起，同比下降 11.88%，破获侵财类案件 315 起，同比上升 43.18%，实现刑事案件立案数、可防性案件发案数和刑事案件破案数、侵财类案件破案数的“两降两升”。

【治安管理】

2017 年，红寺堡区公安局完成智慧红寺堡一期建设，接入 520 路视频监控和 60 路人脸抓拍，升级改造 88 路视频监控，安装 138 处城市联网一键报警系统，为 300 余辆电动车安装防盗标签。完成交巡警改革，依托交巡警开展 24 小时常态化巡逻，成立 15 支 154 人的红袖标巡逻队。督促物流寄递业落实三个 100% 制度，联合查封无证经营寄递企业 1 家，处罚快递公司 1 家，推行旅馆业、网吧星级评定，完成 7 个规范化居民小区技防建设工作。

【警务】

2017 年，红寺堡区公安局落实信息采集工作，合理划分警务区 15 个，社区民警人数达到派出所总警力的 41%。全年创建刑事案件零发案社区 1 个、零发案行政村 12 个，建立警务助理工作站 65 个，重新选聘 21 名警务助理。建成并投入使用公安检查站和青云湖禁毒文化长廊，建立禁毒宣传教育基地 1 处。争取 96 个事业编制警务名额，2017 年招录 50 名。制定涉警舆情处置工作规范，组建情报信息员和网评员队伍，开展网络舆情引导 9 次，开展警务技能培训6次，完成警务实战考核工作。

【执法服务】

2017年，建成红寺堡公安分局案管中心，改造3处智能化办案区，出台《红寺堡区公安分局服务经济社会发展20项措施》，查处阻工案件7起。严打非法开垦草原、破坏生态环境违法犯罪行为，立案16起，收取草原恢复植被费68万余元。筹资20万余元修缮新台村村委会，协调解决新台村3.5公里村道硬化，为新台小学捐助8000余元爱心校服和学习用具。推动政府投入1600余万元在城区及弘德工业园区等事故多发路口安装红绿灯、电子警察、违停抓拍设施，投入120余万元治理辖区事故多发点12处。

（张亚玮）

【消防工作】

2017年，红寺堡区消防大队共接警238次，出动消防车503辆次，出动消防官兵3348人次，抢救被困人员23人，疏散被困人员1116人，抢救和保护财产价值344.8000万元，未发生造成人员伤亡和较大影响的火灾事故。

【防控工作】

2017年，红寺堡区消防大队先后部署开展重大节日和重要活动消防安保、重大火灾隐患、人员密集、夏季消防安全大检查、高层建筑消防安全综合治理、电动车消防安全专项治理等专项整治行动。定期联合相关部门深人人员密集、易燃易爆、高层地下建筑、公共娱乐场所等重点场所开展消防安全大排查大整治行动，共检查社会单位2021家，发现火灾隐患2086处，督促整改火灾隐患2070处，下发责令改正通知书1017份，下发行政处罚决定书80份，下发临时查封决定书11份。对重点单位进行区域联防管理(即各重点单位按照地域远近分为若干个小组,各小组之间开展互查、自查)，推进消防安全网格化和户籍化管理工作，辖区“三乡两镇”全部实行网格化管理并纳人政府社会综治网格化平台，26家消防安全重点单位实行户籍化管理。

【消防宣传】

2017年，红寺堡区消防大队贯彻《全民消防安全宣传教育纲要》，借助微信公众号、微信群、QQ群、短信等媒介，进行“微语言”“微活动”“微广告”“微课堂”等广泛宣传。联合教育局部署开展暑期消防宣传和“消防进军训”活动，2500余名高一新生参加消防进军训活动。2017年，共举办培训班34期，培训人员5000余人。开展公益性培训78期，受训人员8000余人。开展消防队站开放48期，培训人员2621人，开展科普基地开放48期，培训人员2215人。开展宣传咨询活动18次，发放消防安全资料万余份。

（郭渊博）

检察

【查办职务犯罪】

2017年，红寺堡区检察院共受理职务犯罪案件线索12件13人，其中贪污贿赂案件11件12人，立案10件16人，收到判决8件10人（含2016年立案案件2件3人），受理渎职侵权案件1件1人。联动上级业务部门开展本地区线索摸查2件，立案查处副科级干部涉嫌受贿案2件2人，行贿案件3件4人。

2017 年 8 月 14 日，红寺堡区检察院进行员额检察官遴选

【预防职务犯罪】

2017 年，红寺堡检察院联合扶贫办制定《红寺堡区集中整治和加强预防扶贫领域职务犯罪工作实施方案》，成立扶贫领域预防职务犯罪工作领导小组，建立联络员制度。重点走访和召集移民办、扶贫办等部门深入辖区发放、讲解法律知识、惠农政策，受理群众咨询和举报，建立惠农扶贫资金数据库和台账。全年开展预防调查 2 次，形成预防调查报告 2 篇，其中年度综合预防报告 1 篇，专项预防调查报告 1 篇，撰写职务犯罪案例分析 3 篇。结合办案向相关单位提出预防检察建议 2 件。开展预防咨询 40 次，受理行贿犯罪档案查询 453 次，开展预防职务犯罪专题警示教育讲座 3 次，受教育人数 500 余人，做到警钟长鸣。

【刑事检察】

2017 年，红寺堡区检察院共办理审查逮捕案件 45 件 50 人。经审查批准逮捕 36 件 39 人，其中 3 件 3 人附条件批准逮捕，不批准逮捕 9 件 11 人，其中事实不清、证据不足不捕 5 件 5 人，无社会危险性不捕 4 件 6 人，不批准逮捕人数占受案总人数的 22%。共受理审查起诉案件 97 件 124 人，提起公诉 88 件 118 人，决定不起诉 8 件 10 人，无撤回起诉案件和无罪判决案件。

【诉讼监督】

2017 年，红寺堡区检察院受理监督立案案件 35 件 35 人，办案中审查发现立案监督线索 17 件 17 人，向公安机关发出《要求说明不立案理由说明书》17 份，监督公安机关撤案 5 件 13 人，监督行政执法机关移送案件 17 件 17 人。发现侦查机关侦查活动严重违法情形 6 件，发出纠正违法通知书 6 份，追捕犯罪嫌疑人 2 人，追诉漏犯 2 人。书面纠正公安侦查活动违法 3 件次。在法院设立民事行政监督办公室，解决调卷难、阅卷难、回复难的“三难”问题。受理各类案件 51 件，通过检察监督办公室审查案卷 1500 余册，立案审查审判程序违法监督案件 28 件，执行监督案件 10 件。

【信访接待】

2017 年，红寺堡区检察院共接待来信来访13件，同比下降23.53%。受理各类案件线索19件，办理刑事申诉案件3件，同比上升200%，办理国家司法救助案件3件（含上年度积存2件），救助被害人2人，发放救助金8万元。集中排查社会矛盾纠纷4次，开展法制宣传4次，安排检察长接待40次，巡回接待群众10次，日常接待来访群众100余人。12309“检察服务热线”接受咨询电话13起。

【案件办理】

2017年，红寺堡区检察院共发出超期预警56次，组织评查案件194件。对案卡填录、文书监管、涉案财物是否随案移送等开展送案审核，共计131件。司法办案责任制改革后，红寺堡区检察院全面落实《宁夏检察机关领导干部直接办案暂行规定》，院领导直接承担侦查、讯问、出庭等具体办案活动，共承担案件36件，平均办案达到人均7.2件，占全院办案数的11.32%。16名员额检察官直接承办案件318件，平均办案19件。

【司法规范】

2017年，红寺堡区检察院共接待律师阅卷14人，开具法律文书300份，接受涉案款物103件，导出程序性公开案件225条，公开生效法律文书45份，发布重要案件信息26条。发布微博3000余条，微信公众号编发原创文章80余篇。

【司法改革】

配强一线办案力量。按照自治区检察院相关文件精神，制定出台《检察人员分类管理实施办法（试行）》《检察官和检察辅助人员绩效考评实施细则（试行）》和《内设机构改革实施方案》等配套改革文件，整合精简内设机构为5部1局。人员分类改革后，入额的院领导全部调整到一线办案部门工作。现有员额制检察官16名。向员额制检察官合理授权。按照“抓两大、放两小”的原则向检察官授权，即重大复杂案件和可能影响其他执法司法机关判决、裁定、决定的诉讼监督案件由检察长、检察委员会决定；一般案件的处理决定权，以及所有案件的非终审性事项、事务性工作的决定权授权检察官行使，保证检察官有权有责。转变办案模式。建立独任检察官和检察官办案组两种办案组织形式，改变以往“三级审批”的行政化办案模式，明确司法责任主体，提高司法办案效率。全年由检察官直接决定的案件占全部案件的90%。科学确定司法责任。建立三类人员业绩考核细则和考评机制，为全体在岗人员建立司法档案，形成以司法技能、履职能力、司法作风、职业操守为主要内容的“一考三评”绩效考核办法，落实每半年考核要求，发挥考核结果在办案评价、奖金分配、晋级、奖惩、退出中的决定作用。

（安靖国）

法院

【刑事审判】

2017年，红寺堡区法院共受理刑事案件121件，审结112件，判处罪犯132人，结案率为92.6%。推进以审判为中心的刑事诉讼制度改革，全面提升刑事案件审判质效。坚决惩治腐败，审结贪污、贿赂、渎职等职务犯罪案件8件10人；严厉打击毒品犯罪，审结涉毒犯罪案件8件8人；保护人民群众生命财产安全，审结“两抢一盗”、故意伤害等犯罪案件36件48人。探索轻微刑事案件快速办理机制，适用简易程序审理案件51件，当庭宣判率为41%。加强人权司法保障，对被告人认罪的轻微刑事案件依法从宽处理，免予刑事处罚11人。

【民事审判】

2017 年，红寺堡区法院共受理民商事案件 2722 件，审结 2418 件，结案率为 88.8%。助力脱贫攻坚，妥善审理涉民生案件，审理涉及农村土地流转、苗木种子纠纷等案件 32 件，涉案标的 190 万元；审理拖欠农民工工资案件 144 件，为农民工追回劳动报酬 65 万元；保障未成年人、妇女、老人、残疾人等合法权益，审理婚姻家庭、继承等家事案件 455 件；依法审结民间借贷、建筑工程施工等合同类案件 1677 件；依法审理交通事故、物权纠纷等侵权类案件 127 件，切实保护公民人身权和财产权。多举措化解社会矛盾，特邀调解员、巡回审判、便民服务联系点制度得以坚持，共调撤案件 1208 件，占结案数的 49.9%。

【行政审判】

2017 年，红寺堡区法院共受理各类行政诉讼案件 10 件，审查非诉执行案件 1 件，结案 11 件，结案率 100%。保护行政相对人合法权益，依法支持行政机关的合法行为，督促行政机关及其负责人做好出庭应诉工作，开庭审理 2 件，被诉行政机关负责人出庭案件 1 件，出庭率 50%，对负责人未出庭应诉的行政机关依法发出司法建议。主动延伸审判职能，立案审查期间与行政机关沟通协调，诉前化解行政纠纷 6 件。

【案件执行】

2017 年，红寺堡区法院共受理执行案件 1754 件，执结 1318 件，执结率为 75.1%，执行到位标的达 5700 余万元。公安机关协助查控失信被执行人 438 人次，各部门协助查控财产 1500 余万元，房产 1200 平方米。建成执行指挥中心，网络执行查控体系基本形成，网络司法拍卖完成首拍，拍品溢价率 14%，为当事人节省佣金 9100 元。利用微信、政务大厅电子屏、“老赖黑榜进村行动”曝光失信被执行人 49 批 980 人次。集中行动 12 次，拘留 120 人，拘传 350 人，执结 390 案，执行款物达 850 万元。

【法律便民】

2017 年，红寺堡区法院改建诉讼服务中心，完善服务功能，设立律师调解咨询室，通过建立首问负责、服务承诺、办事公开、文明接待等一系列制度，提升窗口干警服务水平。通过采取定期约访、带案下访、开门迎访、法律辅导、心理疏导、发放法律援助卡、开辟“绿色通道”、实施司法救助、法官驻村进企入校等形式开展便民服务。向 12 案 16 名符合条件的当事人发放司法救助款 50 万元，减缓免诉讼费 18 万元。提供志愿服务 30 余次，投入扶贫帮困资金达 6 万余元。

【司法公开】

2017 年，红寺堡区法院建立健全有关司法公开的制度与措施 80 余项。实现办案全程留痕、案件庭审全程同步录音录像、案件执行实时指挥，共在网上直播 96 件公开开庭案件，公布 320 条执行信息，公开 1381 份裁判文书。举行公众开放日活动 3 次，邀请社会各界代表 500 余人到红寺堡法院旁听、座谈、观摩，辅之以电子显示屏、微信、法院官方网站等多种形式公布审判动态，提升审判执行工作透明度。

【法制宣传】

2017 年，红寺堡区法院将与当事人息息相关的内容编辑为 12 类 56 项内容制作成诉讼便民服务手机“二维码”，安装至红寺堡区各乡镇、村部和社区。红寺堡法院组织干警参加法制副校长讲课 18 场次，制作 68 个普法宣传栏，编发《农村常用案例选编》《无知与无畏的代价》《图说宪法》，制作贴近群众生活的围裙、鼠标垫、纸杯等普法宣传品共7种10万份，在各类媒体和网站发表稿件158篇。

【审判改革】

2017年，红寺堡区法院制定审判团队运行、完善司法责任制、深化审判委员会改革、完善司法公开、绩效考核和法官职业保障及退出机制等六大制度体系，共19项制度；组建“3+N+N”[1]专业化审判团队，审判管理实现扁平化，推行随机分案、裁判文书自主签发制度，全年发回重审和改判案件同比下降34.8%。落实院庭长办案常态化，院领导办案共1034件，占全院办案数的26.9%；重新界定审委会职能，突出合议庭或独任法官裁判职能，明确案件讨论标准，缩减讨论案件的范围和数量，全年审判委员会讨论案件数较2016年同比减少27%；组建专门送达组，案件直接送达成功率达91.5%。推进以审判为中心的刑事诉讼制度改革，确保无罪的人不受刑事追究。实施立案登记制，采取要素式审判方式[2]改革。探索“特邀调解员驻院调解＋速裁”机制，2名驻院调解员共调解案件173件。成立调解速裁中心[3]，探索实施法官管裁、执行员管执，重大案件分级统一指挥的执行警务化改革，缓解法官短缺的同时提高效率。

（李海鹏）

名词解释

1. “3+N+N”专业化审判团队：以员额法官为核心，根据人员实际，按照3名员额法官、若干名法官助理、若干名书记员建立的审判团队配置模式。
2. 要素式审判方式：在审理民事案件的过程中，对一些能够概括出固定案情要素的案件，进行要素提炼，并对双方当事人就案件中各种要素是否存在争议进行归纳，让案件要素以表格的形式呈现出来，主要包括案件审理方法和裁判文书制作方法。
3. 调解速裁中心：专门负责调解、简单诉讼案件审理和裁判。受理的案件是案情比较简单、事实比较清楚、争议不大的民事案件，一旦调解失败，马上进入速裁程序。旨在集中力量，优化资源，通过专业化的机制，促进调解和简易诉讼程序作用的发挥，快速公正解决矛盾纠纷。

司法行政

【普法宣传】

2017年，红寺堡区司法局以完善“谁执法谁普法”责任制为抓手，起草贯彻落实意见，建立普法责任清单。规划建设首个法治文化主题公园。实施法律八进活动，开展各类法治宣传11场次，接受群众法律政策咨询1.6万多人次，发放各类宣传资料4.3万余份。利用微信等平台，推进互联网＋普法。在红寺堡有线电视台开设法治进行时专栏，9个重点单位以案说法、以案普法，营造法治氛围，提升人民群众法治意识。

【人民调解】

2017年，司法局打造弘德村、博大商场等特色调委会，举办基层司法行政业务暨人民调解员培训班，解聘调解员8名。选派专职调解员到乡镇综治中心、太阳山公共法律服务中心轮流上岗，开展律师到信访大厅接访工作，形成调解员、司法助理员、律师、民警多方参与的“大调解”新格局。全年共排查矛盾纠纷1100件，化解1094件，化解特大纠纷4件、重大纠纷10件、疑难复杂纠纷1080件，预防民转刑案件4起，预防群体性上访事件4起，挽回损失 2349.7 万元。调处率 100%，调处成功率 99%，履行率 100%。

【“三位一体”服务体系建设】

2017 年，红寺堡区成立首个律师事务所党支部，新组建律师事务所 2 家。落实一村一法律顾问制度，扩大援助范围，对 13 种情形免于经济状况审查。共受理群众法律咨询 3000 人次，办理法律援助案件 130 件，为群众挽回损失 735 万元。办理现场监督公证 175 件，棚户区改造公证 1530 件，移民搬迁公证 267 件。推进“三位一体”（一扇门、一条线、一张网）法律服务平台建设，线上线下同步“零距离”服务群众。“一扇门”：县级以法律服务中心为依托，整合法律援助中心、公证、律师、调解等资源，一个窗口对外，提供“一门式”的法律服务；乡镇以司法所为中心，将全区律师、人民调解、司法行政系统干部统筹分配到乡镇，建立综合法律服务站，一个门对外；村级以村部、调解室为依托，设立司法行政工作室，由 1 名律师、1 名法律服务工作者、1 名调解员组成村级法律顾问团，实现区、乡、村三级便民法律服务网络。建成法律服务工作站 10 个，法律服务联系点 68 个，打造“城市半小时、农村一小时”法律援助服务圈。“一条线”：区、乡、村三级法律服务点将联系人和电话全面对外公开公示，并轮流值班做好法律咨询服务。同时，将律师、调解员等信息印制成名片发放到各级法律服务机制，扩大宣传面。以乡镇综治中心为核心，安排调解员轮流上岗调解。“一张网”：开通区、乡司法行政公众号，将司法行政职能、法律服务机构全部公开，定期发布法律援助、人民调解典型案例；建立法律服务微信群和 QQ 群，在线互动、解释法律有关咨询。在电视台开设“法治进行时”专栏，邀请法官、律师等以案释法，在红寺堡各自媒体同步播发，努力让法治思维和法治方式成为全区人民生活方式的重要内容。

【特殊人群管理】

2017 年，红寺堡区司法局针对司法行政体制改革提高假释使用率的实际，组织召开 2017 年社区矫正和安置帮教工作领导小组会议，明确成员单位职责。推进监管机制，促进社会力量参与社区矫正。累计接收社区服刑人员 432 人，在册社区服刑人员 92 人，在册安置帮教人员 447 人。提请收监执行 2 人，无脱管、漏管和重新犯罪行为。

【司法所建设】

2017 年，红寺堡区司法局为每个司法所配备至少 1 名调解员，每个司法所人员均在 4 人以上，落实 4 个司法所所长副科级待遇。投入 210 万元，新建红寺堡镇、大河司法所，所均面积 240 平方米以上。推行“积分制”考勤制度。培育司法行政文化，通过司法行政工作 QQ 群、微信群，推广微课堂，引导干部树牢“四个意识”，坚定“四个自信”。倡导“民生司法、人文司法、活力司法”，打造具有司法行政特色的机关文化。

（张萍）

武警部队吴忠支队士兵在红寺堡区植树援建

军事

Military Work

武装

【综述】

2017 年，人武部认真贯彻落实两级军区、军分区党委全体（扩大）会议精神，以党的十九大、习近平新时代中国特色社会主义思想和全军政治工作会议精神为指导，着眼实现强军目标，牢记职责使命，坚决拥护军队改革调整，坚持从严管理、思想政治建设、军事斗争准备、基层基础建设、作风纪律建设、参建援建工作、党委班子和干部队伍建设呈现出健康、协调、稳步的发展。

【政治教育】

2017 年，红寺堡区根据军分区统一安排，部机关周密计划，认真抓习近平总书记系列讲话精神和全军政治工作会议等专题学习。学习中，严格落实每月 2 天的党委中心组学习、每半月 1 次的党日活动和每周 1 次的集中理论学习制度，采取“原原本本学、专题辅导学、解疑释惑学”等方式，注重引导干部深刻领会其中蕴含的重大战略判断、重大思想观点和重大决策部署，提高全体干部的理论水平和政治素养。

【党管武装】

2017 年，红寺堡区上下认真贯彻强军目标重大战略思想，坚持抓经济不忘管武装、谋发展不忘强国防。召开党管武装述职暨民兵预备役工作会议，组织乡镇党委书记进行党管武装述职，讲评 2016 年工作落实情况，安排部署年度工作。

【战备工作】

2017 年，红寺堡区依据使命任务着眼民情特点，紧紧抓住节假日和敏感时期，适时开展以职能使命、形势分析、宗教政策等为主要内容的战备教育，不断强化干部、民兵的战备观念。严格落实战备值班制度，坚持部领导、干部、民兵班三级值班制度，落实每天民社情报告制度。

【参建援建及双拥工作】

2017 年，红寺堡区武装部在春节“八一”等重大节日期间，走访慰问驻吴忠市和辖区驻军单位，加强拥军优属和拥政爱民工作。宁夏军区和驻宁部队开展部队援建、军地共建活动，军民同心协力共创“双拥模范城”，驻宁部队援建红寺堡生态建设，在弘德慈善园区投 1000 余人开展植树活动，完成植树近 5000 棵。

（武装部）

武警

【政治建设】

2017 年，武警中队为适应强军目标要求，践行政治工作时代主题，培养有灵魂、有本事、有血性、有品德的新一代革命军人，中队坚持抓好中国特色社会主义理论体系武装，弘扬和践行社会主义核心价值观，持续培育当代革命军人价值观，展开军魂教育、革命传统教育，树立理想信念，打牢官兵听党话、跟党走的思想根基。中队始终坚持“支部建在连上”的重要原则，以能力建设、先进性和纯洁性建设为主，以创先争优为抓手，加强基层党组织建设，把党性原则牢固树立起来，充分依靠党支部为核心的基层组织开展工作。

【军事工作】

2017 年，武警中队深入贯彻习近平新时代强军思想，紧紧围绕建设一支听党指挥、能打胜仗、作风优良的人民军队这一党在新形势下的强军目标，坚持党对军队的绝对领导、坚持战斗力标准、坚持依法治军从严治军，聚力练兵备战，狠抓部队内部管理，确保以反恐处突为中心的各项任务圆满完成。武警中队主要担负驻地武装巡逻、机动备勤任务，立足驻守民族地区实际，着眼有效处置大规模群体性事件和暴恐事件，细化实化处突反恐预案，严格落实战备制度，加强战备设施建设，确保遇有情况能迅速出动、快速到位。组织官兵配合公安部门完成“航空旅游节”和“航空模型锦标赛”警戒备勤任务和上级领导到红视察时警戒任务，确保驻地社会稳定。

【军事训练】

2017 年，武警中队做好执勤处突、反恐维稳等各项工作，围绕有效履行武警部队职责使命，把军事训练作为部队经常性中心工作和提高战斗力的根本途径。贯彻落实《军事训练与考核大纲》，规范军事训练工作.通过日讲评、周会操、月比赛等形式，激发广大官兵的训练热情，在总队、支队组织的各类军事、体育竞赛活动中涌现出一大批训练尖兵。

【作风建设】

2017 年，武警中队贯彻落实《关于新形势下深入推进依法治军从严治军的决定》精神，有针对性的开展作风纪律整顿，加强内部管理，提高部队正规化管理水平。学习贯彻《军队支部工作条例》，开展学习实践科学发展观和党的群众路线教育实践等活动，加强组织建设，强化党员干部贯彻“照镜子、正衣冠、洗洗澡、治治病”总要求，引导官兵坚决反对“四风”，保持党的先进性、纯洁性。

【援建活动】

2017 年，武警中队结合驻民族地区特点，开展拥政爱民和军民共建活动。参与红寺堡区植树造林、创卫等活动，组织官兵到敬老院、清真寺、沙草墩村、学校开展扶贫帮困和捐资助学等活动，累计投入兵力 200 余人次，共计植树 5000 多棵。先后帮助多名辍学儿童、困难学生、贫困大学，捐款 5000 余元。

（王卓）

万亩葡萄园葡萄采摘

经济管理

Economic Management

宏观管理

【经济总量】

2017年，红寺堡区全年实现地区生产总值19.34亿元，增长9.1%；地方一般公共预算收入2.04亿元，比上年增长28.4%；固定资产投资86.9亿元，增长12.9%；社会消费品零售总额6.2亿元，增长8.0%；城乡居民人均可支配收入分别为21198元、7896元，增长9.6%、13.3%。三次产业结构由26.6：44.0：29.0调整为24.5：46.7：28.8。

【重点项目】

2017年，红寺堡区确定市、区重点建设项目50个，其中：新建项目40个、续建项目10个，吴忠市级重点项目27个，红寺堡区级23个，年度计划投资51.12亿元。吴忠市级27个市级重点项目，完成投资29.09亿元，完成年度计划投资90%。区级预开工重点项目23个，完成投资18.49亿元，完成计划投资98.7%。红寺堡区供水改造及扩建工程一期项目、红寺堡区新庄集乡无公害枸杞基地一期建设、红寺堡区红寺堡镇中圈塘村土地整治、红寺堡区第四小学等12个项目完工。宁夏德惠道路资源再生利用有限公司建筑材料再生利用中心、新疆特变电工光伏电站、红寺堡区新庄集水库、红寺堡区第四小学教学楼实验楼等14个项目已完工且部分投入使用；红寺堡区金庄子水库、罗山北路改造工程、红寺堡区文化馆建设、红寺堡区人民医院门急诊综合楼建设等13个项目未完成年度投资任务。少数民族发展项目、宁夏中部干旱带高效节水示范试验及实训基地建设项目、德水商务宾馆、滩羊新品种培育基地建设项目、新庄集乡白墩村土地整治项目等 7 个项目完工。华景六盘金街二期主体完工。

【19.9 亿元上争资金】

2017 年，红寺堡区共落实上争资金 19.9 亿元。完成吴忠市下达上争资金目标任务 19.8 亿元的 101%；其中：城建交通方面 4.8 亿元，占 24%；农林水方面（含扶贫）7.27 亿元，占 37%；社会事业和其他方面 5.56 亿元，占 28 %；党群及工业招商方面 3580 万元，占 3%；政法方面 1602 万元，占 1.5%；各乡镇 2033 万元，占 2.5%；其他方面（含弘德慈善园区）11650 万元，占 5%。

【5.3 亿元扶贫小额贷款】

2017 年，红寺堡区各银行存款余额 43.64 亿元，同比增长 13.9%；贷款余额 26.69 亿元，同比增长 18.3%；存贷比为 61.2%。12791 户建档立卡贫困户累计获得扶贫小额贷款 5.3 亿元。

【金融扶贫】

2017 年，红寺堡区出台《红寺堡区 2017 金融扶贫“555 工程”实施方案》（红政发〔2017〕114 号），协调督促各金融机构全面落实免担保、免抵押、基准利率放贷、基准利率贴息、“应贷尽贷”。红寺堡区现有建档立卡贫困户 16374 户，建档立卡贫困户贷款余额达到 5.4 亿元，获得贷款户数达到 13132 户，覆盖率达到 80.2%，户均贷款达到 4.1 万元。实现全区建档立卡贫困户评级授信全覆盖，各行政村实现自助机具（含 ATM 机、转账电话、POS 机等）全覆盖。整合专项扶贫资金 1300 多万元，为全区所有建档立卡户购买大病医疗补充险、人身意外险、贷款人意外伤害险及产业险，实现“扶贫保”全覆盖。

【互助担保基金】

2017 年，红寺堡区开展村级互助担保基金试点工作，累计发放村级互助担保基金贷款 404 户 1531 万元，其中朝阳村 49 户 174 万元、新集村 172 户 649 万元、红川村 138 户 508 万元、柳树台村 45 户 200 万元。

【价格监督】

2017 年，红寺堡区共受理药品价格、天然气价格、市场摊位费、停车收费、复印费等

果农修剪葡萄树

价格举报和咨询18件，全部协调办结。对本地市场与居民生活密切相关的粮油、肉禽蛋、蔬菜等38种主要农副产品价格进行监测分析。完成红寺堡区2015和2016年度行政事业性收费情况网上统计报告工作。配合自治区物价局对红寺堡区鹏胜平价农贸市场及博大平价农副产品专营区运营及政策执行情况进行年度考核，考核评分均达到90分以上。开展涉企收费、商业银行收费及电力价格专项检查工作，规范各行业收费行为。推进医疗服务价格和水价改革，开展城市供水和农业水价成本监审工作。

【健康产业】

2017年，红寺堡区制定《红寺堡区健康产业发展实施方案》，建立健康产业项目库，储备2017年健康产业项目31个，总投资19.9亿元。依据《红寺堡区硒资源分布图》和农业产业结构的特色和特点，编制《红寺堡区健康产业发展规划》。

【第三次全国农业普查】

2017年，红寺堡区完成普通农户普查登记户数37647户，完成入户登记规模农业经营户268户，完成农业生产经营单位登记351个。

【扶持服务业发展】

2017年，红寺堡区制定出台《红寺堡区促进电子商务发展扶持奖励办法》《红寺堡区2017年电子商务发展扶持奖励办法》《红寺堡区2017年服务业发展整顿规范工作实施方案》等扶持政策。建设团结商业广场、东方裕兴等一批商贸综合体项目。千村电商工程基本完成，实现区、乡、村电子商务服务全覆盖。全年服务业完成投资44.3亿元，增长11.5%，比重占全社会固定资产投资51.1%。

（马勇）

闽宁协作 德红携手电子商务实训班

市场监管

【排查治理】

2017年，市场监督管理分局配合相关部门开展防范和打击非法集资专项排查治理年工作。联合农牧局抽样地膜、化肥13个批次，立案查处1起不合格化肥案。配合自治区纤检局开展纺织服装及絮用纤维制品质量专项检查，抽检40个样品，对14批次不合格产品进行立案调查。组织开展烟花爆竹、消防产品、电气产品等专项检查，检查相关生产经营单位32家，抽检低压成套开关设备3批次。邀请相关执法部门、公用服务企业、媒体记者、消费者代表召开主题座谈会，组织消协成员单位深入各乡镇、社区开展“3·15”纪念活动。评选出12家诚信企业和30户诚信个体户，命名5个消费维权先进单位和10位先进个人。全年共受理消费者投诉22起，挽回经济损失21.5万元。成立案件评查领导小组，查处案件20起，罚款11.36万元。

【特种设备安全】

2017年，市场监督管理分局开展气瓶、电梯、压力容器等特种设备安全专项整治检查，检查特种设备使用单位29家，抽查特种设备73台，发现安全隐患29处，下达特种设备安全监察指令书29份。开展两会、重要节日、活动期间特种设备安全和安全生产打非治违百日专项行动及安全生产大检查工作。组织6家起重机械使用单位召开座谈会开展自查自纠，约谈9家特种设备使用单位主要负责人，要求严格落实主体责任，确保设备安全运行。开展“安全生产月”活动，组织开展电梯、气瓶等特种设备应急救援演练，提高应对事故能力和处置水平。

【商事制度改革】

2017年，市场监督管理分局落实商事主体“一照通”、企业“五证合一”（营业执照、组织机构代码、税务登记证、社会保险登记证、统计登记证，以“一照五码”实现“五证合一”）、个体工商户“两证整合”登记制度改革（将个体工商户登记时依次申请，分别由工商行政管理部门核发营业执照、税务部门核发税务登记证，改为一次申请、由工商行政管理部门核发一个营业执照的登记制度），简化程序，提高效率。2017年，新增市场主体1646户，同比增长22.20%。推行个体工商户“免填单”登记注册，共办理个体工商户“免填单”简易注册132户。

【品牌培育】

2017年，市场监督管理分局将品牌发展纳入企业奖励范围，注册一件商标奖励1000元，著名商标、名牌产品、地理标志各奖励10万元，驰名商标奖励30万元，调动企业实施品牌战略的积极性。4家企业被评为自治区级守合同重信用企业，2家企业被认定为标准化良好行为企业。

（马辉宏）

国土资源管理

【项目建设】

2017年，红寺堡国土资源局完成柳泉乡土地整治项目、大河乡新圈安置区项目、红寺堡镇光彩村与团结村安置区项目、太阳山镇安置区红星等三个村项目、太阳山镇安置区买河村、田原村项目等5个生态移民土地整治项目建设，投资5107万元，新增耕地0.474万亩，土方平整46.22万立方米，修建道路182公里，砌护渠道768公里，建筑物71662座，栽植防护林2.37万株。惠及10个脱贫销号村、2491户9267人建档立卡户。

【耕地保护】

完成永久基本农田划定和基本农田“落地块、明责任、设标志、建表册、入图库”五项工作。共划定较大图斑3881个，地块61530个，并全部分解落实到户。红寺堡区共与5个乡（镇）、孙家滩管委会签订责任书6份，与60个行政村签订责任书60份，实际分解落实基本农田46.63万亩，印制发放《永久基本农田明白卡》29411份。共维护1个擎天柱，2个双立柱，9个标志碑。在5个乡镇和孙家滩新设立宣传牌15个，埋设界桩500块，做到基本农田保护区保护标志全覆盖。完成红寺堡区五个乡镇和一个管委会的永久基本农田现状登记表、永久基本农田现状汇总表、永久基本农田划定平衡表、永久基本农田保护责任一览表等一系列表册。依据永久基本农田划定成果，以及落地块、明责任任务完成情况，结合各乡镇所在县（市、区）土地利用总体规划调整完善工作，更新完善红寺堡区永久基本农田数据库，做到图、表、数、实地相一致。

【资源管理】

2017年，红寺堡国土资源局对辖区内32家非煤矿山的储量开采、生产经营、安全隐患和出让情况进行拉网式排查，提出分类整治措施。巡查检查60余次，出动人员300人次，现场检查打击非法乱盗滥采60余起，涉及非法采坑30余个，扣押证据保全装机11辆、沙筛9盘。对已挂牌出让的16家石料、砂石、砖瓦粘土采矿权，按照有关规定编制开发利用方案和复垦方案，开展安全生产和地质灾害检查，核查界定采矿权范围，制止超层越界开采行为，建立健全非煤矿山管理规章制度，办理采砂粉碎各类临时用地和采矿生活区临时用地手续，将非煤矿山全部纳入规范化管理。对柳泉乡金庄子沟、土坡矿

大棚蔬菜基地

区、城北区域内非法开采区进行全面巡查打击，争取矿山环境治理项目予以彻底恢复治理，乱采滥挖势头得到有效遏制，专项整治行动取得实效。

【不动产登记】

2017 年，红寺堡国土资源局办理各类不动产登记业务 4534 件，颁发不动产权证书 2749 本，不动产登记证明 1785 本，帮助企业融资 8.459 亿元。

（康伏龙）

安全生产监管

【概况】

2017 年，红寺堡区学习贯彻《中共中央国务院关于推进安全生产领域改革发展的意见》（以下简称《意见》），按照自治区、吴忠市关于安全生产工作的批示指示精神，组织开展党的十九大、国务院安全生产巡查、自治区第十二次党代会及重大节假日期间安全生产大检查，确保重点时段安全生产形势的平稳。共发生各类生产安全事故 5 起，其中道路交通事故 5 起，死亡 4 人，亿元 GDP 死亡率为 0.207。工矿商贸、建筑施工、农业机械等行业领域未发生生产安全事故，全区安全生产形势总体上比较稳定。

【培训教育】

2017 年，红寺堡区安监局做好安全监管系统执法视频培训，组织全区领导干部集体学习 1 次，组织参加安监总局视频执法培训 8 期，培训人数达 300 人次。聘请专家对全区工矿企业进行安全风险控制和隐患治理信息系统建设工作培训。开展安全生产月和宣传咨询日活动，设咨询台 32 个，展板 45 块，在主要街道悬挂宣传条幅 75 条，出动宣传咨询人员 120 人，发放宣传资料 14400 余份、安全生产宣传手提袋 1500 个，接受群众咨询 200 人次。在各乡镇政府所在地设置咨询台 4 个，悬挂宣传条幅 70 多条，散发宣传资料千余份，在广场街头各电子屏、各出租车电子屏播放安全生产月主题宣传片、安全宣传标语、安全小知识。

【落实责任】

2017 年，红寺堡区安监局制定岁末年初安全生产大检查实施方案、全年安全生产工作要点。组织召开 3 次安委会全体会议，安排部署 2017 年各阶段安全生产重点工作，签订 2017 年度安全生产目标责任书、承诺书。

【督查检查】

2017 年，红寺堡区区委、政府领导分别带队开展安全生产督查检查 7 次，确保元旦、春节及各级“两会”期间安全生产形势稳定。安委会办公室牵头组织开展督查检查 3 次，编发预警信息 7 条，督促各负有安全生产监管职责的部门强化落实各级党委政府安全生产决策部署，保障安全生产形势稳定。

【专项整治】

2017 年，红寺堡区安监局共出动检查组 89 个，参与执法人员 623 人 / 次，排查生产经营单位 235 家 / 次，排查隐患 135 处，整改到位 133 处，投入整改资金 2 万元，停产停业整顿企业 1 家，对一家拒不执行安全生产指令的企业给予 1 万元行政处罚。

【巡查整改落实】

2017年，红寺堡区安监局对照整改落实国务院安委会第八巡查组巡查发现的8个主要方面问题。将安全生产4项指标纳入国民经济和社会发展主要指标体系和统计监测指标体系。制定《红寺堡区安全生产"党政同责、一岗双责"暂行规定》，明确区委、政府和各监管部门职责。筹备安委会会议，分析研判上季度存在的不足和下季度形势，安排部署工作。开展应急预案专项检查，组织水投公司、汽车站、宁夏嘉泽新能源公司开展应急演练活动。开展安全生产宣传咨询日活动，提高广大人民群众的安全出行和防范意识。精准治理道路交通隐患，强化道路交通安全监管，预防发生道路交通事故。强化乡镇安全监管，完善机构，充实人员，加强安监人员培训和日常监管。

【专项大检查】

2017年，红寺堡区安监局组织开展煤矿、非煤矿山、道路交通、工程建设、人员密集场所、危险化学品、特种设备、预防高处坠落等8个专项大检查。共检查企业（单位、项目）340家/次，查出一般安全隐患599条，整改合格409条，限期整改33条。

（杜宁）

食品药品监管

【食品安全监管】

2017年，召开红寺堡区食品安全工作会议，表彰先进集体和个人，签订目标责任书，安排部署重点工作。组织食安委成员单位开展食品安全事故应急演练、节日期间食品安全专项整治工作。召开红寺堡区食品安全示范创建动员大会，安排部署食品安全示范创建工作，命名17家食品安全示范店、10家规范化学校食堂，复查2016年命名的食品安全示范店。对19家食品生产企业进行风险分级分类评定。推行食品生产企业落实食品安全自查报告制度，督促企业开展自查。推行"明厨亮灶"466户，实现全覆盖。开展学校食堂专项检查，将检查情况纳入对学校的绩效考核，促进学校食堂监管。落实经营户例会制度，强化对经营户的培训，提升经营户安全责任意识和自律意识。完成省级食品抽检84个批次，三小食品抽检24个批次、食用农产品抽检240个批次、食品快速检测405个批次。

【药品安全监管】

2017年，红寺堡区市场监督管理局组织召开2017年红寺堡区药械监管暨禁毒工作会议，指导民营医院、乡镇卫生院开展药房规范化创建，在3家医院开展医疗器械再评价产品遴选工作。确定40家药械不良反应监测哨点，上报不良反应179起。开展执业药师虚挂兼职、精麻药品、药品类易制毒化学品等专项检查。抽检药品20个批次，医疗器械1个批次，中药饮片5个批次、化妆品2个批次。

（马辉宏）

农村经济管理

【"三资"清理】

2017年，红寺堡区完成63个行政村"三资"信息录入和村两委班子换届前财务专项审计工作，审计结果为资产总额9610.35万元，负债总额286万元，债权32.16万元；争取村集体经济项目2380万元，壮大40个脱贫销号村村集体经济，全年创收 210.61 万元，实现 45 个脱贫销号村集体经济零的突破。

【土地流转】

2017 年，红寺堡区引导农民合理适度规模流转土地，并按照自治区农村产权制度改革要求，成立红寺堡区农村产权流转服务中心，为农村产权交易搭建平台，全年流转土地 1.16 万亩，累计流转面积达到 9.6 万亩。

【农经统计】

2017 年，红寺堡区以提高调研情况和数据针对性、真实性、实效性为基础，以提高数据和情况处理分析能力为重点，通过进村入户走访调查，全区人均负担 100.55 元，亩均负担 39.36 元，户均负担 426.93 元。

【农村产权交易中心】

2017 年，红寺堡区按照自治区农村产权制度改革的有关要求，完善红寺堡区农村产权交易服务工作。协调黄河农村商业银行、国家发展银行、担保公司等金融机构，简化贷款手续，开展农村土地承包经营权抵押贷款试点工作，发放农村土地承包经营权抵押贷款 80 万元。

【农村土地纠纷仲裁】

红寺堡区农村土地承包经营纠纷调解仲裁委员会共接待土地纠纷上访人员 96 人次，化解矛盾 34 起，其中区仲裁庭调解 5 起，乡镇调解 9 起，各村调解 20 起，成功率达到 97%。

【农业产业化】

2017 年，红寺堡区培育新型农业经营主体 230 家，累计达到 913 家（其中合作社 195 家、家庭农场 30 家、龙头企业 44 家、种养大户 874 户），实现新型经营主体所有建制村、特色产业、产加销各环节全覆盖，专业化服务组织服务面积占总面积的 90% 以上。发展农家乐、休闲采摘等乡村旅游，创建自治区级示范社、四星级农家乐各 2 家，市级示范社、三星级家庭农场各 4 家。

【农村能源】

2017 年，红寺堡区农牧和科学技术局争取自治区农村阳光沐浴工程项目资金 1300 万元，落实太阳能热水器 13000 台，其中：红寺堡镇 3926 台、柳泉乡 2460 台、太阳山镇 1765 台、新庄集乡 3115 台、大河乡 1734 台。

【产业脱贫】

2017 年，红寺堡区印发《2017 年产业脱贫攻坚实施方案》《红寺堡区 2017 年特色种植业及肉牛产业扶持政策措施的通知》，采取领导包村、干部包户，成立以自治区专家团队为主的产业扶贫技术服务队 1 个，红寺堡区技术服务小组 15 个，每月进村入户开展技术服务 1 次。为 15 个脱贫销号村争取各类项目补贴资金 1449 万元。建成飞地肉牛扶贫养殖基地，以农户成立合作社，壹加壹负责担保贷款的模式按照“十统一”管理标准引导农户入驻基地发展肉牛产业，累计签订贷款协议 564 户，注入贷款资金 2827.5 万元，补栏肉牛 2210 头（其中犊牛 40 头），协议农户年收益 350 万元以上。采取“帮扶单位 + 村委会 + 合作社 + 建档立卡户”的运行方式，在红川、新集村发展双黑（黑兔、黑鸡）养殖，户均年增收万元以上。

（王金升）

社会经济调查

【常规业务】

2017年，红寺堡区社会经济调查队完成城乡一体化住户调查、生态移民监测调查、粮食播种面积及产量调查、主要畜禽监测调查、分乡镇农民可支配收入调查、农民工监测调查等各项制度性报表。

【居民收入】

2017年，红寺堡区社会经济调查队完成城乡一体化住户调查，城镇居民人均可支配收入21198元，同比增加1786元，增长9.2%；农村居民人均可支配收入7896元，同比增加815元，增长11.5%。

全年生态移民人均可支配收入6237元，同比增加567元，增长10.0%。

【乡镇收入】

2017年，红寺堡镇农民人均可支配收入8331元，同比增长11.5%，太阳山镇农民人均可支配收入8010元，同比增长11.5%，柳泉乡农民人均可支配收入8077元，同比增长11.0%，新庄集乡农民人均可支配收入7336元，同比增长11.2%，大河乡农民人均可支配收入7736元，同比增长11.8%。

【粮食生产】

2017年，红寺堡区粮食播种面积20314公顷，亩产396公斤，总产量12.07万吨，分别同比增长0.9%、3.9%、4.9%。夏粮小麦播种面积2887公顷，亩产275公斤，总产11908吨，分别同比增加26.8%、–15.6%、7%；秋粮播种面积17427公顷，亩产416.1公斤，总产108767吨，分别同比增加–2.4%、7.2%、4.7%；其中玉米播种面积14087公顷、亩产500.1公斤、总产105671吨，分别同比增加1.8%、3.8%、5.6%。

【畜禽生产】

2017年，红寺堡区生猪存栏8305头，出栏11820头，分别同比增长5%、6%；牛存栏32055头，出栏26925头，分别同比增长18.1%、19.1%；羊存栏311265只、出栏312867只，分别同比下降2.2%、增长25.6%；家禽存栏99114只、出栏171411只，分别同比下降2.1%、增长4.2%。

【统计改革】

城乡住户一体化调查全面推行电子记账，采用PDA遥感测量技术，利用获取的卫星遥感影像，对春播面积进行实地调查，将新科技、新技术运用到统计调查工作中，提高统计调查信息化水平和调查效率。

【统计服务】

2017年，红寺堡区面对经济新常态，坚持质量立统，坚持目标导向、需求导向、问题导向的总要求，对照调查数据结果，研判经济形势，围绕全区经济运行中的热点难点问题，开展专题分析研究，为区委、政府及有关部门提供详实准确的统计数据和分析报告，全年共撰写各类动态、信息、调查分析100余篇。

（王艳芳）

美丽的农田

农 业

Agriculture

农业生产

【结构调整】

2017 年，红寺堡区完成玉米调减面积 12.2 万亩，新增葡萄 5700 亩、枸杞 7045 亩、牧草 3.3 万亩(其中苜蓿种植 1.3 万亩)、中药材 5047 亩、黄花菜 1.42 万亩、经果林 5620 亩、瓜菜 5330 亩。农作物播种面积 68.4 万亩，粮食播种面积 33.4 万亩。

【草畜产业】

2017 年底，红寺堡区牛饲养量 8.3 万头，存栏 5.1 万头，基础母牛存栏 3.2 万头，出栏 3.1 万头；羊只饲养量 83 万只，存栏 48 万只，基础母羊存栏 46 万只，出栏 34 万只；生猪饲养量 3 万头，存栏 1.4 万头，出栏 1.6 万头；禽类饲养量 123 万只，存栏 43 万只，出栏 80 万只。肉类总产量达到 2.29 万吨，禽蛋总产量达到 0.23 万吨。畜牧业总产值达到 3.54 亿元。

【农业机械】

2017 年，红寺堡区拖拉机拥有量 3037 台，配套农机具 8503 台（套），配套比为 1 ： 2.8。全年共完成农机购置补贴资金 383.86 万元，完成资金任务 86.4%，补贴各类机械 210 台（套），拉动农户自酬资金 1176 万元，直接受益农户 145 户。举办大型宣传活动 25 次，出动流动宣传车辆 26 台（次），散发宣传资料 15000 余份。

【农业招商引资】

巩固提升红寺堡区高效节水生态农业示范园区，园区规划占地面积 5 万亩，计划投资 17.76 亿元，重点发展设施畜牧、设施园艺、山地葡萄、新型能源四大产业。主要建设标准化圈舍30万平方米，年肉牛饲养量2万头、肉羊15万只、蛋鸡20万只，种植山地葡萄4000亩，经果林基地2000亩，设施农业基地2000亩，优质牧草基地1万亩，建设20MWp光伏发电站2个。园区配套建设总储量316万方蓄水池5座，扬水泵站3个，供水泵站2个，主要建设三级扬水和二级供水骨干工程，架设10千伏供电线路16.8公里，修建“三纵三横”生产道路29千米，生产道路绿化1000亩，栽植以旱柳、刺槐为主的苗木10万棵。园区招商引资引进宁夏天宁牧业发展有限公司、宁夏红寺堡鑫月农牧业综合开发有限公司、宁夏东港海逸农业综合开发公司等涉农企业18家，其中种植企业2家，养殖企业14家，新型能源2家。2016年续建投资1.13亿元，完成苜蓿种植3400亩、土地平整与滴灌配套1700亩、枸杞种植300亩、棚圈建设15000平米。

农业服务

【农业保险】

2017年，红寺堡区投保玉米45643.4亩，葡萄16851.88亩，日光温室437亩，枸杞1614亩，黄花菜2054亩，蔬菜562亩，基础母牛140头，基础母羊11926只。总保费290万元，中央财政补贴32.86万元，自治区财政补贴148.1万元，红寺堡区财政补贴59.7万元，农户自筹49.5万元，累计保额4717.7万元。农户受灾损失赔偿达20.4万元，其中养殖业6.91万元，种植业13.5万元。

【惠农资金】

2017年，红寺堡区农业支持保护补贴包括种粮农民直接补贴面积347526.57亩，补贴标准15元/亩，补贴资金5212898.6元；农资综合补贴水地347526.57亩，补贴标准58元/亩，补贴资金20156541.1元；农资综合补贴旱地34202.2亩，补贴标准23元/亩，补贴资金786650.6元；农作物良种补贴面积226414.3亩，补贴标准水稻15元/亩，玉米和小麦10元/亩，补贴资金2264143元。全年农业支持保护补贴资金共计兑付28420233.3元。

【气象服务】

2017年，红寺堡区农牧和科学技术局人工增雨待命48点次，开展人工增雨22点次，发射人工增雨火箭弹178枚，过程降雨量为232.9毫米；人工防雹2点次，发射防雹火箭弹9枚；联系吴忠市气象局，给玉池园区、乌沙塘园区以及葡萄种植基地开大风、尘卷风、霜冻和暴雨气象证明210份。向区委四套班子、各部门各乡镇、种养殖园区发送降水量、大风、沙尘暴、霜冻、冰雹等信息32000余条/次。

【农业执法】

2017年，红寺堡区农牧和科学技术局先后对红寺堡区吉文农资店、柳泉乡白天明农资店、老丁农资店、红寺堡区建平农资店、嘉禾农业生产资料有限公司等7家农资经销部销售的先行1658、太玉339、沃锋9号、雄玉581、先玉335等16个玉米品种开展种子质量扦样工作，填写扦样表和种子经营档案检查记录，确保农民群众用上放心农资。开展农药专项监督抽检工作，分别从红寺堡区阳光农资店、红寺堡区小陈农资经销部、红寺堡区武福农资经销店、红寺堡区联众种子公司、红寺堡区百姓等6家农资经销部随机抽检阿维·高氯、啶虫脒、多菌灵、乙草胺、毒死蜱等9个农药样品，加强农药质量安全监督抽查工作，打击违法经营假冒伪劣农药行为，规范农资市场经营秩序。制定下发《红寺堡区关于加强农作物种子、化肥、农药经营登记备案工作的通知》文件，向农资企业讲解培训农作物种子生产经营网上备案操作规程，组织56家农资店开展备案工作。

【农产品质量安全】

2017年，红寺堡区建成综合市场及5个乡镇农产品农残速测点7个，建设农产品质量安全检验检测站，启动乡镇农产品质量安全监管规范化建设。组织人员对辖区内学校营养午餐、综合市场等农产品进行抽样检测，累计抽检初级农产品1559批次，抽检合格1552批次，不合格7批次，合格率99.6%。配合自治区和吴忠市例行抽检蔬菜种植基地样品7个批次，确保农产品质量安全。开展无公害农产品复查换证工作，督促指导红寺堡区红昌生态养殖有限公司做好无公害农产品复查换证资料。完成2017年无公害农产品认证3个，分别是红寺堡区宏昌养殖专业合作社的肉羊、红寺堡区时诚生态养殖专业合作社的鸡蛋、红寺堡区广龙蔬菜种植合作社的辣椒。

【农技试验示范】

2017年，红寺堡区农牧和科学技术局聘请5名自治区级专家教授、6名科技扶贫指导员、88名科技特派员，选派87名农业技术指导员，对270个科技示范主体、2个试验示范基地和15个产业脱贫销号村开展技术指导培训，完成210名新型农民培训和350名新型职业农民培训任务。创建小麦、玉米氮肥减量示范点各1个，采取无人机、车载高压喷雾器、弥雾机、背负式喷雾器等植保机械，开展小麦蚜虫、玉米黏虫等作物病虫害综合防治；建立残膜回收网点，采取以旧换新等措施鼓励农户参与农田残膜回收，共回收残膜119吨。采取青贮、黄贮等三贮一化和秸秆打捆、秸秆粉碎还田、秸秆生物反应堆等综合技术，做好作物秸秆高效综合利用，2017年完成秸秆综合利用面积30万亩，其中秸秆回收利用面积27万亩33.4万吨（全株玉米青贮6万吨，黄贮10.1万吨，酶贮、微贮1.1万吨，打捆、草粉加工16.2万吨），秸秆回收利用率达90%以上，玉池园区推广秸秆生物反应堆填埋1万亩。

【草原生态保护】

2017年，红寺堡区落实项目资金945.958395万元，保护草原生态环境。在太阳山镇开展草原病虫害防控面积14万亩。定期或不定期对5个乡镇封山禁牧工作进行督查，并与各乡镇签订《禁牧封育责任书》。累计刷写墙体标语50余处，发放资料1000余份宣传禁牧封育工作。共出动车辆196台次，人员580人次，拆除野外违法羊圈230余处。全年共发通报25期，督查发现偷牧羊群共计251群62700只。

（王金升）

林业生态

【森林覆盖率】

2017年，自治区绿化委员会下达红寺堡区营造林任务10.03万亩，实际完成10.7199万亩，占计划任务的106.8%，其中新增防护林19897亩，退化林改造22452亩，封山育林45000亩，特色经济林19850亩。森林覆盖率达到10.33%。

【防护林建设】

2017年，红寺堡区完成防护林建设19897

市民休闲森林公园一角

亩，其中肖家窑示范园防护林650亩，东环路两侧干部义务植树造林290亩，白墩村节水种植示范基地造林200亩，西川村造林576亩，洪沟流域生态治理工程造林181亩，白塔水村尹凉湾荒山灌木造林5000亩。新一轮退耕还林柠条种植13000亩（其中：太阳山镇白塔村种植9968亩、巴庄子种植1772亩、新庄集乡红沟滩村种植1260亩）。

【退化林改造】

2017年，红寺堡区完成退化林改造22452亩，其中盐兴公路乔木林带补植706亩，美丽乡村及乡村主干道路绿化976亩，城北盐中高速、滚红高速等地补植650亩，城区绿地补植补造120亩，柠条林补植补造2万亩。

【城区绿化】

组织实施金水街、团结西街及东环路分车带，东环路两侧，区政府、人大、政协单位庭院，城区老旧小区改造等景观绿化工程，完成景观绿化404亩。截至2017年底，城区绿化面积达5628亩，城市绿地率达35%，绿化覆盖率达39%，人均公共绿地面积达27.5平方米。

【经济林建设】

2017年，红寺堡区林业局组织完成经济林种植19850亩，其中：葡萄8100亩，枸杞4255亩，红梅杏2610亩，红枣1680亩，苹果970亩，核桃等杂果960亩，巴旦木775亩，榛子500亩。建成百瑞源等枸杞标准化示范园5个、鹏胜公司红枣标准化示范园1个、乌沙塘等苹果标准化示范园2个。

【科技兴林】

2017年，红寺堡区林业局组织开展经济林产业培训25期，累计培训种植户达3000余人次。投资680万元采购葡萄田间管理机械120台，组建3家病虫害统防统治暨机械化服务中心，3家服务中心按照划定的片区对各自服务的葡萄企业、种植户提供服务，服务面积达5万亩。逐步缩减宁杞1号等老品种，增加宁杞5号、7号及宁农杞1号等新优品种推广力度，确保当年新优品种种植比例达到80%以上。实现节水种植，在百瑞源大河乡基地、杨柳村、马渠移民点、城北鹏胜经济林示范园等集中连片种植基地推广水肥一体化管理技术，总规模达到1万亩。

【葡萄产业】

2017年，肖家窑中国拉美葡萄产业园区建设项目建成4米宽砂砾生产道路12千米，完成拉美一期23.5千米主干道硬化，引进建设的15家酒庄全部签订招商协议，共收缴土地流转费约1900万元。2017年采收葡萄鲜果1.3万吨，价格较2016年每公斤平均上涨0.2元。葡萄酒销售额达3.3亿元。承办第三届红寺堡区葡萄酒高峰论坛暨第三届DSW全国精品葡萄酒大赛，与著名歌唱家蒋大为签订形象代言合作协议，与上海巴爷科技有限公司签订《"一亩葡萄园 荒漠变绿洲"合作项目备忘录》。

【北海林场改革】

红寺堡区北海林场成立于2008年，（国有林地总面积7.3万亩），为林业局所属不定级别事业机构，根据自治区国有林场改革方案要求，2017年编制完成《红寺堡区国有林场改革实施方案》，并取得批复。吴忠市机构编制委员会下发《关于设立吴忠市红寺堡区北海林场的通知》，确定北海林场隶属于林业局不定级别的全额拨款事业单位，完成北海林场定性、定编、定经费工作。制定完成林场内部管理机制和绩效考核机制，聘任场长1名，工作人员2名（含1名会计），专业技术人员4名。完成《红寺堡区北海林场林地勘界确权报告》和《红寺堡区北海林场森林经营方案》编制和评审工作。

【资源保护】

2017年，红寺堡区完成城区5628亩绿地、外围约3万亩重点防护林除草灌水、修枝抚育、涂红刷白、病虫害防治及防火等工作。红寺堡林业局指导各乡镇对辖区内重点宽幅林带实施管护，新造林木成活率和林地保存率逐年提高。落实森林防火责任，年初与各乡镇签订防火责任书，形成层层抓防火责任机制，全年未发生较大火灾，森林火灾率严格控制在0.9‰以下。全年未发生大的疫情灾害，有害生物防控指标达标，病虫害成灾率有效控制在6‰，无公害防治率达86%，测报准确率89%，种苗产地检疫率100%。全年共出动执法车辆240余次，排查林地面积15万亩，查处各类非法毁案件6起，其中1起刑事案件移交公安部门侦查处理，5起林政案件全部处理结束。办理封山禁牧23起，开展宣传教育活动4次。

（李东）

绿树掩映的村庄

水利建设

【水利工程建设】

2017年，红寺堡区在建续建水利项目涉及高效节水、农村人饮巩固提升改造、农田水利、水源工程及沟道治理等方面共计20个，批复总投资3.93亿元。其中：高效节水项目4个，总投资7518万元，农村人饮巩固提升改造项目5个，总投资1350万元，农田水利项目5个，总投资2597万元，水源工程项目3个，总投资24609万元，沟道治理项目共3个，总投资3250万元。

【水量管理】

2017年，红寺堡区夏秋灌溉用水指标为1.47亿立方米，实际用水量1.51亿立方米，超指标461万立方米。生态和人饮实际供水量708.15万立方米，私人企业交易水量165.67万立方米。

【农田水利】

2017年，红寺堡区林业局农田水利基本建设期间实施的重点涉水建设项目28个，新建水源工程14座（其中蓄水池12座，水库2座），新建泵站12座。完成渠道砌护375公里，铺设各类主管道648公里，各类主要建筑物15683座。治理盐碱地1.0万亩，建设高标准农田6.27万亩，完成投资31891万元。筹措430.77万元对水毁工程进行维修。

【防汛抗旱】

从3月下旬开始，红寺堡区水务局集中对辖区内的重点防洪区域、防洪部位和各类在建工程进行汛前专项检查，消除隐患。6次组织人员对所有水库、蓄水池和在建工程等单位进行定期不定期检查。筹措10万元资金，补助每个乡镇2万元对沟道进行清障。开展防洪应急专项演练。筹资20万元补助各乡镇抗旱拉水工程。

【水务改革】

2017年，红寺堡区林业局制定下发《吴忠市红寺堡区推行河长制实施方案》及河长制相关制度，组建区级及乡级河长制组织机构，挂牌成立河长制办公室，确保组织体系全覆盖；通过对辖区内沟河道的详细摸底调查，制订河长制沟河道名录；对50条沟河道的基本参数、测绘沟河道保护范围现状，完成区级11条沟河道的河长制信息公示牌的安装，明确各级河长及治理目标；制定《红寺堡区实行水资源消耗总量和强度双控行动 加快推进节水型社会建设实施方案》，按照自治区分配红寺堡区用水总量，结合2016年已完成的农业用水水权确权成果，将用水总量控制指标落实到乡镇、各直开口。实施农业节水行动，控制新增灌溉土地，调整种植结构，调减高耗水作物种植面积10万亩，建立节水型农业种植模式；编写完成《红寺堡区农业水价综合改革实施方案》，制定《吴忠市红寺堡区2017年农业水价综合改革工作计划》，成立红寺堡区农业水价综合改革领导小组。委托第三方对辖区骨干工程以下供水工程进行成本核算，完成《红寺堡区农业水价综合改革水价测算报告》。

河长制。红寺堡区列入区级“河长制”管理的主要沟河道有清水河、红柳沟、苦水河、甜水河、小甜水河及黄河右岸诸沟。为全面推行河长制，红寺堡区“三个注重”落实此项工作，注重加强宣传，营造氛围。通过微信公众号、悬挂宣传横幅标语、发放传单、在电视台通篇播放《全面推行河长制实施意见》等举措，广泛宣传“河长制”工作，普及沟河道管理知识，营造人人关心沟河道、珍惜沟河道、保护沟河道、美化沟河道的良好社会氛围。注重强化组织领导，构建工作推行体系。按照“建立管理机构、明确工作目标、落实管理责任、严格管理考核”的要求，成立组织机构，办公室设在水务局，由区委、政府的21个职能部门组成，各部门确定1名工作人员专门负责此项工作。注重前期准备，健全工作推进机制。对辖区内沟河道进行全面实地调查，核对水系图等措施划定落实河长制沟河道名录。编写《红寺堡区区级河长制会议制度》《红寺堡区河长制2017年工作要点》《红寺堡区河长制考核办法》《红寺堡区河长制工作督办制度》《红寺堡区河长制信息报送制度》等制度，会议研究后下发实施。组织人员赴江西省静安县学习河长制先进经验，多方筹措资金50余万元，通过政府采购的模式对辖区的沟河道基础信息实地测绘，建立“一河一档”“一河一策”“一河一图”。

【水土保持】

2017年，红寺堡区完成面上治理水土流失面积26.05平方千米，其中完成生态造林15.04平方千米（乔木林1.54平方千米，灌木林3.67平方千米，经果林9.83平方千米），人工种草11.01平方千米（种植多年生蓄草10平方千米，禁牧1.01平方千米）。完成录入全国水土保持监督管理系统（V3.0）2011—2017年红寺堡区内生产建设项目水土保持监督检查和管理工作信息。

（马云）

水土流失治理

红寺堡扬水工程泵站压力管道

供水保障

【水源工程建设】

2017年，红寺堡区有供水水源工程6处，即中部供水工程、西部供水工程、鲁家窑供水工程、新庄集供水工程、周新供水工程及乌沙塘人饮工程。其中中部和西部供水水源为深井地下水，鲁家窑、新庄集、周新及乌沙塘供水水源为扬黄灌溉水。中部供水工程水源地在柳泉，共建成水源井10眼，清水池2座，设计日供水量16000立方米/天；西部供水工程水源地在中宁恩和，建有水源井2眼、清水池5座(加压一、双井子、加压二各1座、红崖2座)，设计日供水量2400立方米/天；鲁家窑供水水源工程由取水工程、水库工程和水厂工程三部分组成，建设380万立方米水库1座，1500立方米清水池2座，设计年供水总量910.7万立方米，日供水量5万立方米/天（生态绿化及农业灌溉3.4万立方米/天，生活及工业1.6万立方米/天）；新庄集供水工程水源为新庄集五支干高口扬黄渠道水，建设净化水厂1座，10万立方米蓄水池1座，500立方米清水池1座，设计供水量1087立方米/天；周新供水工程水源为红寺堡四干渠七支渠道取水，建净化厂1座，6万立方米蓄水池1座，4万立方米蓄水池1座，500立方米清水池1座，设计供水量591.22立方米/天；乌沙塘供水工程水源为红寺堡三干渠扬黄渠道取水，建净化水厂1座，取水泵站1座，300立方米蓄水池3座，设计供水规模为1440立方米/天。

【基础设施建设】

2017年，红寺堡水投公司争取项目资金35万元，对鲁家窑水厂大门前供水口重新规整，并预留多个分水口，为今后新增用户接口取水提供便利条件。实施红寺堡城乡供水水资源监测及综合管理一期项目建设，初步建立调度中心的基本框架。配合水务局实施新庄集、石炭沟农村人饮安全改造提升项目，从根本上解决该区域供水量不足的问题。做好柳泉水源地保护工作。协调发改局对现行水价进行重新核算，推进地区供水价格调整。配合建设局做好第二水厂设备调试、污水厂运行成本核算等工作，实现从供水、排水、污水处理到中水回收利用的产业链全覆盖。申办鲁家窑水库和柳泉水源地水资源取水许可证。

【安全生产】

2017年，红寺堡区组织层层签订安全生产目标责任书78份。经自治区水利厅安全标准化评审小组对安全生产标准化建设进行现场二级达标评审，宁夏水投红寺堡水务有限公司被评为水利安全生产标准化二级达标单位。开展安全生产月活动，活动期间共发放各类安全宣传材料512份，开展岗位风险辨识1次，制作微视频1部，组织应急演练2场。全年对供水管道、水库大坝、机电设备、水工建筑物等重点部位进行安全检查70次，隐患整改率100%。按照年度安全经费使用计划，做到专款专用，足额提取，保证各项安全生产活动的有序开展。公司全年投入安全生产费用40余万元。投资13.3万元，在生产现场醒目位置制作悬挂警示牌、制度牌212块，绘制地面隔离警示线736米，做到人员有别、设备有牌、管线有标、器具有类、标志齐全。对各站点电气设备实施接地、防雷、防静电保护措施，将新庄集泵站450米钢芯铝绞高压线路及其他附属设施进行改造更换，保障电气设备设施的安全运行。

【水质监测】

2017年，红寺堡水投公司依据国家《生活饮用水卫生标准》的检测项目和检测频次要求，坚持每天（周）对各站点原水、出厂水和末梢水水质进行常规9项检测，每月进行常规35项检测，每半年进行106项检测。全年完成日常规检测1392件，月常规检测143件，106项水质检测2件。

【企业减负】

2017年，红寺堡水投公司争取国家、地方优惠政策支持，减轻企业资金压力。2017年共争取减免税费53.93万元，争取失业稳岗补贴1.77万元。

【优化服务】

2017年，红寺堡水投公司开设集报装、报停、报修、抢修、收费、咨询、投诉于一体的“一站式”服务。依托互联网技术，在原有水费缴费方式上，相继开通官方微信、预存水费、自助缴费机缴费以及银行代收水费四种缴费模式，拓宽便民缴费渠道。针对不同停水原因，制定相应停水流程图和停水审签单，规范停水管理流程。开展“世界水日”“中国水周”“节水周”宣传活动，采取悬挂横幅、发放倡议书和宣传资料等形式，向当地群众普及地区水资源现状、节约用水的意义等，促使保护水资源和节约用水的理念真正走进群众心中。成立宁夏水投红寺堡水务有限公司重大节日（活动）供水保障工作领导小组，强化应急组织领导，明确责任分工，完成红寺堡区两会、全国青少年航空航天模型锦标赛等重要会议、重要活动的供水任务。

【24小时报修服务】

2017年，红寺堡水投公司严格执行24小时供水报修服务制度，加强对各类设施设备维修管理。全年共完成检修任务345次，管道巡查186次，累计投入检修资金62万元。

【城乡供水】

2017年，红寺堡水投公司实现供水614.7万立方米，完成年度目标606万立方米的101.4%，较2016年供水量573.1万立方米增长了7.3%；实现营业收入1635万元，完成年度目标1521万元的107.5%，较2016年营业收入1476万元增长10.77%。

（裴斐）

风力发电

工 业

Industry

综述

【项目引进】

2017年，红寺堡区组建小分队先后外出招商11次，召开推介会2次，签约项目11个（开工建设6个）。10月，与山东德州恒丰集团签约，投资15亿元建设红寺堡区纺织产业园项目。

【规模产值】

2017年，红寺堡区有规模以上工业企业18户，其中，2017年申报规上企业5户。全年区全规上工业企业产值完成13.8亿元，实现增加值4.86亿元，同比增长18.5%；规模以下工业企业完成产值3.62亿元，实现增加值1.2亿元，同比增长12.7%。社会消费品零售总额完成6.19亿元，同比增长8%。

【招商机制】

2017年，红寺堡区挖掘慈善资源、产业引领的主体作用和宁夏弘德慈善园区、罗山万亩葡萄酒文化产业示范园、高效节水生态农业示范园、光伏产业园的平台作用，以项目为支撑，实施工业扩规达产工程，围绕调整产业结构，培育发展新兴产业，壮大特色产业。立足葡萄、枸杞、草畜“三大产业”，重点培育农副产品深加工、特色轻工业和新能源为主导的产业体系。全年参加各类展会5次、拜访大型企业52次、征集客商信息210条、接待到红客商715人次。

【项目实施】

2017年，红寺堡区实施招商引资开工建

设项目35个（新建32个，续建3个），总投资145.9亿元，实现到位资金84.4亿元，完成吴忠市下达80亿元招商任务的105.5%。其中区外开工建设项目21个（新建20个，续建1个），总投资119.6亿元，实现到位资金63.68亿元，完成自治区下达58亿元招商任务109.8%。

【项目申报】

2017年，红寺堡区兑现2016年扶持工业经济发展奖励资金48.31万元，组织白浪、紫尚等企业申报“自治区新型工业化发展资金”“专精特新中小企业和小型微型企业”等各类扶持项目20次，累计申请自治区新型工业化发展资金170.7万元、专精特新补贴资金80万元。推荐宁夏壹加壹农牧股份有限公司成为自治区级活畜储备企业，争取扶持资金22.4万元。协助汇川等4家非公企业获得困难企业补贴资金50.856万元，以及弘德、红川农业等7家享受红寺堡区失业保险稳岗补贴资金16.93万元。帮助两家商贸企业争取专项资金300万元建立农特产品追溯体系。

【电商发展】

2017年，红寺堡区建成县级电商服务中心1家，村级服务站50个、专业合作社服务站5家、企业服务站5家，贫困户开办网店微店157家。部分电商企业和贫困户通过淘宝、京东、天猫等平台，线上销售亚麻籽油、雪花牛肉、枸杞等农特产品230万元。

（马步哲）

产业园区

【招商项目】

2017年，宏德慈善产业园区主要招商项目有特变电工、兴民纺织、玻璃制品、赛乐菲饲料加工等11个，引进资金总额20.5亿元。

【服务企业】

2017年，宏德慈善产业园区开展服务企业行动，主动帮助企业化解在土地、环保等方面的问题。与金融部门对接，帮助企业解决资金方面的难题和开拓市场。重点在人力、物流、水、电、天然气方面给予充分保障，尽最大努力帮助企业实现正常运转。

【生态环保】

2017年，宏德慈善产业园区强化环保生态园区理念，把节能减排与环境保护作为重中之重，把好项目入口关，禁止高污染项目入园，严格执行国家的排放标准，严控污染物排放强度，发展低能耗、高附加值的高新技术产业和特色产业，同时开展现有企业的技术改造，核定节能减排指标，加快产品的升级换代，提升产业层级。开工建设污水处理厂（PPP项目）。

【安全检查】

2017年，宏德慈善产业园区聘请安全检查部门工作人员对园区企业进行安全生产目标责任书、检查记录和隐患整改台账、现场重大危险源、重点危险化学品储存和运输、检查人的不安全行为和物的不安全状态的安全检查，与各企业签订安全生产目标任务书，逐级建立安全生产责任制，建立以落实责任为核心的安全监管网络，将监管责任落实到人。

（杨志国）

电力供应

【电力业务】

2017年，红寺堡供电公司售电量10.9亿千瓦时，同比增长37.8%。售电收入完成4.29亿元，同比增长44.69%。业扩报装完成5052户，报装容量累积完成11.71万千伏安。10千伏配网综合线损率累计完成5.16%，10千伏配网线路同期线损合理率92.30%，台区线损合理率84.16%。

【营销服务】

2017年，红寺堡供电公司组织完成四次对窗口服务人员的培训工作，提升窗口服务人员的服务意识、服务技巧及投诉风险化解能力。严肃责任类投诉问责，遏制服务违章行为。累计走访电力大客户、高危重要客户68户次，答复各类问题54条，向客户送电价政策，送安全用电技术，解决客户用电需求。深化塞上电力（红寺堡）党员服务队品牌建设，公司连续八年在红寺堡地区获得政风行风第一名。

【电网建设】

2017年，红寺堡供电公司深入推进配电网标准化建设，落实《国网吴忠供电公司农网改造升级工程管理实施方案》，制定《单项工程施工日志》和《工程影像资料采集制度》，通过推行工程影像资料采集制度为工程建设、验收和日后运行管理提供第一手现场资料，利于工程的全过程管控。全年实施大修、技改及各类工程项目7个批次。

【光伏扶贫】

2017年，红寺堡供电公司依托光伏扶贫工作，加快团结村配网改造速度，同时利用团结村户均容量较高的特点，引导村民开展电能替代，提高村民冬季取暖安全性。光伏扶贫工程实施后，团结村光伏扶贫户达到749户，摆脱扶贫村现有贫困局面，满足分布式光伏的接入，户均接纳容量达到5.2kWp。

（马琪琪）

光伏太阳能

金水广场一角

财政 税务

Finance and Tax Administration

财政

【财政运行】

2017年，红寺堡区一般公共预算收入完成20431万元，为年度预算的100.4%。其中：税收收入完成9354万元，为年度预算的83%，同比增长14.8%；非税收入完成11077万元，为年度预算的122%，同比增长21%。一般公共预算支出完成281471万元，为变动预算数的93%。

【财政支出】

2017年，红寺堡区社会保险基金收入完成14228万元，其中：企业职工基本养老保险基金收入3022万元，城乡居民基本养老保险基金收入3595万元，城镇职工基本医疗保险基金收入4700万元，城乡居民基本医疗保险基金收入1596万元，工伤、失业、生育保险基金收入1315万元；社会保险基金支出完成20160万元，其中：企业职工养老保险基金支出1200万元，城乡居民基本养老保险基金支出2850万元，城镇职工基本医疗保险基金支出4900万元，城乡居民基本医疗保险基金支出9793万元，工伤、失业、生育保险基金支出1417万元。社会保险基金年终滚存结余10669万元。

投入资金18581.5万元，用于政法部门的装备购置、两院办案、法律救助、普法宣传、社会综治及禁毒等工作，维护社会稳定，为平安红寺堡建设提供财力保障。

【财源培植】

2017年，红寺堡区严格征管责任，与财税部门分别签订收入目标管理责任书，层层分解落实收入任务和征管责任。建立财税联席会议制度，紧扣收入进度，坚持一月一分析，定期召开组织收入工作调度会，研判收入形势，挖掘增收潜力，随时掌握重点行业、重点产业、骨干企业纳税情况和变化动向，协调解决组织收入中遇到的各种困难和问题，确保收入及时足额入库。创新征收举措，实行财税部门领导联系重点税源企业责任制，深入重点企业开展调研，主动帮助企业排忧解难。采取纳税评估，税务稽查等措施，堵漏增收，减少税收流失。推进科技治税，综合信息平台建设，动态掌控收入入库信息，通过平台数据比对、分析、交换和利用，做到应收尽收。

【脱贫攻坚】

2017年，红寺堡区投入扶贫资金26974万元，用于以工代赈、整村推进、“双到”工程、整乡推进、互助资金、少数民族发展、康复扶贫等扶贫项目建设，改善农村贫困地区基本生产生活条件，提高农村扶贫对象就业和生产能力。投入资金7475.07万元，用于支持地方特色种植业、设施养殖等农业产业化项目。通过一卡通兑付各类惠农补贴8619.68万元；争取村级公益事业一事一议财政奖补资金4770万元，实施道路硬化项目78个，文化大院项目1个；争取农业综合开发项目6个，落实财政资金1708万元，完成土地治理总面积1.4万亩，支持特色农业产业发展合作社3家。

【民生项目】

2017年，红寺堡区投入资金14131万元，用于城乡低保、城乡医疗救助、自然灾害救助、临时性救助等民生项目，救助困难群众3.58万人次，保障城乡低保户、五保户、优抚对象、散居孤儿、残疾人等弱势群众的基本生活；投入再就业资金4328万元，用于“三支一扶”、公益性岗位、就业培训等就业项目，落实国家促进再就业政策；投入社会保险补助专项资金10663.71万元，确保城乡居民养老、城乡居民医疗等社会保险制度的正常运行。

【财政惠民】

2017年，红寺堡区投入资金18280万元，用于城乡基础设施建设，新建改造龙泉路、佳泉路、罗山北路等城区道路。第二污水处理厂、城东生态公园等重点项目顺利实施；争取棚户区改造专项资金10803万元，融资贷款8.6亿元，完成城市棚户区改造1800户；投入资金200万元，落实区政府2017年承诺为民办的8件实事；投入节能环保资金2881万元，支持农村环境综合整治及大气防治；投入水利项目资金6667万元，支持农村饮水安全工程、沟道治理、江河湖库水系综合整治、农田水利及中小河流治理项目；投入资金2281.1万元，用于森林培育、林业管护、造林补贴等林业产业化项目建设；投入资金668万元，支持葡萄产业发展，解决肖家窑中部节水特色农业示范项目（骨干工程）和田间供水工程以及生态林业综合治理项目建设资金不足的问题。

【社会事业】

2017年，红寺堡区投入资金6.26亿元，用于农村义务教育经费保障、薄弱学校改造、幼儿园、标准化操场、未成年人校外活动场所、青少年活动中心运行、义务教育阶段学生营养改善计划、政府购买学前教育服务、贫困学生资助等方面，保障学校基本运转，改善办学条件，提升教育软硬件水平，促进义务教育均衡发展；投入资金358万元，用于现代农业技术与体系建设、科技支撑计划、科技扶贫指导员项目、基层科普行动计划等方面，加快农业科技成果转化应用，提高农业科技含量；投入资

罗山西麓的黄芩花

金7249万元，新建文化馆。建成村综合文化服务中心60个，举办2017年全国青少年航空航天模型锦标赛暨第四届航空旅游节；投入公共卫生资金4805.8万元，用于村卫生室、卫生服务站、疾控防治中心建设等，加强基本公共卫生服务基础保障；投入350万元对公立医院信息化软件管理系统进行升级改造。加强与上海六院、首都医科大学附属北京友谊医院平谷医院、宁夏医科大总院等区内外优势医疗机构合作，提高红寺堡区的医疗水平。

【财政改革】

红寺堡区国库集中支付改革电子化全面上线，预算单位拨款全部实现无纸化；将三公经费做为监督检查的重点工作，坚持每年抽取重点单位进行监督检查，确保财政资金安全有效使用。全区三公经费由2016年的1055.29万元，下降到2017年的596.91万元，节约资金458.38万元，节约率43.44%。全区73个预算单位在政府门户网站公开部门预决算和三公经费信息；2017年政府采购工作实现电子化，从项目申报到挂网交易全部实行网上审批。全年共组织政府采购126次，采购预算资金22032万元，实际采购资金19175万元，节约财政资金2856万元，节约率12.9%。全年共投入政府购买服务项目资金6000万元，占公共服务支出20315万元的29.53%，主要涉及城市、农村环境卫生整治、园林管理、教育、安保、社区服务等领域。开展机关事业单位工作人员养老保险制度改革工作，确保机关事业单位退休人员基本养老金足额及时社会化发放。筹资3000万元设立担保基金，成立吴忠市红寺堡区红兴担保有限公司、宁夏农业信贷担保有限责任公司红寺堡区分公司。全年担保贷款5091万元。

（顾莉盼）

税务

【税收收入】

2017年，红寺堡区各项收入27741万元，其中税收收入26492万元，较2016年同期增加35.16%，增收6892万元。县（区）级完成收入9924(含教育费附加570万元)，同比增加4.7%，增收450万元。征收社保费14847元，同比增长108.15%，增收7714万元。

【税源监控】

2017年，红寺堡区国税局制定《红寺堡区纳税人分类分级管理办法》，按规模划分为大企业、重点税源企业和一般税源企业。个体工商户原则上比照一般税源企业管理，自然人纳税人按照收入和资产划分，对年收入超过12万元的划分为县级重点自然人加强管理。全面开展地方税清查，强化地方税管理质量，建立纳税人房屋、土地税源信息底册。对未做税种登记的及时进行登记，并追缴以前年度漏征税款，对享受优惠到期企业及时催报催缴。追缴耕地占用税455.74万元，加收滞纳金162.32万元。

【税费减免】

2017年，红寺堡区国税局共办理减、免、退税14518万元，其中：增值税减免6976万元，营业税减免23.86万元，企业所得税减免5263.7万元，契税减免591.5万元，车辆购置税减免306.86万元。817户小型微利企业受惠减免税额1399.93万元。办理各类退税447.14万元。

【纳税评估】

2017年，红寺堡区国税局按照初步审核、案头分析、约谈举证、实地核查的纳税评估程序，对有纳税疑点的21户企业评估缴纳税款439.63万多元。

【汇算清缴】

2017年，红寺堡区国税局汇算清缴面达到100%，比同期增加89户。加强地方小税种管理，年内共计入库税款4131.87万元。其中：契税793.36万，土地增值税587.59万，耕地占用税676.73万元，印花税246.06万，城镇土地使用税170.29万，个人所得税1333.64万元，房产税239.8万元等。

【“春风行动”】

2017年，红寺堡区国税局制定红寺堡区国税局2017年“便民办税春风行动”责任分工与时间进度安排表，明确完成时间，细分责任科室，由领导小组负责督导，领导小组办公室负责跟踪，确保各项措施落实到位。在提速减负、创新服务、便民办税与合力共赢四个方面，按照时间节点完成减少办税等候时间、简并涉税资料报送、提高纳税申报质量、优化发票领用方式、拓展发票开具方式、加速实名办税进程、巩固商事登记制度改革成果、强化纳税信用管理运用和扩大社会合作范围等十项便民措施推广落实，切实减轻纳税人办税负担，使便民办税提档升级。

【税法宣传】

2017年，红寺堡区国税局以办税服务厅为主阵地，利用电子显示屏、公告栏等渠道向纳税人宣传最新税收政策、法规40余条；利用互联网、微信QQ群和微信公众平台与纳税人进行互动交流，发布各类税收政策300余条；结合税法宣传月，向居民免费发放优惠政策宣传册800余册，宣传发票使用、契税缴纳等常用政策；充分利用纳税人学堂，开展常态化的办税业务知识培训，重点做好小微企业税收优惠政策、营改增政策等培训。

【优化服务】

贯彻落实《全国县级机关纳税服务规范》，加强办税服务厅日常管理，落实延时服务、预约服务、首问责任制和导税咨询服务等各项办税服务厅制度。落实“免填单”“一次性告知”服务制度。统一规范即时办结、限时办结业务范围和流程，简化普通发票领用手续，提升纳税满意度和遵从度。开展纳税需求征集活动，共记录收集纳税人涉税需求记录表五百余份，整理5个方面7项意见建议进行整改并向纳税人反馈。

（马玉贵　赵丹）

红寺堡新区

金融 保险

Finance and Insurance

中国农业银行红寺堡支行

【存款业务】

2017年，中国农业银行红寺堡支行各项存款余额145448万元，较年初增加18999万元，增幅15.03%，完成年度计划的179.57%。其中：对公存款余额73482万元，较年初增加11945万元，增幅19.43%，完成年度计划的243.78%，同比多增5093万元，余额、增量同业占比32.11%、53.47%；个人存款余额71966万元，较年初增加7270万元，增幅11.24%，完成年度计划的125.34%，同比少增6584万元，余额同业占比30.69%，增量同业占比18.97%。

【贷款业务】

2017年，中国农业银行红寺堡支行各项贷款余额67755万元，增量6240万元，同业占比15.21%。其中：法人贷款余额5000万元，占比7.38%，较年初减少1040万元，降幅17.22%，收回法人不良贷款近3000万元；非农户个人贷款余额43063万元，占比63.56%，较年初增加3699万元，增幅9.40%，同比少增1664万元；农户贷款余额14632万元，占比21.60%，较年初增加2149万元，增幅17.22%，同比多增216万元（其中农户小额贷款余额10968万元，较年初增加3514万元，增幅47.14%）。卡透支余额5060.22万元，占比7.46%，较年初增加1449.46万元，增幅40.14%。

【中间业务】

2017年，中国农业银行红寺堡支行全年实现中间业务收入755.61万元，同比增加

106.85万元，增幅16.47%，完成年度计划的113.39%。其中：代理保险业务42.23万元，较上年增加0.15万元；贵金属业务收入30.19万元，较上年减少38.15万元；信用卡业务收入303.76万元，较上年增加131.58万元，增长76.42%；理财业务收入48.34万元，较上年增加24.86万元，增长率105.87%。

【个贷业务】

2017年，中国农业银行红寺堡支行后营销鹏胜城市花园、御泉新苑3期、瀚海明珠、团结商业广场等8个楼盘，申请按揭额度60000万余元。截至2017年底，共发放个人住房按揭贷款429笔，8442.9万元，发放商用房按揭贷款45笔，1368.7万元。全年向工薪阶层发放消费贷款107笔，629万元。

【助力小微企业】

2017年，中国农业银行红寺堡支行对全区小微企业进行梳理排队，深入企业调研，对符合准入条件的企业及企业主给予信贷支持，全年累计发放小微企业及助业贷款59户，金额3007万元。

【“三农”服务】

2017年，中国农业银行红寺堡支行立足于红寺堡区特色优势产业，按照三农业务稳量升级的思路，提升金融扶贫能力，做好农户贷款发放工作。利用农户小额贷款三年授信到期的机会，共向红寺堡区三乡两镇7个行政村发放农户小额贷款3848笔，12135万元，其中脱贫致富贷955笔，3229万元，占贷款投放量的19.61%。与吴忠开源信用担保公司合作，加大对特色产业的支持力度，全年累计发放专业大户、家庭农场、特色产业贷款114笔4332万元。

【专题营销】

2017年，中国农业银行红寺堡支行组织开展“贵金属”“信用卡新系统”“信用卡专项/现金分期”“E商管家”等一系列产品专题营销活动，第三方存管、个人网银、掌银、企业消息服务、有效收单商户等产品均完成全年计划，其中有效收单商户完成率1085%，企业消息服务完成率307%，掌银完成率69%，个人网银完成率181%，第三方存管完成率125%。

（马婕）

红寺堡区农村信用合作社

【存贷款业务】

2017年，红寺堡区农村信用合作社各项存款余额184661万元，较年初增长28918万元，增幅18.57%，其中对公存款增长15066万元，占新增存款52.11%，储蓄存款增长13852万元，占新增存款47.89%。截至12月末，单位存款余额95931万元，较年初增加15125万元，增长18.72%；个人存款88730万元，较年初增加13793万元，增长18.41%。各项贷款余额（剔除转贴现和信用卡）89224万元，较年初增加14536万元，增幅19.46%。

【贷款质量】

截至2017年底，红寺堡区农村信用合作社五级不良贷款余额1084万元，占比1.01%，全口径不良贷款0万元，余额和占比较年初分别下降73万元、0.23个百分点，实现余额占比双降。

【移民贷】

2017年，红寺堡区农村信用合作社发挥信贷对精准扶贫的杠杆作用，推出“移民贷”信贷产品，在满足辖区内自发移民的日常消费、生产资金需求的同时，拓宽金融服务覆盖面，带动和帮助自发移民创业就业脱贫致富，达到“不漏一户，不落一人”的精准扶贫工作目标。截至2017年末，发放“移民贷”贷款605户4305万元。

【金融扶贫】

2017年，红寺堡区农村信用合作社共发放金融扶贫贷款6541户、27487万元，其中：发放建档立卡贫困户贷款6535户，25827万元，发放产业带扶贫贷款6户、1660万元。

【银政合作】

红寺堡区农村信用合作社与扶贫办签署金融扶贫贷款担保基金和风险补偿基金协议，促进金融扶贫贷款。截至2017年底，担保基金和风险补偿基金余额2200万元。与财政局出资建立吴忠市红寺堡区红兴担保公司，截至年底，担保公司已注入担保金500万元，信用社为4户企业发放贷款760万元。

【普惠金融】

2017年，红寺堡区农村信用合作社发展网上银行930户，发展手机银行7706户，短信银行65277户，电话银行300户，发行借记卡19.99万张、贷记卡505张，布放电话自助结算终端175台，POS机288台，移动营销终端7台，三农/社区便民服务终端7台，在全红寺堡区布放ATM机19台，其中布放离行式ATM机3台，布放现金循环机4台，设立银行卡助农取款服务点105个，实现5个乡镇、63个行政村的金融服务全覆盖。信用社对助农取款业务每月发放保底工资200—600元，按照1元/笔的标准实行补贴激励机制。截至年底，每个服务点月均发生助农取款交易95笔8.1万元。

【审计稽核】

2017年，红寺堡区农村信用合作社开展序时稽核3次，发出整改通知书22份，提出整改建议20条，对相关责任人进行违规积分及扣收绩效的处理，开展决算、会计业务、贷款业务、押品管理、电子银行、票据业务等专项审计9次、下发整改通知书27份，检查问题33条，提出整改建议30条，同时开展重要岗位离任审计等审计检查24人次。

（马俊）

宁夏银行红寺堡支行

【存贷业务】

截至2017年底，宁夏银行红寺堡支行各项存款时点余额53747万元，较年初下降7069万元，日均余额59003万元，较年初增加21160万元，其中储蓄日均存款13579万元，对公日均存款41635万元，各项贷款余额34927万元，较年初增加2094万元，其中对公增加6056万元，个人贷款减少1095万元，累计办理贴现1.24亿元，实现贴现利息收入420万元，利息收入共计1626万元、利润271万元。不良贷款余额2675万元，不良贷款率7.61%，贷款收息率81.34%。

【精准扶贫】

2017年，宁夏银行红寺堡支行通过红寺堡区政府引进的“飞地养殖模式”，发放“飞地养殖”贷款515万元，103户人受益。发放“光伏贷”4户，15万元，收集、面签资料100余户。进村入户帮扶50户。对太阳山镇的13个行政村进行信贷资金扶持。与吴忠现代农业扶贫开发投资有限公司协作，扶持专业合作社和当地农业产业化龙头企业。累计发放葡萄产业贷款5442万元。

（王怡）

中国人保财险红寺堡支公司

【保费受理】

2017年，中国人保财险红寺堡支公司实现保费830.62万元 。个险期缴保费227.62万元，学生险保费90万元，“扶贫保”保费459万元，小额贷款借款人定期寿险保费27万元，农村小额全家福保费4万元，“爱妮保”保险保费5.6万元，计生险保费7.2万元，老龄保险10.2万元；银保业务共实现382.92万元。承保客户10万余，受理各类案件1600余件，设立扶贫保专柜受理咨询理赔。支付赔款近260万元。

【合规管理】

2017年，中国人保财险红寺堡支公司在确保业务发展的同时，将合规经营作为公司发展的主线，执行上级公司制定的各项规章制度，强化管控，杜绝经营风险。

（孙萍）

道路亮化

交通运输与商贸流通

Transportation and Trade Circulation

交通运输

【征地拆迁】

2017年，红寺堡交通运输局完成京藏高速改扩建工程（滚泉至桃山口段）、盐兴路（G338）改建工程（红寺堡至惠安堡段），土地丈量、附着物统计、房屋拆迁等各项前期工作，各标段按期进场，完成11亿元的固定资产投资任务。

【农村公路建设】

2017年，红寺堡交通运输局实施农村公路项目24条159.39公里，概算总投资2.55亿元。其中，续建4条61公里，新建20条98.39公里。完成重点工程二级公路慈善大道至G338连接线项目的招标工作，罗山大道项目完成道路主体工程。筹划成立红寺堡公路工程质量监督站，委托第三方开展业主试验检测工作，规范工程监管程序，下发问题整改通知单18份，整改问题27个，责令施工单位更换项目管理人员3人，并对相关责任人进行问责。

【公路管养】

2017年，红寺堡交通运输局修复零星道路病害恩红公路、慈善园区道路等沥青路面2280平方米，中圈塘村间道路、乌沙塘续建四公路的水泥混凝土路面2043平方米。清理20座桥梁伸缩缝和泄水孔，维修桥梁伸缩缝88米，维修、新增波形梁护栏121米，清扫过水路面、桥梁和路面10万平方米。清理路面堆积物230平方米，清理风积沙15处约225吨，清除混凝土路面翘起33处。安装减速带233.8米。完善农村公路安全设施，补栽标志标牌17块、混凝土警示柱210根，爆闪灯2盏，广角镜4块。维修、更换污水井盖44座，安装“公跨铁”安全设施波形护栏352米。

【服务民生】

红寺堡综合客运站项目完成规划选址、可研审批等前期工作。开工建设新庄集乡、石炭沟村乡镇客运综合服务站。制定出台《马渠移民村交通补助实施方案》，截至年底，马渠移民交通补助工程共计支出11.1万元。全年出动车辆185台（次），人员460人（次），深入客运站场、施工现场开展专项检查，发现安全隐患，及时督促整改。新修S304线至黄羊滩公路建成通车，新庄集乡洪沟大桥完成各项前期工作，具备招标条件，审批完成弘德慈善产业园区至太阳山开发区公路、买韦公路可行性研究报告。

（马玉良）

运政管理

【运政管理】

2017年，红寺堡区运管所监管辖区各道路运输企业，开展“打非治违”专项整治行动，规范客运市场秩序。全年为辖区境内客运车辆争取补助87余万元。督导汽车客运站张贴“遵德守礼”提示牌、孝老爱亲、社会主义核心价值观等宣传标语、画报等。设置便民服务台，美化亮化乘车环境。

【安全监管】

2017年，红寺堡区运管所以开展“道路运输平安年”和“安全生产万里行”等活动为主题，监督辖区各运输企业履行安全生产主体责任，落实各项安全生产制度，开展各项安全

红寺堡高速收费站

生产工作。强化安全隐患排查，严查隐患项目，确保安全生产危险因素得到彻底根治。

【矛盾排查】

2017 年，红寺堡区运管所建立健全道路行业不稳定隐患排查机制，层层签订责任书，明确分工、责任，落实综治措施，开展矛盾纠纷排查工作，综合运用政策、法律、行政手段和教育、协调、调解等方法，化解矛盾纠纷，维护社会稳定。年内接待群众和经营业户来访 60 余人次，解决实际问题 3 件。

【公正执法】

2017 年，红寺堡区运管所抓好执法监督、纪检监督，健全内部监督和外部制约机制，落实廉洁自律各项规定，坚持日常检查和不定期明察暗访相结合，查处执法不规范、不文明行为，并将执法规范和队伍教育管理纳入基层股（室队）工作考核目标中，实施“一票否决”。建立行政执法政务公开制度，发挥“12328”运政服务热线功能和行政处罚、行政许可“双公示”，营造良好的运政执法环境。

（谢春玲）

招商引资

【招商机制】

2017 年，红寺堡区挖掘慈善资源、产业引领的主体作用和宁夏弘德慈善园区、罗山万亩葡萄酒文化产业示范园、高效节水生态农业示范园、光伏产业园的平台作用，围绕调整产业结构，培育发展新兴产业，壮大特色产业。重点培育农副产品深加工、特色轻工业和新能源为主导的产业体系。

【外出招商】

2017 年，红寺堡区工业和商务局参加各类展会 5 次、拜访大型企业 52 次、征集客商信息 210 条、接待来红客商 715 人次。招商小分队先后 11 次外出对接项目，足迹遍及北京、上海、江苏、浙江、山东、福建、重庆、陕西、甘肃等地，并先后在福建德化、北京召开招商引资项目推介会，宣传建区以来各方面取得的成就，邀请客商数次到红寺堡考察。

（马步哲）

烟草专卖

【卷烟销售】

2017 年，红寺堡区烟草专卖局共销售卷烟 4462 箱，完成年度计划 4460 箱的 100%，同比增长 2.8%。销售结构 103.6 元，同比提高 6.4 元。标准货柜统一率 76% 以上，户均陈列面积提升 0.3 平方米，现代终端占比 21%，客户获利增长面 81.2%，户均获利 3248 元，同比增长 32.4%。

【营销网络】

截至 2017 年底，红寺堡区烟草专卖推广推烟器 10500 余个，户均品牌宽度 48 个，同比增加 7 个，细支卷烟销量同比增长 118.6%，重点品牌销售占比达到 84.96%，价格指数 99.56。

【市场监管】

2017 年，红寺堡区烟草专卖局出动专卖执法人员 547 人次，查获各类违法经营案件 28 起，查获卷烟 3.78 万支，涉案金额 2.76 万元。办理新增客户 151 户，注销 8 户，歇业 39 户。

（王天德）

道路网

邮政通信

Postal and Communication Service

邮政

【业务收入】

2017年，宁夏邮政公司红寺堡分公司业务收入完成647.2万元，其中代理金融业务收入398.63万元，函件收入15.24万元，报刊收入32.08万元，集邮收入74.24万元，包裹快递业务46.76万元，电商业务收入55.95万元，分销与配送商品收入23.15万元，其他收入完成0.97万元。

【函件业务】

2017年，宁夏邮政公司红寺堡分公司与宣传部门建立良好关系，以宣传部牵头发文到各单位上门公关营销，联合网点与中层管理人员协作介绍关键人，在开发业务的同时宣传销售“浪西北”联票，举办金融邮务联动沙龙、渠道铺货共销售800本。全年完成收入15.24万元。

【集邮业务】

2017年，宁夏邮政公司红寺堡分公司抓好高端邮品和库存邮品的销售，同时以邮票首发开展小型展销会、邮品鉴赏会、厅堂金融邮务联动品鉴活动及富兴社区（驿路、丝路—复兴路邮品展销活动）、建军90周年邮品营销、十九大系列邮品营销，累计销售邮品74.24万元，完成年计划目标65万元的114.22%。

【报刊业务】

2017年，宁夏邮政公司红寺堡分公司通过与报刊厅及图书销售商联合代销方式，不断拓展报刊零售市场。以政企单位为重点，拓展扶贫报刊市场与报刊订阅卡，累计收入32.08万元。

【电商业务】

2017年，宁夏邮政公司红寺堡分公司在加强与各协议客户单位合作的基础上，争取航空机票业务快速发展。红寺堡分公司两个网点开展双代业务，做好前台窗口营销，加强双代业务和短信业务办理，同时将政务大厅业务开办停止，全面移交邮政网点代办。全年收入55.95万元。

【包裹快递业务】

2017年，宁夏邮政公司红寺堡分公司强化柜台营销和外部营销，重点开发家乡土特产包裹和小包业务。开发甜瓜寄递项目，帮助农户销售甜瓜1300件，实现收入1.2万元。大河乡代办所以枸杞寄递为主，实现收入3.6万元。累计实现收入46.76万元。

【分销与商品配送】

2017年，宁夏邮政公司红寺堡分公司做好服务“三农”工作，开展“福祉新春”“春耕特训营”“粽情端午”“秋收特训营”“思乡月”等营销活动。累计实现收入23.15万元。

（李学勇）

电信通信

【经营指标】

2017年，红寺堡电信公司业务收入累计完成2866.64万元。移动到达用户数58432，年累计发展16964。宽带用户到达数10232户，年累计发展用户2167户。ITV到达用户数7927户，年累计发展用户2191户。

【渠道建设】

2017年，红寺堡电信分公司重视渠道基础建设，执行公司政策、做好代理商支撑、内部协调沟通及渠道人员管理工作。提升渠道运营能力，服务能力，以终端为引领，打造精品门店，提升开放门店运营能力。深化互联网运营思维，结合电商服务，拓展新网点，利用翼支付增强用户粘性。

【客户服务】

2017年，红寺堡电信分公司以流量不限量、宽带融合业务发展为重点，同时针对单宽包年、包月加载ITV等进行宣传发展，带动移动、ITV业务发展。以服务感知及客户价值提升为导向，以现网客户为主要群体，开展服务维系工作，始于客户需求，终于客户满意。

（田燕）

移动通信

【4G客户发展】

2017年，红寺堡移动公司结合终端销售政策，联合VIVO和OPPO厂家，采取与当地核心加盟店签订达量奖励的政策，为15家末梢渠道制作合作门头，带动末梢渠道4G+终端销售，提高渠道4G+终端销售占比。结合4G+手机节营销活动，对参与渠道老板与促销员进行多次培训，截至年底，渠道销售4G+终端渠道26家，占渠道总量的83.88%。

【宽带建设】

2017年，红寺堡移动公司做好城镇小区、商铺移动光宽带业务营销活动，重点做好小区及商铺宽带宣传，与小区物业建立合作关系，先后在各小区醒目处制作楼梯贴、车辆档杆、物业通知牌、条幅等，通过前期宣传影响力，提高客户对移动光宽带的感知和认可。同时，对小区和商铺进行摸底调查，掌握第一手客户资料，为后续精准营销做好铺垫。以宽带促发展为目标，统一农村区域移动宽带政策，以“乡镇”为单位，实行渠道商承包制，解决农村宽带营销问题，确保宽带实装率及宽带市场占有率。

【渠道建设】

2017 年，红寺堡移动公司根据酬金系统分析，特别对酬金效益最低的社会渠道进行指导培训，对于不适应新竞争环境，消极经营的渠道，加强激励鼓舞。清理长期未产生业务、已转行、倒闭渠道，通过两次集中整肃清理无效网点 3 家。加强末梢网点建设，在重要移民点挖掘培养渠道网点，完善网点布局的合理性。

（红寺堡移动公司）

联通通信

【网络建设】

截至 2017 年，中国联通红寺堡分公司网络基站达到 282 个，4G 基站达到 142 个，覆盖红寺堡区重要街道商圈、居民区、移民村等各类区域。在做好城区网络覆盖的同时，拓宽行政村及偏远地区的网络覆盖面，2017 年在红寺堡农村及偏远地区新建 4G 基站 48 个，4G 网络覆盖率达到 95%，经现场测试下载速率平均达到 42Mbps。

【宽带提速】

公司启动宽带用户普遍提速工作，对 FTTH 接入用户实行免费提速，将 50 兆以下宽带用户免费提速至 50 兆，新入网用户均已提速至 100 兆。在网用户 50 兆及以上速率占比达到 92.8%。

【资费改革】

下调在售套餐手机流量资费，推出流量不限量套餐，包含国内流量、省内流量、定向流量、夜间流量等，可满足用户多项流量需求。最低不限量套餐资费调至 19 元 / 月，在 2017 年 9 月 1 日全面取消语音国内漫游费。

【网络信息安全】

根据工信部对用户实名登记工作的相关要求，红寺堡公司启动上线用户办理所有业务人证比对功能，对在网的老用户资料不完善的开展实名制补登工作，针对虚假开户等情况，公司统一关停，实现在网用户实名制达到 100% 的要求，确保用户资料真实有效。

（马汉平）

美丽乡村

城乡建设与环境保护

Urban and Rural Construction&Environmental Protection

城乡规划与建设

【规划编制】

2017 年，红寺堡区城乡总体规划评估报告经人大常委会审议通过并上报吴忠市政府。编制完成《红寺堡区汽车服务区控制性详细规划》《红寺堡区建材市场控制性详细规划》《金水街北侧罗山路西侧片区控制性详细规划》，完成红寺堡区城西休闲公园的规划设计方案。

【规划管理】

2017 年，红寺堡区规划分局共审核办理建设项目选址意见书 42 件，建设用地规划许可证 20 件，建设工程规划许可证 36 件，村镇规划选址意见书 106 件，乡村建设规划许可证 36 件。实行重大规划项目由红寺堡区规划分局初审，报吴忠市规划局审定后核发“一书两证”。截至年底，共开展常规规划监督检查 20 余次，拆除违章建筑 50 处 2393 平方米，发出停工通知 142 份，发出限期拆除通知 100 余份。对城区规划项目均提交城乡规划工作领导小组会议专题研究审定，红寺堡规划分局初审后上报吴忠市规划局审定，对竣工后的项目依法进行规划核实和验收工作。为文体局审批办理 41 个农村文化服务中心活动室项目规划手续，为卫生局审批办理 17 个乡村卫生室规划手续，为教育局审批办理 14 个乡村幼儿园规划手续。对重点项目规划方案通过红寺堡区人民政府门户网站、吴忠报刊、广场电子屏等平台进行公示，增强居民的参与度和知晓率。

【城市建设】

2017 年，红寺堡区建设和环境保护局围绕清水河产业带建设项目、棚户区改造等争取到位资金3.36亿元。完成招商引资6.05亿元，占2亿元招商引资任务的302.5%。完成固定资产14亿元，占目标任务14亿元的100%。2017年计划实施城乡建设项目26个，总投资6.17亿元。其中德水街（康济路—太阳山路）改造工程、红寺堡区集中供热工程等15个项目完工。开工建设瀚海明珠商住小区等10个房地产新建和续建项目，总投资16.27亿元，总建筑面积35.67万平方米。

【乡村建设】

2017年，红寺堡区实施西川、团结等美丽乡村10个，其中住建厅支持资金建设4个，红寺堡区整合涉农资金建设6个，完成投资12619万元。住建厅分两批共下达危房改造任务1820户，下达危窑危房改造补助资金3054.3万元，截至年底已开工1840户，建成1840户，验收1840户，验收合格1670户，合格率90.76%。

（董亚明　韩江雪）

住房保障与管理

【保障性住房】

完成540户公共租赁住房分配入住和2017年第1—4季度692户31.46万元住房困难户租赁补贴发放工作。实行动态化管理，清退不符合条件的14户保障对象。

【棚户区改造】

2017年，自治区住建厅下达红寺堡区棚户区改造任务1800套，计划拆迁建筑面积24.7万平方米，占地面积1810亩，项目估算总投资8.6亿元。截至年底，全区共完成征收协议签订2433套，占全年任务的135%。国家开发银行和农业发展银行共授信8.46亿元，到位7.36亿元。

整齐的移民房

住房公积金管理

【住房公积金归集】

2017年，红寺堡区实缴单位95个，缴存人数4465人，新增缴存单位6个，新增缴存人数50人，6月30日共结息232.46万元，归集余额18461.7万元，归集公积金7066.37万元，与2016年（6327.98万元）同比增长11.67%，完成年计划任务（6500万元）的108.71%。

【住房公积金贷款】

2017年，红寺堡区住房公积金管理中心共为139户职工家庭发放住房公积金贷款3694万元，与2016年（3922.10万元）同比下降5.82%，完成年计划任务（3300万元）的118.85%，个贷率为63.82%。累计为1942户职工发放住房公积金贷款，贷款余额11781.74万元，存量贷款笔数755户，贷款逾期率为0。

【住房公积金提取】

2017年，红寺堡区住房公积金管理中心为购买自住住房、离退休、偿还贷款等职工办理住房公积金提取业务1328笔，提取金额4493.17万元，与上年(3985.63万元)同比增长12.73%，累计提取住房公积金17837.24万元。提供廉租住房补充资金125万元。

【住房公积金收益】

2017年，红寺堡区住房公积金管理中心全年实现业务收入505.79万元，业务支出249.85万元，住房公积金增值收益255.94万元。

（马鹏瑞）

城市供暖

【窗口服务】

2017年，红寺堡供暖公司将往年分散的收费窗口整合为一个综合的客户服务大厅，为客户提供供热政策、用热常识、用热业务咨询和受理等服务，通过设置供热展示牌向用户公开供热收费标准，利用电视台、微信平台及发放供热宣传彩页等方式宣传供热政策、用热常识、规范用暖，开设24小时客户服务热线及供热维修服务热线。全年共发放宣传彩页2万余份，接听热线电话2292个。

【设备维修】

2017—2018年，红寺堡区供暖公司共清洗板式换热器35台，检修电机44台，更换阀门58个，更换压力表36块，大修管网16处，对供热站的4台供热锅炉进行系统检修。

【节能减排】

2017年度，红寺堡区供暖公司落实环保制度，分别在东站、西站厂内安装一套烟气连续在线监测系统，结合现有脱硫除尘设备设计中存在的问题和实践工作经验，自主设计改良烟道及水循环系统，达到更好的脱硫除尘效果。

【收支运营情况】

2017—2018年度集中供热应供面积167.71万平方米，其中50.91万平方米空置，实际承担的供热面积116.80万平方米。资金收入3311.01万元，资金支出4440.70万元，支付往年欠款394.20万元，资金短缺735.49万元。

本期应收采暖费 2444.66 万元，其中：政府机关和企事业单位 367.80 万元、学校 306.93 万元、居民小区 1388.04 万元，商住 381.89 万元。

（马丽娜）

环境保护

【环境治理】

2017 年，红寺堡区建设和环境保护局扩大城区机械化清扫面积，投入大型洗扫设备对城区主要路段实施湿扫。全年累计出动清扫车辆 600 余车次，城区机械化清扫率 78%，出动洒水车 400 余车次，对城区主次干道进行洒水降尘。抽调环卫人员 270 余人次，出动各类车辆 80 余车次，清理综合市场、平房小区等卫生死角 160 余处。清运生活垃圾 12600 余吨，处理垃圾 12045 吨，垃圾处理率 95.6%。累计清理雨水井、雨篦子 720 余处。按照《公厕管理人员考核细则》对城区 19 座免费公厕采取创新管理机制。维修更换城区公厕、垃圾中转站破损设施，采购果皮箱 180 个，果皮箱内箱 400 个。投资 200 余万元治理填埋厂倒排工程维修水渠、水管、栽植绿化树木 1200 株，安装 80 吨电子地磅、监控系统，改善生活垃圾填埋厂周边的环境，减少污染。签订《餐厨垃圾收集协议》26 家，集中收集处理餐厨垃圾 600 余吨。

【环境监察】

2017 年，中央第八环境保护督察组督察反馈红寺堡区的四个问题全部整改落实到位。城区生活污水处理厂及弘德园区污水处理厂完成环保验收及销号，15 家葡萄酒庄建设完成三级沉淀池，其中 12 家通过环保验收，3 家因未生产而无法进行环保验收，但均通过工程竣工验收，2015 年以来新建 4 台 20 蒸吨燃煤锅炉整改到位，并全部完成自验。城区禁止新建 20 吨以下锅炉，供热公司完成燃煤锅炉脱硫升级改造，并安装污染物在线监控设施，与吴忠市环保局监控平台联网。环保厅下达红寺堡区燃煤锅炉淘汰任务 6 台 26 蒸吨，全部拆除。完成 34 家建筑工地扬尘整治。投资 195 万元购置道路清扫车 2 辆、洒水车 1 辆，对六盘山路、金水街等主要街道投入大型洗扫设备实施湿扫，加强裸露地面和堆场扬尘控制，严禁在城区空地堆放建筑垃圾、渣土，对闲置或未开发的裸露地采取绿化、硬化、覆盖、洒水等防尘措施，基本消除斑秃现象。建立秸秆焚烧长效机制，完成城区、乡镇、村（社区）分片包干制度，层层落实禁烧责任制，禁止焚烧秸秆和杂草、枯枝落叶等杂物，推广秸秆生物发酵技术，引导群众开展秸秆有效利用。建成投用空气自动监测站。全年环境空气优良天数达 293 天，优良率 85.7%。

【“绿盾 2017”专项行动】

2017 年，红寺堡区成立专项行动领导小组，召开 4 次专题会议安排部署专项行动，研究制定《红寺堡区“绿盾 2017”自然保护区清理整治专项行动工作方案》，明确责任单位、工作措施和整治期限。完成整改 85 处人类活动。

【环境违法治理】

2017 年，红寺堡区建设和环境保护局对 5 家存在环境违法行为的单位和企业立案查处，其中 2 家企业因存在污染物超标排放及未执行建设项目相关制度，给予 10 万元的行政处罚，并督促其完成整改。

（董亚明）

红寺堡回民中学鸟瞰

教育体育

Education and Sports

教育

综述

【基础设施建设】

2017年，红寺堡区投入教育经费7.1亿元，其中本级财政预算内教育经费投入2.78亿元、教育费附加413万元。财政性教育经费占国民生产总值的9.1%。建立中小学生均公用经费逐步增长的长效机制，及时对中小学公用经费进行调增，2017年地方配套生均公用经费小学生每人80元、初中生每人100元已配套到位。全区共创建市级示范园1所、一类幼儿园3所，创建市级文明校园6所、红寺堡区级文明校园6所。创建全国足球特色学校4所，创建市级德育先进集体3所。顺利通过自治区义务教育均衡发展评估验收。

【教育扶贫】

2017年，红寺堡区实施教育精准扶贫，在组织、制度、宣传3个方面建立保障机制，结合教育扶贫资助、学前资助、交通补助、义务教育阶段学生营养改善计划、壹元基金5项资助模式，实施办学能力、师资建设、教育教学质量、内涵发展、结对帮扶、学生关爱、教育保障7项提升计划，推进教育精准扶贫各项工作向纵深发展。在落实国家、自治区“奖、补、助、免、贷”等普惠性助学政策的基础上，整合雨露计划、燕宝基金等各项助学项目资金，区政府固定投入资金建立面向社会公开募集的平台，计划“十三五”期间每年筹措资金不少于1000万元，设立了教育扶贫基金，对建档立卡家庭高中、中职、高职、本科在校学生分别给予每生每年3000元、5000元、6000元、7000元的补助，对非建档立卡家庭经济困难大学生给予1000元的一次性资助。2017年，整合发放各类助学金2069.76万元累计资助学生达12479人次，其中教育扶贫基金771.7万元，资助学生7560人次。

【推进义务教育均衡】

2017年，红寺堡区义务教育阶段现有小学67所，初中4所，教学点8个，现有学生34850人（小学23128人，初中11722人），现有教职工1916人。依据《宁夏回族自治区义务教育阶段学校办学条件基本标准(试行)》，红寺堡区义务教育学校建设用地、校舍建设、学校装备条件、师资配备标准等四个方面，9项指标均达到义务教育阶段学校均衡标准。小学教学及教学辅助用房面积生均达到6.15平方米，体育活动场地面积生均达到16.88平方米，功能室设备装备达到3163.22元。学科教学仪器器材配置达到标准，每百名学生拥有计算机16台，人均图书20册，骨干教师比例26.92%；初中教学及教学辅助用房面积人均达到4.86平方米，体育活动场地面积人均达到11.68平方米，功能室设备装备达到3518元，学科教学仪器器材配置达到标准，每百名学生拥有计算机12台，人均图书31册，骨干教师比例23.91%。义务教育基本均衡发展工作通过自治区人民政府验，达到基本均衡。

【教师队伍管理】

2017年，红寺堡区共招聘事业编教师107名，签约免费师范生3名，招录特岗教师70名，并争取到“三支一扶”教师100名、大学生实习教师31名，共增加教师311名。按照相关规定交流校长25名、教师212名，出台《教育系统人事管理办法》。

【德育工作】

2017年，红寺堡区完善学校、社会、家庭三位一体德育工作网络，加强未成年人思想道德建设，推进社会主义核心价值观“三进”工作深入开展。通过黑板报、校园网、微信公众平台、家长QQ群等各种媒体加大宣传教育活动；通过“小手拉大手”，推动社会主义核心价值观教育。开展民族团结教育、法制教育、禁毒教育活动。马渠小学、红寺堡区第三小学

村级校园

被评为宁夏回族自治区民族团结模范学校。

【素质教育】

2017年，红寺堡区启动创新素养教育试点工作，坚持做好学生体制健康监测工作，确保学生每天锻炼一小时。开展“文明校园”“书香校园”“禁毒示范校”“德育示范校”“节水型校园”等特色创建活动，为学生搭建个性发展和综合素养提升的平台。通过开展“十佳少年”“校园十星”等评选活动，给每一位学生提供自我展示的机会。开展科技创新教育、传统文化教育、经典诵读、校园文化艺术节、阳光体育运动会等活动，将素质教育渗透到教育教学的各个领域、各个环节，将学生个性发展与全面发展有机统一。

（李如峰　吕怀春　刘刚　金光耀）

学生教育

【学前教育】

全区共有幼儿园35所，其中公办园3所，公建民办幼儿园14所，民办幼儿园18所，在园幼儿6444名，学前三年毛入园率74.55%，幼儿教师462人，大专以上学历246人，在编教师22人，专任教师达标率53%。落实《3—6周岁儿童学习与发展指南》《幼儿园工作规程》《幼儿园教育指导纲要》《幼儿一日生活常规及教师一日工作流程细则》。

【义务教育】

全区共有初中4所，小学67所，教学点8个，义务教育阶段在校学生34850名（其中小学生23128名、初中生11722名）；在编教职工初中695名，小学1221名。小学六年巩固率90.16%，初中三年巩固率93.02%，小学按时入学率100%，初中按时入学率98.53%。2017年中考，全区600分以上考生444人，六盘山高级中学录取150人、宁夏育才中学录取300人。

【高中教育】

落实教学常规，强化过程管理，突出教学工作“八字令”即：备课要“深”、上课要“真”、教学要“活”、手段要“新”、作业要“精”、辅导要“细”、反馈要“勤”、考核要“严”。强化校本培训，坚持集体备课，提高课堂效率，丰富教研活动形式，开展新教师上岗课、青年教师上汇报课、骨干教师上示范课等校本教研活动。通过互帮互助，提升教师专业发展水平。2017年学校共有一千余名学生参加高考，439名同学被各级各类二本以上学校录取，升学率达到32%。有3名教师辅导的5名学生在全国、区、市、县组织的各种比赛中获奖，有19名教师的论文在省级刊物发表，其中2名教师荣获省级一等奖，有6名教师在优质课评比中分获省级三等奖和县级一等奖。

【职业教育】

2017年，红寺堡区九年级共毕业学生3593人，向区内、外中职学校输送1626人（区内1520人，区外106人），占升入高中人数的47.1%。成立职业教育中心。自治区教育厅于2016年11月同意筹备设立红寺堡区中等职业学校，名称为“红寺堡区职业教育中心”，学校性质为公办职业教育学校，办学类型为职业高中。2017年8月开工建设，11月完成主体工程，学校占地面积84042平方米（126亩），建筑面积31122平方米。设置学前教育、计算机应用、机电技术应用、设施农业、葡萄酒产业文化、汽车运用与维修、电子商务、酒店服务与管理等 8 个专业，其中葡萄酒产业文化、汽车应用与维修为 2 个特色专业，学前教育、机电技术应用、计算机应用 3 个为重点专业。学校计划每年招生 500 人，共设计容纳 30 个教学班，在校学生 1500 名。

（米占郡）

教育科研

【课题研究】

2017 年，红寺堡区制定红寺堡区第一部《红寺堡区基础教育科研课题管理办法》，填补红寺堡区基础教育科研课题管理制度空白；完成 3 项“百标”课题、19 项自治区基础教育课题结题工作，其中两项课题研究成果获得自治区一等奖，五项课题获得自治区二等奖，六项课题获得自治区三等奖。

【教育教学改革】

2017 年，红寺堡区教育系统重点聚焦教育教学机制改革，启动红寺堡区“推进优质教育资源集团化办学”思路。理论上以教师专业发展共同体、教研共同体及学习共同体为“三维”目标，在“三维”架构的基础上按照“优质学校 + 弱校”模式组建六个红寺堡区义务教育共同体，形成义务教育“六纵”体系；组建一个高中教育交流体（合作体）和一个职业教育交流体（合作体）。形成学前教育、义务教育，高中教育和职业教育“三维九纵”的集团化办学模式，初步实现校级、校际和区域之间各种优质教学资源共享、发挥优质学校（园）引领辐射作用，促进薄弱和新建学校（园）和农村学校（园）进一步转变办学理念。在“三维九纵”体系内形成了优质师资共享的“名师骨干及人才工作室”，建成 2 个文化领军人才工作室，4 个红寺堡区名师工作室，6 个骨干教师工作室，经自治区教育厅批准成立了 1 个“自治区乡村教学名师工作室”。

（王东君）

特色教育

职工运动会

体育

基础设施建设

【体育公园】

2016年，红寺堡区争取中央转移支付专项资金建设清云湖体育公园和社区多功能运动场。该项目投资312万元，建设10个场地（篮球、羽毛球、网球、门球、5人制足球各2个），健身步道2公里，安装健身路径10套。

【体育馆】

红寺堡区体育馆于2014年5月开工建设，项目工程占地面积9429.97平方米，建筑面积9252.9平方米，总投资6600多万元。2016年10月份开馆投付使用，主要开展的项目有：篮球、乒乓球、羽毛球。2017年，主要举办的活动有红寺堡区首届职工羽毛球赛暨团体邀请赛、中国体育彩票全国象棋业余棋王宁夏赛区红寺堡区预选赛暨大唐天下象棋赛、“庆国庆，喜迎党的十九大”职工篮球比赛等活动12场次，5万人次参加。体育馆内国民体质检测对外免费检测项目，全年1000余人次参加了检测。

【公共文体设施】

2017年，红寺堡区争取项目资金近5000万元，开工建设文化馆、全民健身中心、11人制足球场、西川特色产业示范村文化旅游服务区街坊改造项目；建成社区多功能运动场2个、旅游驿站4个；建设64个村综合文化服务中心。

【群众体育】

开展2017年红寺堡区迎新春全民健身季、农民体育活动月系列活动。农民体育活动月涉及5个乡镇、8个行政村、10余个企事业单位，参与人数达2万余人次。举办2017年宁夏迎新春全民健身季“邮储杯”红寺堡区第三届广场舞比赛，共有21支队伍，540余名妇女参赛。举办2017年全民健身季“送培到基层”暨“第三届健身嘉年华”宁夏健美协会系列活动走进红寺堡，共有3000余人参加培训。举办红寺堡区2017年首届全民健身季职工羽毛球赛暨团体邀请赛，共有136名选手和周边县区11个代表队参赛。举办2017年红寺堡区全民健身节“健康杯”篮球赛，共有周边县市区12支队伍150多人参赛。承办2017年“棋牌项目西部行”走进宁夏—红寺堡活动”，共有国家级、世界级大师及红寺堡区近500名选手参赛。举办“江阴周庄”2017中国体育彩票全国象棋业余棋王宁夏赛区吴忠市红寺堡区预选赛暨“大唐天下杯”象棋赛，近百人参赛。举办红寺堡区“庆国庆·喜迎党的十九大”职工篮球比赛，共有39支代表队参赛。

【竞技体育】

2017年，红寺堡区组队参加2017年自治区青少年锦标赛，获得田赛男子乙组5000米第三名、3000米第二名、铁饼第五名、跳远第四名、铅球第六名、男子甲组110栏第四名、3000米第七名、1500米第八名；男子篮球第七名；武术女子乙组枪术第一名、剑术第二名、剑术第六名；女子甲组传统拳术分获第二名、第三名和第四名，枪械第二名、第三名和第四名；跆拳道少儿女25千克第三名、少儿男30千克第五名、少年男39千克第五名、少年男46千克第三名、少年男50千克分获第三名第五名。参加吴忠市第四届运动会取得成年组男子篮球第一名、拔河第二名、集体跳绳第六名、乒乓球（团体）第七名、羽毛球（团体）第六名、羽毛球（女子单打）第一名、广播体操体育道德风尚奖；青少年组3个第一名、7个第二名、9个第三名、8个第四名、2个第五名、5个第六名。

【航空航天模型锦标赛】

2017年，红寺堡区举办2017年全国青少年航空航天模型锦标赛暨红寺堡区第四届航空文化旅游节。来自北京、上海、广东、新疆等24个省、市、自治区的89支运动队共818名运动员，参加橡筋动力室内飞机、遥控电动绕标竞速、遥控纸飞机编队、伞降火箭、遥控电动空战等37个项目比赛。全国青少年航空航天模型锦标赛分别被国家体育总局、自治区体育局评为2017年中国体育旅游精品赛事、宁夏“一地一品”全民健身A级品牌赛事活动。

（拓婕）

首届职工羽毛球赛暨团体邀请赛

红寺堡图书馆

文化科技

Culture and Technology

文博旅游

【公共文化服务】

截至2017年底，全区共建设64个村综合文化服务中心，实现“两个保证”（即保证工程建设质量、保证项目村村全覆盖）和“两个率先”（率先完成建设任务、率先投入使用）的目标任务，将村综合文化服务中心建成民心工程、亮点工程。健全区、乡、村三级公共文体服务设施网络，公共文化体育基础设施得到改善，基本满足开展农村公共文化活动需求。采取“区聘乡管村用”的办法，为64个村、5个社区聘请文化管理员，按照每人每月500元的标准兑付补助资金。每村组建3支文艺团队，有36支团队完成注册，成员达到4000人。

【文化惠民】

2017年，文体局组织开展春晚、农民秦腔大赛、社火展演20大赛、广场舞、送戏下乡、趣味运动会等系列群众文体活动150多场次。送春联1000余幅、送戏下乡80场次、放映农村数字电影900余场次。

【移民文化人才培养】

建立移民文化人才库和档案。开展以刺绣、剪纸、书画、摄影、广场舞等为主要内容的培训班20期，扶持培养公共文化服务人才、群众文化领军人才、非物质文化传承人才和文化产业带动人才1500余人，培育首批移民文化领军人物30名，按照群众文化需求分别与各乡镇结对子，帮助指导开展群众文化活动，形成常态化帮扶机制。

【非遗保护】

2017 年，文体局举办非物质文化遗产日活动，发放宣传材料近 1000 份、演出节目 2 场，现场拍卖刺绣、烙铁画、剪纸等作品 12 件。有自治区级非物质文化遗产项目 5 项：擀毡（第一批）、国粹刺绣（第四批）、剪纸（第四批）、花灯轧制技艺（第四批）、高台马社火（第四批）；吴忠市级非物质文化遗产项目 7 项：兆莲酿醋（第一批）、情景刺绣（第一批）、刘家拳（第二批）、烙铁画（第三批）、路家拳（第五批）、皮影（第五批）、书画木刻（第五批）。自治区级非物质文化遗产保护项目代表性传承人 3 名：赵秀兰的民间情景刺绣、王国祥的花灯轧制技艺、郭锐的高台马社火（第四批）；吴忠市级非物质文化遗产保护项目代表性传承人 7 名：倪建成的烙铁画、王萍萍的剪纸（第三批），杜敏斌的书画木刻、杨永红的皮影、路万聪的路家拳械、马灵雁的回族剪纸、杨平财的泥哇呜（第四批）。

【文化市场监管】

2017 年，文体局联合公安、消防、市场监管等部门开展文化娱乐、新闻出版、“扫黄打非”等专项整治行动，规范文化市场经营秩序，遏制非法出版，净化文化市场环境。全年共出动车辆 100 辆次，出动人员 400 余人次，检查单位 600 余家，警告 28 家，下发责令整改通知 40 余份，立案 3 起，罚款金额 7000 元，停业整顿 3 家，取缔游商 8 个，收缴非法出版物 500 余册（张）。

【公共文化场馆】

2017 年，文体局完善宁夏移民博物馆、图书馆、乡镇文化站、村综合文化服务中心基础设施，免费向社会提供公共文化服务，公共文化场所全年接待群众 30 万人次以上。体育馆、健身馆实现企业化运作管理。

【全域旅游】

2017 年，文体局编制完成《红寺堡区全域旅游发展总体规划》《红寺堡区风景道修建性详细规划》等旅游发展规划。建成红关公路凉亭、观景台，城区及主要交通道路旅游标识牌，中圈塘、香园、罗山飞行营地、上源 4 个旅游驿站。开工建设西川特色产业示范村文化旅游服务区项目，新建中圈塘、永新、东源等乡村旅游示范村， 8 月开始接待游客。建成罗山、汇达、红粉佳荣等一批酒庄，实现食宿等服务接待功能。

（拓婕）

校园体育

档案史志

【馆库搬迁】

2017 年，红寺堡区完成档案史志馆各室及档案馆库的搬迁工作，配套供水、供电、外网、财政专网等基础设施及计算机、扫描仪、打印机、高拍仪、服务器等电子化设备，采购安装 18 套正版办公软件及 1 套操作系统。完成政府招标项目的安装及验收工作。

【安全管理】

2017 年，红寺堡区档案史志馆建立健全以档案主要负责人或分管领导为第一责任人、档案业务人员为直接责任人的档案安全管理主体责任制。完善保密制度，签订保密协议。节假日前对档案库、机房、扫描室、查档室及办公室所有设备、线路、窗户进行隐患排查，确保安全运行。按照标准建设档案库，配备密集架、精密空调、电子监控、自动消防、自动温湿度控制系统等现代化安全管理设施。安装监控设备，全方位实时监控，配备专职人员 24 小时值守监控视频。安装门禁设施，采取刷指纹或门卡进库制及双人同时进库制，做好进出库时间、事由登记。查档室和扫描室只联内网，计算机之间文件传输使用专门硬盘，涉密备份计算机设有密码并由专人操作。档案管理人员采用 AB 岗，接待查档利用者 32 人，利用档案 79 卷(件)。

【宣传指导】

2017 年，红寺堡区完成档案史志馆坚持依法治档抓规范，围绕“五个一”抓宣传。一学习（将档案学习纳入每周一晨会学习）、一观看（观看档案相关讲座、会议视频）、一培训（组织培训班）、一指导（指导立档单位整理档案）、一入户（入户宣传档案服务民生的渠道和意义），多措施宣传档案，提高全区档案人员的业务能力和依法治档意识；督促先进立档单位对 2016 年档案进行整理归档，指导档案收集齐全、有基本的档案管理库房和设备的立档单位对部分档案进行规范化整理归档，帮助落后立档单位配馆库、送档案柜和档案盒。

【信息化建设】

2017 年，红寺堡区完成档案史志馆完成 14 个全宗单位 1198 盒 32419 件档案的数字化扫描工作，数字化率达 94%。协调自治区档案局信息处为新采购服务器安装档案管理 CS 系统，完成所有馆藏数字化档案目录及扫描文件的整理和挂接工作。

【党史工作】

2017 年，红寺堡区档案史志馆在红寺堡电视台开设《喜迎十九大 铸就新辉煌》《大干实干 100 天 喜迎党的十九大》《欢庆十九大》《学习贯彻十九大》和《十九大报告解读》等栏目，解读十九大，宣传十九大知识。完成自治区党委办公厅《关于加强地方党史研究实施意见》任务，成立党史研究工作领导小组，设立 1 名党史研究副主任岗位。在地情刊物《美丽红寺堡》设立党建党史专栏，登载党史研究文章，激发各级党组织研究党史工作。首期登载党建党史文章 5 篇。整理完成 2016 年度大事记。

【地方史志编研】

2017 年，红寺堡区完成档案史志馆成立吴忠市红寺堡区党史地方志编纂委员会，制定红寺堡区 2017—2021 年志书编纂计划，制定下发《关于编纂红寺堡区移民史部门志和乡村志的工作方案》文件，启动部门志、行业志、乡村志编纂工作。编纂完成《红寺堡史话》《红寺堡年鉴 2017》，编纂《美丽红寺堡》地情刊物第一期。举办移民史、行业志、乡村志及年鉴编纂业务培训班，全区 100 多人参加培训。

（王小玲）

广播电视

【新闻宣传】

2017 年，红寺堡区广播电视服务中心策划推出挂角栏目《脱贫攻坚进行时》，共采编播出 100 余期。创办《双创曝光台》栏目，对在创建全国文明城市和自治区卫生城市活动中，对城区和乡镇各层面的一些卫生脏乱差及不文明行为进行全面曝光，每周 2 次以上，共播出 100 多期。推出《最美红寺堡人》栏目，重点对全区精神文明建设创建活动中涌现出的先进人物的典型事迹进行宣传报道，累计宣传 20 多期。推出《产业结构调整调出移民新生活》栏目，聚焦“三农”工作，累计播出 20 期。《倡移风易俗 树文明乡风》栏目，报道广大干部及农民群众在破陈规陋习、树文明乡风方面倡导的好做法和树立的先进典型，共播出 8 期。以红寺堡十景为切入点，推出《美在红寺堡》栏目，抽调记者，对大罗山风光、移民旧址、葡萄风情观光、紫光湖和青云湖、黄河扬水、风电光电、移民博物馆等旅游亮点进行宣传报道。推出《走进德化》栏目，与德化电视台联盟台签约后，共在红寺堡台播出德化新闻 50 余条、专题片 30 多部。在十九大召开前，开设《喜迎十九大 铸就新辉煌》和《大干实干 100 天 喜迎党的十九大》栏目，十九大召开期间，开设《欢庆十九大》栏目，十九大结束后，开设《学习贯彻十九大》和《十九大报告解读》栏目。先后播出成就性、建设性和学习贯彻性的稿件 50 多期，《报告》解读 60 期。常规栏目《走基层》，共采编播出 90 余条。将每周采编的民生新闻，通过重新编辑、剪辑，传给宁夏公共频道直播 60 分和吴忠电视台，全年共采用播出 30 余条。2017 年，红寺堡电视台共播放各类新闻稿件 1500 余条，其中各类栏目 100 余期，各类专题 80 多部。

【电影放映】

2017 年，在红寺堡镇、太阳山镇、大河乡、新庄集乡和柳泉乡 5 个乡镇放映农村数字公益电影 958 场（含春节期间在红寺堡镇红关、红海、弘德一村、兴旺，大河乡香园、大河，新庄集乡白墩，柳泉乡柳泉、永新 9 个固定放映点放映的 54 场），观影人数达 6 万余人。基本实现一个行政村一月放映一场农村数字电影的目标任务。

【“户户通”工程】

2017 年 11 月，红寺堡区争取国家广播电视无线发射台站项目，中央预算资金 160 万，地方配套 40 万，在大河乡石炭沟建 80 米的自立电视发射塔，发射功率为 300 瓦。同时，还修复开路发射机，开路发射于 9 月 16 日正式恢复播出。

（尚彦平）

科技服务

【科技队伍】

2017 年，红寺堡区聘请科技扶贫指导员 6 名，科技特派员 86 名，“三区”技术指导员

14名，选派农业技术指导员90名，重点对34个脱贫销号村、50个规模种养园区、3000户建档立卡户进行科技指导。围绕“草畜产业”，推广肉牛（肉羊）快速育肥、羔羊早期断奶、饲草加工调制及肉牛（肉羊）疾病防治等节本增效技术4项；围绕“葡萄、枸杞、瓜菜、中药材产业”，推广水肥一体化微喷或滴灌节水技术、病虫害绿色防控技术、枸杞新品种优化配置技术、甘草黄花菜机械化移栽和采收技术、秸秆生物反应堆施肥技术、集约化育苗技术等6项。

【服务体系建设】

2017年，红寺堡区与西北农林科技大学、自治区农林科学院、宁夏大学等科研院所协作。新庄集乡康庄脱贫销号村引进宁杞7号枸杞品种发展枸杞产业，红寺堡镇鲁家窑销号村引进大根萝卜新品种发展露地蔬菜产业。开展滩羊新品系培育、滩羊雪花肉生产技术研发，带动白塔水、巴庄子等村发展高端滩羊肉生产。组建壹加壹肉牛产业联合体，带动红寺堡镇朝阳脱贫销号村、新庄集乡红川“十二五”生态移民村发展肉牛产业。2017年，在脱贫销号村共建成春小麦秋绿肥示范点2个，水肥一体化技术集成千亩示范区3个，农作物新品种展示示范园1个，建设科技试验基地12个，15个脱贫销号村培育成科技示范村，150户建档立卡户培育成示范户。

【科技培训】

2017年，红寺堡区组织开展基层农技推广体系改革与建设补助项目、新型职业农民培育等培训工程，聘请自治区专家团队及职业技能培训学校为师资力量的讲师团，培训内容以葡萄、枸杞、草畜、瓜菜、中药材等专业为主。采取联合办学、委托培训、现场实践等方式，开展农业实用技术和技能培训130期，培训新型职业农民7660余人次。定向输出劳务3.3万人次，创收1.5亿元。

【科技项目】

2017年，红寺堡区争取科技项目15个，总资金221万元。其中科技扶贫指导员项目6个，资金50万元。科技特派员创业行动计划项目5个，资金25万元。自治区高新技术产业发展专项100万元。科普惠农计划项目资金5万元。科技金融专项2个，资金41万元。

（王金升）

农业技术员现场教授果树修剪技术

大河乡卫生院

医疗卫生

Medical and Health Work

医疗改革

【医药卫生体制改革】

2017年，红寺堡区卫生和计划生育局制定《关于构建医疗联合体的实施方案》《吴忠市红寺堡区家庭医生签约服务工作实施方案》《关于进一步推进城市社区卫生服务发展的实施方案》等7个医改工作配套方案。各基层医疗机构探索建立全额拨款、差额管理的绩效分配新机制，人均月收入增加1026元。所有公立医疗机构取消药品加成（中药饮片除外）。通过医疗联合体构建、家庭签约服务、百名医师下基层等活动，逐步实现区乡村一体化管理，建立并完善基层首诊、双向转诊、急慢分治、上下联动的分级诊疗模式，提升医疗服务能力。2017年，红寺堡区卫生和计划生育局共依法查处无证行医场所2处，取缔游医摊贩4处，就地封存药品器械8箱，罚款1万元。查处超范围执业等违法行为的医疗机构8家。

【社区卫生改革】

2017年，红寺堡区卫生和计划生育局制定出台红寺堡区《进一步推进社区卫生服务发展实施方案》，推进社区卫生服务站规范化建设和星级评定工作，配备社区卫生专业技术人员40人，其中购买服务26人，组建社区家庭医生团队11个，开展居民签约服务，4个城市社区居民人口40811人，签约22254人，签约率54.5%；创业、振兴2个社区卫生服务站与人民医院建立医联体关系，通过社会捐赠，为创业、振兴两个社区服务站配备8台治疗仪，提高社区卫生服务能力，初步形成城区“15分钟医疗服务圈”。

【一体化建设】

2017年，红寺堡区卫生和计划生育局在原有乡村医疗卫生一体化管理的基础上，在坚持“五个不变”（机构和行政建制不变、功能定位和职能不变、财政投入和渠道不变、收费政策和标准不变、乡村一体化管理不变）的基础上，通过选择托管、联办、协作方式，采取“1+3+2”的形式构建医联体：红寺堡区人民医院与3个乡镇卫生院（太阳山镇卫生院、柳泉乡卫生院和红寺堡镇卫生院）、2个城市社区卫生服务站（创业社区卫生服务站和振兴社区卫生服务站）建立服务、责任、利益、管理多种渠道合作帮扶的紧密型医联体。将太阳山镇卫生院纳入红寺堡区人民医院的分院管理，人民医院派驻4名专业人员长期支援，定期轮换，吴忠市人民医院派驻2名专业人员定点支援。

【家庭医生签约服务】

2017年，红寺堡区卫生和计划生育局制定出台《红寺堡区家庭医生签约服务实施方案》，组建家庭医生签约团队37个。2017年底，普通人群共签约101611人，签约率51.5%，重点人群签约人数61191人，签约率91.2%，建档立卡贫困人口数64583人，签约64583人，签约覆盖率100%。签约内容包括公共卫生、基本医疗和中医药服务。

【分级诊疗制度】

2017年，红寺堡区卫生和计划生育局制定出台《红寺堡区分级诊疗工作实施意见》《关于进一步推进红寺堡区医疗机构双向转诊工作实施》和《关于构建“四管、四联、四下”分级诊疗模式的实施方案》等分级诊疗制度，逐步推进分级诊疗。通过加入集团医院，宁夏医科大学总医院与心脑血管医院对人民医院进行“科对科帮扶”，加强医院临床专科建设、提升医院综合服务能力，借助远程医疗服务，利用信息化手段促进医疗资源纵向流动。通过医保信息系统实现网上双向转诊、急慢分治、上下联动的分级诊疗模式。2017年，红寺堡区县域内总诊疗人次为47.9万人次，其中基层诊疗人次为23.8万人次，同比提升2%，红寺堡区外转诊病人1493人次，同比下降2%，上级医院下转病人45人次，同比增加13人次。

（海金昌）

疾病预防

【免疫工作】

2017年，红寺堡区卫生和计划生育局向各乡镇卫生院和各社区共计运送80400人份疫苗和84000支接种针具，全年应接种人次数为77888人次，实际接种人次数为77737人次，接种率为99.8%。全年共完成免疫规划培训4次，培训人数230余人次，完成新发及审核预防接种人员上岗证209人。全年共开展免疫规划宣传活动10余场次，发放宣传海报及宣传彩页共计3000余份，制作宣传栏10个。

【入学验证】

2017年，红寺堡区卫生和计划生育局共查验206所中小学及幼儿园，查验人数为9473人，完成补种人数1925人，共补种针次3628次，补种率98.6%。

【疾病监测】

2017年，红寺堡区卫生和计划生育局共报告麻疹疑似病例4例，确诊1例。完成手足口病采样65例，完成率108%。报告法定管理传染病病例17种797例，报告发病率452.8/10

万。发放“美沙酮维持治疗给生命绿色的生机”小册子、宣传折页等各类宣传品4000余份，发放安全套2300余只。美沙酮门诊共入组55人（其中固定服药人数8人，其余47人均为临时转诊服药）累计服药7115人次，共发放美沙酮维持治疗资料6320份，累计尿吗啡检测569例，HIV检测53例、HCV检测52例、梅毒检测53例。全年发放结核病防治知识宣传单、画册及其他实用性宣传品共计3500余份，咨询群众500余人。结核病门诊共接诊可疑患者276例，确诊活动性肺结核患者82例，其中：初治涂阳病人18例，涂阴30例。2016年初治涂阳病人21例，治愈21例，治愈率为100%；复治0例，涂阴病人60例，均完成疗程。

【地方病防治】

2017年，根据红寺堡区碘缺乏病监测任务，对重点人群采样300份，其中含碘盐291份，非碘盐9份，碘盐覆盖率97%，合格碘盐226份，碘盐合格率77.66%，合格碘盐食用率75.33%。筛查布鲁氏菌病高危人群305人，结合流行病学和临床表现确诊本地新发病例12例。完成高危人群健康问卷调查120份。包虫病B超筛查5000份，经检验阳性病人7人。共规范化管理包虫病病人47人，新发现病人12人全部建档，其中手术病例8例，其他为药物治疗病例；全区共纳入管理家犬1.7万余只，每月进行一次药物驱虫活动，共计发放药物16万余片。

【饮用水监测】

2017年，红寺堡区卫生和计划生育局监测集中供水厂4个，农村饮水安全工程所覆盖的学校4个。枯水期和丰水期共检测水样32份，合格18份，合格率56.25%；其中出厂水8份，合格3份，合格率37.5%；末梢水16份，合格9份，合格率56.25%；饮水安全工程覆盖的学校供水8份，合格6份，合格率75%。主要是总硬度、硫酸盐、氯化物、溶解性总固体、菌落总数超标。

（海金昌）

公共卫生

【公共卫生服务】

2017年，红寺堡区卫生和计划生育局开展全员培训2次，对乡镇社区督导四次，实现100个村卫生室督导全覆盖。为贫困病人免费发药456人次，开展家属护理教育1221人次。累计筛查癫痫患者258人，经神经内科专家复核诊断167人，确诊并入组治疗142人，并对所有患者进行建档，每月随访、发放药物一次。65岁以上老年人共建档8768人，健康管理率为71.37%%，体检表完整率为76.4%。全区共报告死亡病例703例，死因监测报告粗死亡率达3.99/‰。

【对口支援活动】

2017年，红寺堡区卫生和计划生育局制定《红寺堡区“千名医师下基层”对口支援活动方案》和“凡晋必下”制度，从县级医疗卫生单位下派18名中级以上职称专业技术人员，对5个乡镇卫生院及4个社区卫生服务站进行定点帮扶。先后邀请区内外专家8批次460余人次到红寺堡区开展临床技能培训、义诊、查房、专题讲座、示教手术等活动，共会诊病例、讨论疾病诊治方案73人次，义诊2457人次，示教手术17台，骨干医师蹲点带教14人次。选派24名业务骨干到上海六院、北京平谷医院、宁医大总院进行中长期进修学习。

【远程会诊】

建成红寺堡镇卫生院远程会诊系统，实现县域内远程会诊全覆盖。2017 年，共开展远程会诊病例 205 例，向上级医院申请会诊 6 次，集中学习 12 次。

【基础设施建设】

2017 年，投资 240 万元，改扩建社区卫生服务站 3 个，分别为振兴社区卫生服务站、创业社区卫生服务站和东方社区卫生服务站。投资 420 万元，新建 21 所标准化村卫生室建设项目，每个村卫生室建筑面积 100 平米。

（海金昌）

基层医疗

【基层医疗卫生服务】

2017 年，红寺堡区卫生和计划生育局举办乡村两级专业技术人员培训 5 次，培训人员 650 人次。选派 10 名乡镇卫生骨干到浙江大学参加盐同红贫困地区医务人员培训。选派乡镇卫生技术人员参加自治区、吴忠市培训 45 人次。从基层一线新选任各医疗机构班子成员 15 人，调整 3 人。创建国家级“群众满意乡镇卫生院”2 个，自治区级“群众满意乡镇卫生院”2 个、城市社区卫生服务站 1 个、村卫生室 12 个。创建红寺堡镇兴盛村卫生室等 13 个村卫生室及罗山社区卫生服务站为群众满意基层医疗卫生机构。

【基层医疗卫生项目】

截至 2017 年底，红寺堡区共建立纸质居民健康档案 20.97 万份，建档率 106.24%，录入电子健康档案 20.3 万份，录入率 102.86%；65 岁及以上老年人健康管理率 31.96%，健康体检表完整率 91.2%；高血压患者健康管理率 71.95%，规范管理率 86.29%，血压控制率 80.27%；2 型糖尿病患者健康管理率 52.52%，规范管理率 85.24%，血糖控制率 78.99%；0—6 岁儿童健康系统管理率 94.66%；国家免疫规划疫苗报告接种率达 99.84%，预防接种建证率 100%；传染病疫情报告率 100%；卫生监督协管巡查覆盖率 100%；结核患者系统管理率 100%，规范

医护人员为群众免费体检

管理率100%；严重精神障碍患者规范管理率89.13%;居民满意度92.96%，知晓率90.77%。

【基本药物制度】

截至2017年年底，红寺堡区申购药品总量为1658281，申购总金额为2513.96万元，其中配送总量为1073235，配送总金额为1672.64万元，采购入库量1071705，采购入库金额1671.69万元，申购配送率66.53%，配送到位率99.94%。药品耗材30日回款率100%，基层医疗卫生机构基本药物使用率100%，所有药品、耗材全部实行网上集中采购，由专人负责药品回款和具体出入库等工作，严格执行药品三统一政策落实基本药物制度，规范辖区村级药品申购和使用率。

（海金昌）

计划生育

【人口计生】

2017年，红寺堡区卫生和计划生育局坚持计划生育基本国策，推进全面两孩政策实施。开展“三查一服务”、计划生育“幸福家庭”创建、计划生育困难家庭慰问帮扶、星级乡镇等系列活动。2017年，共出生2934人，其中全面两孩出生70人，全区人口出生率为14.3‰，人口自增率为12.6‰，出生政策符合率为88.6%。累计申报“少生快富”7户，奖励扶助22户，特别扶助3户。

【疾病筛查】

2017年，红寺堡区卫生和计划生育局对3005名农村孕产妇实施免费住院分娩，发放救助资金120.2万元；免费新生儿“四病”筛查3303人，筛查率99.6%，筛查出可疑阳性患儿45人；宫颈癌筛查2508人，乳腺癌筛查870人；免费发放叶酸7322瓶，服用率97.5%；对1828对目标人群实施免费孕前优生健康检查项目。

（海金昌）

小城镇建设

乡镇概览

General Review of the Township

红寺堡镇

【概况】

红寺堡镇作为红寺堡区人民政府驻地，是红寺堡区政治、经济、文化、交通中心。东临柳泉乡，西接大河乡，南起新庄集乡，北连吴忠市利通区。行政区域面积567平方公里，城区面积10平方公里，耕地面积13.97万亩。距吴忠市城区70公里，距首府银川市120公里。海拔1240—1450米，地形为山间盆地，属中温带干旱气候区。红寺堡镇与新民街道办事处合署办公，实行一套班子两套人马的管理制度。下派鲁家窑工作组，主要负责“十二五”生态移民村脱贫攻坚等重点工作推进。下辖14个行政村，5个社区居委会。辖区内常住人口22818户10.13万人，回族人口10473户52525人，占总人口的52%，农业人口14114户6.53万人，占总人口的64%。

【脱贫攻坚】

2017年，红寺堡镇新增枸杞310.9亩、黄花菜259.4亩；新增基础母牛595头、基础母羊4805只、生猪106头。截至10月份，共兑付到户项目资金418.89万元，受益农户1168户。全镇共有2614户建档立卡户，贷款1.098亿元，兑付2016年建档立卡户小额贷款贴息资金44.61万元。通过“雨露计划”、教育扶贫基金、社会帮扶资金共帮扶建档立卡贫困学生1719人次，发放补助资金191.59万元。争取金融机构捐资助学，中国建设银行宁夏分行支持13名特困学生3000元/人的生活费。举办首届中高考总结表彰奖励大会，对全镇中高考优秀学生、教师、重教重学家庭、行政村表彰奖励共13万元。组织参加技能培训的贫困人口达1000余人，涉及6个专业，就业600

余人。探索“企业＋车间＋贫困户”的脱贫“造血”增收致富新模式，在玉池、兴旺、弘德等村建设“扶贫车间”，辐射带动周边村经济发展，解决周边200余户建档立卡贫困户长期稳定就业问题；与辖区企业签订劳务用工合作协议，通过“扶贫项目到户资金打包投入企业，企业为农户分红，并为其提供长期务工岗位、学习技能、增收致富”的合作模式，同宁夏弘德村食品有限公司达成协议，吸纳贫困户参与入股分红；鼓励296户贫困户加入扶贫养殖园区。

【五项基础建设】

2017年红寺堡镇争取各部门项目资金，用于村级基础设施建设，主要完成五项工作：“美丽村庄”项目。团结村、东源村申请为2017年美丽村庄项目村，每个村争取到“以奖代补”资金100万元，用于村级基础设施建设。其中：东源村硬化村主干道1公里、安装太阳能路灯135盏；团结村建设村民活动中心一座，安装太阳能路灯120盏。2“民宿旅游”项目。2017年中圈塘村发展乡村旅游项目，投资100余万元，集中改造“农家乐”12家。“扶贫工厂”项目。争取整合涉农扶贫资金364万元，在重点贫困村建设扶贫工厂四座，项目工程竣工后，通过招商引资引进相关企业进行专业化经营，解决建档立卡户等困难家庭闲散妇女就业，带动当地社会经济等各项事业发展。“一事一议”项目。投资577.3万元，主要用于东源村等贫困村村道硬化、铺砖等建设，完成道路硬化18公里，道路铺砖4000平米，解决村民出行难题，美化村庄面貌，夯实新农村发展基础。“国土整治”项目。争取到项目资金1585万元，对二支干9支、10支7900亩土地进行综合治理。内容包括土地平整2000亩，完成砌护支渠（D120)4406米，砌护斗渠（D50)32000米，砌护农渠（D30)113367米。配套建筑物8342座：其中1.2×1.2米铸铁节制闸11座；0.5×0.5米铸铁节制闸完成242座；0.5×2米斗口53座；0.3×2米农口423座；畦田口7559座；2.5×4米生产桥5座；1.5×4米生产桥31座。规划栽植护路林1862株，修建田间道路30条29.66公里。对全村7400亩基本农田的支、斗、毛渠重新更换、砌护，提升耕地质量、完善农田基础设施。

【特色产业】

2017年，红寺堡区共发放农业支持保护资金6791678.56万元，惠及8184农户。调整产业结构面积2.2万亩。种植小麦、牧草（青贮玉米）、黄花菜、经果林、西瓜等作物22809.21亩。累计完成植树造林3.14万株，组织龙头企业、种植大户共发展特色经济林面积4700余亩。其中，枸杞2800亩，葡萄40亩，红枣360亩，苹果700亩，其他杂果800亩。葡萄产业作为全镇第一特色主导产业，形成中圈塘、上源至肖家窑的葡萄产业带，完成全镇6000多吨的葡萄收购任务。

【社会事业】

2017年，红寺堡镇共有低保户5056户8606人，其中农村低保户4241户6839人；共发放临时救助11批1562户758900元。推行孕前优生健康检查服务，全面实施育龄妇女三查服务，孕检率达到107%，置环率完成72%。全面实施“二孩”政策，将人口出生政策符合率保持在90%以上，打造生殖健康示范点2个。在各村开展拔河、跳大绳、广场舞、扭秧歌、舞龙舞狮、唱秦腔、击大鼓、下棋、打篮球趣味活动160余场次，邀请宁夏书协、吴忠书协、本地书法、剪纸等名人为老百姓送春联、送“福”字20场次，开展厨艺、刺绣、编织等技能培训15余场次。举办首届农民阅读节，开展农民才艺大赛、国学经典朗诵、汉字大赛、知识竞赛等活动，吸引600多名村民。

【社会管理】

2017年，红寺堡镇排查矛盾纠纷910起，化解899起，其中复杂卷216件，简易卷683件，调处成功率98.7%以上。开展刑满释放人员安置帮教工作，落实刑满解教人员接回机制，2017年共管控特殊人员214人，其中社区矫正在册人员55人，安置帮教在册人员159人。开展党委书记、班子成员包村化解信访矛盾，严格落实信访在镇一级终结的信访制度。对历史遗留信访问题，启动信访案件终结办理程序。开展安全隐患工作，集中排查安全生产隐患，重点对镇域内蓄水池、建材行业、施工场所、服务行业的电线电路、消防通道、物品堆放情况进行拉网式检查。

【水利改革】

2017年，成立红寺堡镇河长制工作领导小组并设立河长制办公室，初步建立镇、村两级河长体系。明确各村“河段长”开展踏河普查工作，建立工作台账和巡查制度，全面掌握所管河道周边的污染源，加强日常巡查并就发现的问题制定整改方案，落实整改措施。

【基层党建】

2017年，红寺堡镇有村级党组织14个，除兴旺村外，其他村级组织活动场所面积均大于200平方米，拨付为民服务资金69.93万元，并整合其它项目资金，用于村级基础设施等项目建设，其中：上源村村部维修1.84万元、村部绿化10.66万元、道路硬化18.4万元，团结村安装智能监控设备15.33万元，朝阳村水利设施修整10万元，团结村、红关村石牌门7万元、村部维修6.7万。从8月份开始，村干部工资每月发放75%，剩余的25%结合星级等次和年终考核结果进行差异化发放。为换届新当选的村支部书记、村委会主任和党务工作者组织专题培训6次。对全镇95名入党积极分子、12名重点发展对象和14名预备党员进行谈话、统一培训，为全镇1133名党员悬挂“共产党员家庭户”牌匾。每村选定至少3名干部作为村党组织书记后备人才，进行跟踪培养。下派3名正式干部分别担任兴旺村、同原村弘德村支部书记，专门开展村党组织整顿工作。下派由9名正式干部组成的“红寺堡镇驻鲁家窑工作办公室”，推动弘德、同原村脱贫攻坚和社会事务管理工作。

【党风廉政建设】

2017年，红寺堡镇制定《红寺堡镇2017年党风廉政建设和反腐败工作计划》，并将2017年党风廉政建设和反腐败工作细化分解到每月，制定成计划表。开展了为期4个月的庸懒散拖突出问题大整治活动。建立党委书记督办制度，发出25项督办事项并全部完成。开展红寺堡镇常态化巡查工作。

（马慧霞）

太阳山镇

【概况】

2017年，太阳山镇地处红寺堡区东部，东与盐池县接壤，西与柳泉乡为邻，南接同心县，北连灵武市、吴忠市利通区，有红寺堡区“东大门”之称。镇政府驻地太阳山开发区，距红寺堡城区50千米，行政区划面积1080平方公里，辖买河、田原、红星、周圈、周新、巴庄、小泉、塘坊梁、潘河、兴民、白塔水11个行政村 39 个村民小组，共有人口 5328 户 19125 人，其中回族 11640 人，占总人口的 60.9%。全镇耕地面积 90159 亩，其中旱耕地 42339 亩、水浇地 47820 亩，是一个以农业为主的建制镇。2017 年，全年社会生产总值 1.92 亿元，同比增长 0.52%；农业产值 0.75 亿元，同比增长 36.4%；农村常住居民人均纯收入 7483.5 元，同比增长 4.2%。

【黄花菜产业】

2017 年，太阳山镇大力发展黄花菜特色产业，出台《太阳山镇推进黄花菜产业发展实施方案》并多方筹措资金，对新增黄花菜进行补贴，形成“两点一廊”示范区。两点即兴民村黄花菜种植基地、小泉村牛记圈高效节水灌溉示范点，一廊即黄花长廊。2017 年新增黄花菜 8300 亩，全镇累计种植面积达 1.2 万亩。建成集办公、烘干、晾晒、加工为一体的吴忠市太阳山阳光农产品专业合作社，该合作社占地面积 15 亩，注册资金 500 万元，现有社员 51 户，标准化种植黄花菜 1000 亩，注册“兴茗萱”商标，完成“富硒黄花菜”认证，年销售收入近 1000 万元。

【基础建设】

2017 年，太阳山镇争取村综合文化服务中心项目资金 370 万元，按照“七个一”（“14322”五步监督法：第一步向镇党委纪委报告，第二步召开村委会、支委会、党员大会、村民代表会议就有关事项进行商议决策，第三步公开决策结果接受群众监督，第四步村“两委”负责人、村监会成员在决策结果上签字背书，第五步区镇纪委、村监会后续跟进监督落实。）的要求，做到 11 个行政村的综合文化广场和文化大舞台全覆盖。投资 18 万元对 11 个行政村村部进行维修、粉刷、布置和美化，内容体现党建、党风廉政建设、移风易俗、脱贫攻坚、综治等元素。结合美丽乡村建设及“一事一议”项目，整修林带 800 亩，种植苗木 6000 株，维修砌护灌溉渠道 12.8 公里，硬化村组道路 10.5 公里，危房改造 18 户，配套发放太阳能路灯 580 盏，太阳能热水器 1208 台，垃圾箱 225 个。按照“村在黄花中，黄花在村中”的思路，争取瑞科石化有限公司帮扶资金 17 万元，对兴民村进行整体打造，建成兴民村健身广场、黄花姑娘雕塑、文化长廊。

【脱贫攻坚】

2017 年，全镇共有建档立卡户 1361 户 4510 人，其中 2017 年完成 190 户 743 人脱贫，买河村、红星村、周新村、巴庄村 4 个贫困村脱贫销号，剩余 202 户 667 人未脱贫，周圈村、田原村 2 个贫困村未脱贫。整合各类资金 107.3 万元，壮大贫困户种植、养殖规模，对接金融机构协调贷款。每月召开一次进村入户推进会，通报存在的问题，安排工作任务，下发工作清单，确保帮扶责任人履行职责，提升群众的帮扶满意度。依托太阳山工业园区优势，发挥 23 个劳务经纪人和 2 家劳务公司作用，共完成实用技术培训 100 人，专业技能培训 226 人，确保建档立卡户每户劳务输出 1 人。在太阳山开发区投产运营的 76 家企业中，太阳山镇务工人员达 3000 余人次，年人均劳务收入达 2 万元。

【环境整治】

2017 年，全镇农村生活垃圾集中收运率 75% 以上，畜禽粪便基本实现无害化处理、资源化利用，农作物秸秆综合利用率 85% 以上，农膜回收率 80% 以上。清理所有沟渠桥涵垃圾杂物约 4 吨，拆除沟渠水系上的违法搭建物、障碍物10余处，确保流域“河畅、水清、岸绿、景美”。

【社会保障】

2017年，太阳山镇为1355户2326人农村低保群众发放663.19万元，受理困难群众住院报销139人次47.122万元，救济因灾受困群众3000余户380.6万元，发放高龄津贴64人24.17万元，发放孤儿津贴24名10.62万元，兑付农资综合补贴316.62万元、良种补贴31.84万元、造林补贴1.74万元、圈棚补贴42万元、特色产业补贴372.6万元。2017年养老保险收缴人数7099人，医疗保险收缴人数13433人，分别完成任务的113.6%、101.7%。

【社会管理】

2017年，太阳山镇共接访55起，化解处理52起，化解率94.5%；排查出各类矛盾纠纷14件，调解成功13件，调解成功率92.9%。在学校等重要场所制作55个永久性宣传展板，粉刷禁毒宣传标语4条，发放禁毒宣传彩页和宣传册500余份。对各行政村排洪沟逐一排查，制定镇、村两级防汛应急预案，加强防汛抢险队伍建设，采购储备抢险应急物资，联合派出所、卫生院举行防汛应急演练活动。

【计划生育】

2017年，太阳山镇共有新生儿194人，人口出生率15.1‰，人口出生符合政策率89.2%，自然增长率11.7‰，死亡率3.5‰。发放生育服务证145户，其中：一孩48户，二孩95户，三孩2户。兑现营养补助费0.44万元。孕检168对，完成任务的112%。

【精神文明建设】

2017年，太阳山镇开设微信公众号“巍峨太阳山”，全年累计关注人数达860人次，发布政务信息480篇、群众原创文学作品30篇、先进典型人物事迹26篇，最高阅读量达7200余人次。各村“一约四会”制度全覆盖，刷写基层党建、脱贫攻坚、环境保护、移风易俗等宣传标语30余条。举办镇村干部军训汇演暨“庆三八”、党在我心中·演说进乡村、黄花菜采摘媒体采风等活动。组织镇村志愿者开展法制宣传、敬老爱老、文明餐桌、植树造林等社会公益性活动20余次。

【基层党建】

2017年，太阳山镇党委以党建及党风廉政建设工作提升年活动为契机，开展“两学一做”常态化制度化学习教育，加强班子成员自身建设，落实民主集中制，做到决策民主化、科学化。创新党员干部例会学习制度，推动党员干部学习制度化、常态化、多样化。各村党支部严格落实“三会一课”制度，强化村党支部、村干部值班制度和日常接待党员、群众来访制度，成立兴民村阳光农产品专业合作社首个非公企业党支部。2017年全镇共有党员313名，流动党员21名，新发展党员7名，其中3名为农村党员，4名为机关干部，13名预备党员按期转正。2017年6月，太阳山镇党委被红寺堡区委评为“脱贫富民先锋党委”。

【廉政建设】

2017年，太阳山镇全面落实党风廉政建设主体责任，完善干部管理制度、公车管理制度、财经管理制度、领导干部重大事项报备制度等9项制度和规定，建立领导干部廉政档案，实现全镇所有领导干部一人一卷、专柜专人管理。对各村建档立卡户认定、低保调整、临时救助发放等村级重大事务的决策部署、重大资金使用等情况进行跟踪监督，确保村级事务

"14322"五步监督法得到全面落实。在全镇设立涉农扶贫领域腐败问题举报箱12个，对反映涉农扶贫领域的问题线索进行专项登记、台账管理、集中处置，坚持"快"字为先，严格做到"无积压""零暂存"。2017年共牵头开展各类检查52次，下发督查单52份，发出通报6期，对5个行政村31名违反工作纪律的村干部及驻村第一书记做出处理。

（康鹏　杨民）

大河乡

【概况】

大河乡位于红寺堡区西南，南与同心县接壤，西与中宁县为邻，乡政府驻地大河村，距离红寺堡城区12公里，304省道，恩红公路，红九路贯穿全乡，交通便利。大河乡辖13个行政村，共有9443户34633人，回族人口2.5万人，占全乡总人口的75%，行政区域面积560.6平方公里，耕地面积104930亩。2017年大河乡农村常住居民人均收入7736.2元，同比增长11%。

【特色农业】

2017年，全年粮食播种面积7.8万亩，压减玉米2.1万亩。在新圈灌区，以红梅杏、榛子、巴旦木和文冠果为主，打造全区优质经果林种植示范基地。全年新增枸杞1200亩，优质牧草2000亩，黄花菜500亩。巩固提升大河乡硒甜瓜特色品牌，硒甜瓜种植面积达到1700亩。

【草畜产业】

2017年，大河乡发展草畜产业，在龙泉等村种植苜蓿3000亩，新增牛犊1300头，基础母羊14000只，全乡专业合作社数量达到101家。

【植树造林】

2017年，大河乡发完成春季造林总面积4409亩，植树300705株。其中：生态防护林857亩，植树37857株（三干渠绿化400亩，植树29600株。香园村主干道补植补造154亩，植树1184株。莲花山绿化47亩，植树3451株。乌沙塘主干道绿化236亩，植树2152株，观摩台绿化栽植樟子松600株。河西村村干道绿化20亩，栽植白榆1470株，樟子松1300株）；经济林种植3552亩（其中龙泉村548亩，巴旦木413亩，杂果135亩。龙兴村744亩，巴旦木280亩，榛子464亩。河西村红梅杏260亩，乌沙塘红梅杏2000亩），截至2017年底，完成补贴资金兑付（成活率达85%以上）1521.2亩，其中枸杞245亩、苹果36.9亩、红枣4.5亩、杂果26.5亩、红梅杏1144.9亩、巴旦木63.4亩。

【林带管护】

2017年，大河乡发制定《大河乡护林员管理办法》，加强对全乡30660亩退耕还林的巡查管护，对平岭子7304亩退耕还林地配备护林员7名，石炭沟4140亩退耕还林配备护林员7名，石坡子2426亩退耕还林配备护林员5名，香园村4833亩退耕还林配备护林员7名，龙兴村11957亩退耕还林配备护林员7名。完成2016年各退耕还林村退耕还林资金兑付30660亩，补贴标准每亩20元，补贴年限6年，共计金额3679200元。在秋季农田建设工作中完成林带树木修枝抚育、涂红刷白55813株，完成垃圾清理及林带整修1550亩。完成林带灌水 1164 亩。全面完成验收及资料整理归档工作。

【基础建设】

2017 年，大河乡发建成红崖、河西、麻黄沟三个农村幸福院项目，完善相关配套设施。建设大河、龙兴、香园、石炭沟 4 个老年饭桌项目，所有配套设施配备到位。完成红崖社区、龙泉社区、麻黄沟社区、开元社区、石坡子社区 5 个社区建设。

【社会事业】

22017 年，大河乡发落实统筹城乡“两险”工作，实现城乡居民基本医疗保险参保 23982 人，完成上级下达任务的 97.89%。实现城乡居民基本养老保险参保 11107 人，完成上级下达任务的 106%。全乡最低生活保障 2527 户 4255 人。农村特重大疾病救助资金支出 75.55 万元，救助人数 467 人。残疾人 786 人，共发放护理补贴 43.872 万元，发放生活补贴 54.722 万元。农村妇女创业担保贷款发放 262 户 1229 万元，国家开发银行贷款发放 82 户 358 万。

【脱贫攻坚】

2017 年，大河乡发共有贫困建档立卡户 3355 户 13174 人，2014 年脱贫 355 户 1353 人，2015 年脱贫 494 户 1856 人，2016 年脱贫 1277 户 4977 人，2017 年脱贫 694 户 2733 人。

专项扶贫项目资金落实情况为：整村推进项目，香园、麻黄沟、河西村兑付 461 户，共兑付资金 366.75 万元。“双到”项目，涉及的贫困村有石坡子村、乌沙塘村、龙兴村、龙源村和开元村 5 个行政村，经各行政村会同大河乡及红寺堡区扶贫办三方验收，共落实项目户 844 户，扶持双到项目资金 215 万元。闽宁协作项目资金，兑付 109 户，共兑付资金 17.9202 万元。“巩固提升”项目，涉及的村有红崖村、龙泉村和石炭沟村，兑付 548 户，共兑付资金 165.4。雨露计划补助项目，兑付春季雨露计划中、高职补助 19.95 万元，补助学生 133 人；秋季雨露计划中、高职补助 34.8 万元，补助学生 232 人。

【计划生育】

2017 年，全乡共出生 525 人，其中计划内出生 455 人，计划外 70 人。人口出生率 14.96‰，出生人口政策符合率 86.66%，自然增长率 12.83‰。在各村村部和群众主要活动场所、各村主干道悬挂“全面贯彻落实两孩生育政策”宣传横幅，印发各类宣传品 500 份。举办大型宣传活动 5 次。全乡共 13 个行政村，除开元村外，其他 12 个村均已建成标准计生服务室。开展孕前检查 365 对。清查出流动人口 242 人，流入已婚育龄妇女 18 人，建档 18 人，建档率、持证率、验证率均为 100%。流出已婚育龄妇女 60 人，省外 28 人，办证 58 人，办证率 96.3%。

【社会治理】

2017 年，大河乡发制定印发《大河乡综治宣传月实施方案》，4 月组织开展综治宣传月活动，制定村综治办、警务室、调解室和流动人口服务管理站建设标准。建立完善村治保会、流动人口综合协管员、综治平安宣传员和群防群治队等四支队伍。开展“预防青少年违法犯罪专项治理”工作。整治校园周边环境。落实禁毒知识课堂教育，提升青少年学生识毒防毒拒毒意识。推开“青春护航”特需关爱青少年结对帮扶行动，加强重点青少年群体特别是失学失业失管闲散青少年困难帮扶、法治教育、法律援助、心理疏导、行为矫治等专业服务，维护青少年合法权益。

【司法调处】

2017年，全乡共受理各类纠纷案件175件，调处175件，调处率100%，调解成功173件，成功率99%，与2016年同期相比，人民调解案件总数上升5件。其中：村级调委会调处113件，调解成功111件，调处率100%，成功率98%（其中专职人民调解员马正山65件，孙孝成21件，郭锐18件，张占国1件，禹万喜1件，马彦银30件）；乡调委会62件，调解成功62件，调处率100%，成功率100%。

【劳务产业】

2017年，全乡劳务输出约11278人次，沿海地区约380人次、周边其他地区约1565人次、区内县外约921人次、县内8412人次，直接经济收入约3922.5万元。全乡劳务输出累计收入达1.6亿元。

【技能培训】

2017年，大河乡组织各村产业大户参加林果产业技术培训5场次，接受技术培训人员130人，发放培训资料130份，其中组织林业站干部赴吴忠市林业局、红寺堡区林业局培训3场次。

【环境整治】

2017年，对盐兴路、红九路、恩红路三条主要过境路两侧林带垃圾进行地毯式清运整治，出动车辆100余台次，义务工5万余人次，平整巷道150余条，清理生产、生活垃圾2000余方，拆除违章建筑13处，面积1800平米。

【党风廉政】

2017年，大河乡印发《大河乡2017年党风廉政建设工作要点》，层层签订党风廉政建设责任书，开展新任职村“两委”班子集体廉政谈话，全体村“两委”班子成员在《勤政廉政承诺书》签字，将党风廉政工作责任细化到每个人头上，确保责任分工明确、压实到人。加强案件查办，狠抓侵害群众身边利益不正之风和反腐败工作。2017年，大河乡共接到上级转办问题线索9件，梳理排查积压问题线索3件，群众来访1件，涉农扶贫领域排查1件。截至年底，办结14件，诫勉谈话6人，通报批评2人，下发纪律检查意见书4份。其中涉农扶贫领域腐败问题线索7件，办结5件。对2016年反映突出的5件涉农扶贫领域问题线索进行再排查、再清理，确保调查处理彻底，问题线索零遗留。

【基层党建】

2017年，大河乡选拔党性强、能力强、改革意识强、服务意识强的“四强”党员担任支部书记。全乡14个党支部根据各支部的情况，认真对照标准定星级。确定1个四星级党支部，2个三星级党支部，6个二星级党支部，5个一星级党支部。实施“强龙工程”，突出抓好基层服务型党组织建设。完善好党内关怀机制，推行机关党员到农村服务群众，促进党员更好地履行职责、发挥作用。

【工青妇及精神文明建设】

2017年，大河乡举办职工趣味运动会一场、向吴忠市推荐3户最美家庭，向红寺堡区推荐5户最美家庭，两癌救助共核实上报两人。完成大河、香园、平岭子、石炭沟、龙泉、河西、红崖、龙兴等13个村的妇代会改建村妇联工作，完善相关制度。选举产生妇联主席13名，妇联副主席26名，执委195名，其中党员干部17名。完成乡级妇联改革工作，选举产生妇联主席1名，专职副主席1名，兼职副主席3名。共资助学生90人，资助资金20.1万元。其中壹基金资助34人，资助资金3.4万元；黄河银行资助10人，资助资金4万元；芙蓉学子资助1人，资助资金5000元；国酒茅台资助4人，资助资金2万元；燕宝基金资助32，资助资金6.2万元；慈恩资助3人，资助资金1万元；民政资助6人，资助资金3万元。

（王晓勇）

新庄集乡

【概况】

新庄集乡地处红寺堡区南部，西接大河乡，东临罗山，北接红寺堡城区，南连同心县、中卫市。乡政府驻地白墩村，距红寺堡城区5千米，行政区域面积663平方公里，辖沙草墩、康庄、白墩、红阳、杨柳、中川、东川、南源、洪沟滩、新台、西源、菊花台、柳树台、向阳、新集、红川共16个行政村，人口14628户64280人，主要搬迁海原、西吉、隆德、泾源、彭阳、同心、原州区等县区移民。开发水浇地面积97239亩。

【脱贫攻坚】

2017年，对全乡4576户18273名建档立卡户实行再精准识别和精准退出，识别"档外"人员950户，返贫9户，回退达不到脱贫标准的34户。对审计出的七类人员重新核实，退出199户，脱贫56户，保留93户；以5个销号村为重点，统筹整合资金23604.7万元，重点实施道路硬化、危房改造、国土整治等项目；完成建档立卡户技能培训2700人次，拓宽劳务输出渠道，确保销号村全年劳务输出3700人次；实施"雨露计划"补助127人，教育扶持911户87.55万元，确保教育扶贫政策优先向贫困户倾斜；对456户建档立卡户发放贷款1222.8万元，贴息45.0827万元，补贴驾照59户13.52万元；完成整村推进项目验收797户，兑付资金634.5万元、双到项目验收1111户，兑付资金310.48万元；巩固提升项目验收404户，兑付资金121.2万元；劳务验收项目共验收涉及杨柳、南源等6个村共210户；研究制定马渠脱贫攻坚实施方案，落实任务分工，对3365闲置圈棚进行改造利用，协调银行贷款，发展特色养殖业，完成扶贫工厂建设，带动群众就业。

【特色产业】

2017年，全乡压减玉米2.75万亩，新增牧草12300亩、枸杞1132亩、经果林800亩、中药材400亩、小麦4820亩、油料3688亩，建成新台村5300亩紫花苜蓿种植基地，全乡产业结构调整面积达7.31万亩，牛、羊、猪饲养量分别达到1.8万头、15.2万只、2500头。对白墩村4500亩土地进行高标准国土整治，发展高效节水作物。

【招商引资】

2017年，全乡落实项目3个，协议资金7896.55万元，到位资金5160万元。其中：红寺堡区进林粮食购销合作社总投资1000万元，流转菊花台土地3000亩，种植青贮2000亩，黄豆1000亩，到位资金900万元；红寺堡区进林粮食购销合作社总投资6459.75万元，修建沙草墩村肉羊养殖基地，项目区总占地425.82亩，总建筑面积65580平方米，到位资金4000万元；中民光伏（宁夏）投资有限公司建设东川村600户农户屋顶架设光伏电板发电项目，总投资436.8万元，到位资金260万元。

【安保维稳】

2017年，全乡共接待各类来访案件23批次，化解22件，共排查化解各类纠纷65余起，调解成功64起，调处率100%，调解成功率98%。十九大期间未发生重大群体性事件和有影响的越级上访，也未发生重大刑事案件；完成土地巡查52次，化解土地矛盾纠纷3起，下发停工通知书4起，下发拆除通知书4起。实现特殊人群规范管理，接收社区矫正人员5人，到期解矫6人，安置帮教对象87人，安置帮教人员92人，其中社区矫正转安置帮教人员38人。加强对社区戒毒康复人员的教育和管理，全乡吸毒人员当中，应应参加社区戒毒（康复）21人，实际参加21人，社区戒毒复康执行率100%。

【计划生育】

2017年，新庄集乡打造东川村诚信计生示范村，投入1.5万元打造柳树台村计划生育宣传阵地，配合卫生和计划生育局建成杨柳村计划生育宣传长廊。对全乡留守儿童进行全面摸底，9月对留守儿童进行慰问，发放爱心书包、水彩笔、文具盒等学习用品。建立2017年应征收未征收台账，征收社会抚养费6400元，组织重点育龄妇女开展“三查”服务活动，筛查重点人群235人、流入育龄妇女14人，流出45人；对2015年以来的新婚及新出生人口家庭信息进行核对纠错，确保全员人口信息完整率、准确率均达98%以上。

【民生保障】

2017年，新庄集乡完成16个村低保调整，评定在册低保对象4195户5606人，开展低保扩面和清理整顿工作，完成五个脱贫销号村低保扩面854户1066人；发放高龄津贴383人96万余元，审核通过孤儿救助63人，发放救助金39.42万元、临时困难救助350户153900元、灾害救助153户9万元、春荒救助1994户842600元，为马渠1051户生态移民发放冬季取暖费840800元，发放医疗救助金844人次1408818元。上报特困供养人员22人，为全乡70余名特困供养人员进行免费体检；申请上报60岁农村户籍退伍军人6人，审批新办残疾证298个，对136名残疾人进行摸底登记，办理生活津贴和护理补贴，为29名重度残疾人发放轮椅；上报审核城乡养老保险待遇领取新增人数152人，核查上报死亡人数44人，认证补发养老金456人；完成2017年医疗保险缴费43090人，完成率达106%；劳动力就业转移总人数4420人，累计收入1105万元；上报133名留守儿童，申请上报为东川、中川、杨柳、新台、红川5个村建设“儿童之家”，发放补助资金5万元。

【环境整治】

2017年，以杨柳、白墩、新台、红阳等村庄绿化为重点，补栽滚新公路中川、东川段沿线林带、康庄村生态林树木29705株，完成西川566亩庭院经果林种植任务；出动机械200台次，人工11000人次，清除垃圾3000多吨；结合秋季农田建设，打造沙草墩、康庄、杨柳等环境整治示范点，采取宣传教育、日常巡查和专项整治等多种措施，保护草原生态环境。

【重点项目】

2017年，新庄集乡完成西川特色产业示范村绿化景观提升工程，种植垂柳、海棠等5.4万余株，硬化村庄巷道4.6公里；完成村庄北部道路护坡及围栏项目、村庄东侧游园建设项目、道路绿化及毛渠改造项目，完成新台村少数民族特色村寨建设项目规划和前期论证，完成白墩村4700亩国土整治高效节水灌溉项目。

【基层党建】

2017年，新庄集乡党委扎实推进“两学一做”学习教育常态化制度化。领导干部带头学，党支部引领学，党员分类学。搭建党组织书记能力培养平台、党员组织关系摸底排查规范平台、基层服务型党组织引领平台和党员身份公开平台。开展“党员奉献日”“党员责任田”“党员先锋岗”等创先争优活动，在东川、南源、白墩、沙草墩等村开展“老党员给小党员讲故事”活动，通过讲述红军优良传统，增强年轻党员的党性意识、先锋意识。

【廉政建设】

2017年，新庄集乡推进从严治党，整治涉农扶贫领域“微腐败”，落实党风廉政建设主体责任。全年党委会议研究党风廉政建设工作14次，召开专题会议2次，乡村两级干部例会学习党风廉政建设文件精神12次；联合督查3次，下发整改通知书7份，总共办结案件10件，其中初核了结5件，给予党政纪处分5件。约谈落实工作不力的两个村“两委”班子，免去1名村干部职务。梳理出涉农扶贫领域问题线索12件，给予党政纪处分4人，启动“一案双查”2次。

【精神文明建设】

建成15个村级综合文化服务中心并投入使用，成立7个民政部门注册的民间文化艺术团体，自发演出舞蹈、秦腔等节目23场次。组织社火队、秧歌队、广场舞队等各类文艺团队进行表演，活跃生活氛围。举办“庆三八促和谐，共舞美丽人生”广场舞大赛，参加红寺堡区“邮储杯”庆三八广场舞大赛，获得第三名和优秀组织奖。开展寻找“最美家庭”活动，推荐钱嘉楠等6户红寺堡区“最美家庭”，王耀品等5户吴忠市“最美家庭”。

（宋宗奇）

柳泉乡

【概况】

柳泉乡地处红寺堡区东部，东邻太阳山镇，南靠大罗山，西连红寺堡镇，北接利通区，行政区划面积约600平方公里，下辖11个行政村，盐兴公路、定武高速和太中银（太原－中卫－银川）铁路贯通东西，罗山大道连接南北，交通便利，区位优势明显。全乡现有常住人口7273户33666人。2017年，全乡地区生产总值3.7亿元，农民人均可支配收入8436元。

【特色农业】

2017年，全乡发展特色种植2.041万亩，其中：新增黄花菜0.55万亩、枸杞种植1.375万亩，中药材0.115万亩，瓜菜0.1635万亩，牧草0.48万亩、经果林0.03万亩；小麦及其他作物0.559万亩。

【草畜产业】

2017年，依托柳泉村精准扶贫肉牛养殖

园区、永新村伊禾源肉牛养殖场、甘泉养殖合作社等龙头企业，建成柳泉万头肉牛养殖示范区，实现全乡新增肉牛6624头，肉牛总饲养量达1.6万头以上，肉羊饲养总量达12万只。

【基础建设】

2017年全乡硬化村庄巷道84公里，安装太阳能路灯609盏。在豹子滩村实施美丽村庄建设项目，安装太阳能热水器300台、绿化沿路林带84亩9600株、新建休闲广场2处1100平方米、配套健身器材2套、硬化村庄道路8公里、整修农户围墙及门墩45户、安装大门14个、农户围墙抹灰5800平方米、硬化农户门头路0.5公里。

【脱贫攻坚】

2017年，柳泉乡按照“一巩固两提升三促进”的工作思路（“一巩固”即巩固已脱贫户的脱贫成果，“两提升”即提升贫困户的内生动力，提升当年脱贫户的脱贫成果，“三促进”即促进产业培育力度，促进党群干群关系，促进村集体经济增收），推进扶贫工作。柳泉乡现有建档立卡户2125户8442人，已脱贫2011户7965人，甜水河村、柳泉村、沙泉村、永新村、红塔村、豹子滩村、黄羊滩村、水套村8个贫困村完成脱贫销号，羊坊滩村114户477人未脱贫。2017年，共兑付各类涉农扶贫资金330.405万元，发放贷款5422万元，发放互助资金930万元；开展460人次扶贫技能培训，利用培训输出劳动力900人，创收680万元；争取壮大村集体经济300万元，为村集体增收21.9028万元。争取闽宁帮扶资金10万元、帮扶单位资金6万元，涉农扶贫整合资金72万元，建设枸杞烘干房。

【社会事业】

2017年，柳泉乡开展卫生和计划生育工作，全乡农村计划生育奖励扶助申报年审达100%，全年共实施孕前优生健康检查339对。出生人口政策符合率86.54%，人口出生率13.6‰，人口自然增长率11.9‰，性别比10:1；发放低保金853.5万元，办理大病救助720人次98.488万元，救济因灾受困群众4207人次294.658万元，发放高龄津贴1216人次56.213万元，发放60岁退伍军人优抚安置32人次4.8965万元，发放孤儿津贴23人次14.55万元；完成2017年两险收缴工作，养老保险缴费率100%，医疗保险缴费率97.82%，养老保险待遇领取人员认证工作完成1893人；全年共输出劳动力5157人次，实现创收4969.4万元，劳务输出收入占农民人均纯收入的17.5%。

【社会管理】

2017年，柳泉乡共接待信访案件68起，化解处理67起，化解率98.6%；排查信访积案31件，化解28件，化解率90.3%。对辖区4家机砖厂、2家预制场及各建设工地进行安全生产检查，对58个宗教场所、17所学校进行消防、食品安全检查，成功创建吴忠市食品安全示范乡镇。组织专人负责土地确权颁证工作，全乡已签订合同7103户，发放证书6762户，合同签订率及颁证率均达95.2%以上。配合建设局对危房改造项目进行验收，共验收通过危房改造351户。

【禁牧封育】

2017年，全乡先后抽调干部120余人次、出动公务车51余次。在豹子滩村植树15亩，共计1600株；柳成路两侧植树造林6亩，共计420株。种植经济林共计799.2亩，其中枸杞626亩，枣树36.3亩，杂果56.7亩，苹果80.2亩。

【环境整治】

2017年，柳泉乡建立环境保洁长效机制，制定出台《柳泉乡环境整治管理办法》，通过“周督查、月通报、季考评”的方式，对各村环境整治进行奖惩，提升村级环境整治干劲。2017年我乡共开展各类环保知识讲座10余次，办宣传板报12块，悬挂横幅11条，发放环卫宣传资料2000份，发放整改通知书160份，出动人工5000余人次，清理垃圾400多吨。

【基层党建】

2017年，全乡投入120余万元，新建柳泉村、红塔村党建阵地240平米，投入110余万元对5个老旧村部进行修缮，投入40余万为各村配备空调、办公桌椅、电脑等办公设备。推进“两学一做”学习教育常态化制度化，严格落实“三会一课”制度，开展党员主题日、民主评议党员等活动，增强党员的责任意识。悬挂横幅53条，喷绘展板13块，发放“党的十九大”应知应会小册子560余份。

【党风廉政】

2017年，乡党委书记与班子成员及各村党支部书记签订《党风廉政建设党委主体责任书》，落实一岗双责，厘清主体责任清单。通过党员冬训、远程教育、干部自学、周一例会“1+X”学习、QQ群和微信公众号等形式，组织乡村两级干部认真学习党的十八届六中全会、党的十九大精神、《中国共产党党内监督条例》等，筑牢领导班子及乡村党员干部预防腐败的思想防线。在各村打造党风廉政建设宣传教育园地，组织柳泉乡党委班子成员和乡各站所负责人前往宁夏回族自治区廉政警示教育中心、吴忠监狱、吴忠市反腐倡廉警示教育基地进行警示教育活动，提高乡村干部拒腐防变意识。

（安娜　郑楠）

人物

Advanced Characters

先进人物

2017年红寺堡区县级及以上表彰的先进个人

表 1

姓　名	所在单位	奖　项	颁奖单位	获奖时间
文永刚	司法局	全国人民调解工作先进个人	中华人民共和国司法部	2018年5月
杨润泽	司法局	全国青少年毒品预防教育“6.27”工程优秀校外辅导员	国家禁毒委员会办公室	2018年6月
周　鹏	红寺堡人力资源和社会保障局	第三届“关爱明天，普法先行”先进个人	中国关心下一代工作委员会 中华人民共和国司法部 中央社会治安综合治理委员会办公室	2017年8月
马文涛	团委	第三届“关爱明天、普法先行”——青少年普法教育活动先进个人	中国关心下一代工作委员会；中华人民共和国司法部；中央社会治安治理委员会办公室	2017年8月
宋建军	人民法院	2012-2016年全区机关干部下基层活动先进个人	自治区党的领导建设小组	2017年3月

续表

姓　名	所在单位	奖　项	颁奖单位	获奖时间
马玉军	公安分局	驻京维稳工作突出	自治区驻京办	2017年5月
丁建云	公安分局	公安系统英雄模范	自治区党委、政府	2017年8月
俞　新	公安分局	个人嘉奖	公安厅政治部	2017年5月
王艳华	太阳山镇政府	全国优秀少先队员	共青团宁夏回族自治区委员会、宁夏回族自治区教育厅、宁夏回族自治区妇女联合会、宁夏回族自治少工委	2017年3月
马荣清	人民法院	全区优秀法官	自治区高院	2017年1月
赵旭沛	人民法院	全区法院“坚定文化自信，建设文化法院”书画摄影微电影展览展播三等奖	自治区高院	2017年12月
文永刚	司法局	全区优秀人民调解员	自治区司法厅	2017年3月
文永刚	司法局	2017年度“百名法治模范”	自治区司法厅	2018年2月
李韵芳	司法局	自治区未成年法治教育优秀辅导员	自治区司法厅	2017年1月
马力海	公安分局	十九大安保先进个人	自治区综治委	2017年12月
吴晓明	公安分局	十九大安保先进个人	自治区综治委	2017年11月
马玉龙	公安分局	十九大安保先进个人	自治区综治委	2017年11月
车建鹏	公安分局	十九大安保先进个人	自治区综治委	2017年11月

续表

姓　名	所在单位	奖　项	颁奖单位	获奖时间
虎国福	公安分局	十九大安保先进个人	公安厅政治部	2017 年 11 月
熊　锐	宁夏水投红寺堡水务有限公司	“自治区水利行业”技术能手称号	自治区水利厅	2017 年 12 月
伍洪亮	新庄集乡	2013-2017 年度全区社会治安综合治理“先进工作者”	自治区社会治安综合治理委员会	2017 年 3 月
马旭龙	新庄集乡	自治区级先进个人	宁夏回族自治区第三次全国农业普查领导小组办公室	2017 年 3 月
王　宏	红寺堡区林业局	2017 年度全区森林防火工作先进个人	自治区森林草原防火指挥部	2018 年 2 月
邓海涛	团委	宁夏自治区优秀志愿者	共青团宁夏回族自治区委员会	2017 年 8 月
李娟	团委	宁夏自治区优秀志愿者	共青团宁夏回族自治区委员会	2017 年 8 月
买兰花	团委	宁夏自治区优秀志愿者	共青团宁夏回族自治区委员会	2017 年 8 月
王蕊	团委	宁夏自治区优秀志愿者	共青团宁夏回族自治区委员会	2017 年 8 月
朱凯	团委	宁夏自治区优秀志愿者	共青团宁夏回族自治区委员会	2017 年 8 月
冯国英	团委	宁夏自治区优秀志愿者	共青团宁夏回族自治区委员会	2017 年 8 月
李德康	团委	宁夏自治区优秀志愿者	共青团宁夏回族自治区委员会	2017 年 8 月
罗永宝	爱心救助协会	第四届“自治区优秀志愿者个人奖”	共青团宁夏回族自治区委员会	2017 年 5 月

续表

姓　名	所在单位	奖　项	颁奖单位	获奖时间
李　健	红寺堡区第二中学九年级学生	全区优秀共青团员	共青团宁夏回族自治区委员会	2017 年 5 月
张亮红	红寺堡区回民中学九年级学生	全区优秀共青团员	共青团宁夏回族自治区委员会	2017 年 5 月
马继平	红寺堡区第三中学团委书记	全区优秀共青团干部	共青团宁夏回族自治区委员会	2017 年 5 月
罗永宝	团委	第四届自治区优秀志愿者个人奖	共青团宁夏回族自治区委员会	2017 年 5 月
王桂红	妇联	自治区巾帼建功标兵	自治区妇联	2017 年 4 月
马桂芹	工会	全区职工讲故事大赛获 奖	自治区总工会	2017 年 4 月
伍洪亮	新庄集乡	授予全市民族团结进步模范个人荣誉称号	中共吴忠市委员会，吴忠市人民政府	2017 年 3 月
张　戈	人民法院	全市法院优秀司法辅助人员	吴忠市中级人民法院	2017 年 2 月
刘成波	人民法院	全市法院优秀司法辅助人员	吴忠市中级人民法院	2017 年 2 月
刘媛春	人民法院	全市法院优秀法官	吴忠市中级人民法院	2017 年 2 月
李海鹏	人民法院	全市法院优秀司法行政人员	吴忠市中级人民法院	2017 年 2 月
赵旭沛	人民法院	三等功	吴忠市中级人民法院	2017 年 5 月
刘彩萍	民政局	吴忠市首届禁毒公益广告平面类优秀奖	吴忠市禁毒委员会、共青团吴忠市委员会、吴忠市广播电台	2017 年 11 月

续表

姓　名	所在单位	奖　项	颁奖单位	获奖时间
马克龙	红寺堡区林业局	2017 年民兵预备役工作先进个人	中共吴忠市红寺堡区委员会 吴忠市红寺堡区人民政府	2018 年 1 月
高银花	民政局	2017 年双拥共建工作先进个人	中共红寺堡区委员会，吴忠市红寺堡区人民政府	2017 年 11 月
周　青	民政局	2017 年征兵工作先进个人	吴忠市红寺堡区人民政府	2017 年 11 月
王世伟	民政局	2017 年度全区安全生产工作先进个人	吴忠市红寺堡区安全生产委员会	2018 年 2 月
周海霞	民政局	2017 年全区安全生产工作先进个人	吴忠市红寺堡区安全生产委员会	2018 年 2 月
马桂芹	工会	吴忠市级五一劳动奖章	吴忠市总工会	2017 年 4 月

2017年获区委、政府表彰的优秀工作者

区委办公室 徐明勇 李玉平 刘建杰 王 虹

政府办公室 谢继杰 张 洁 杨 桦 马啸芬 陶春铎 苏文忠

人大办公室 刘汉锋 张淑艳 高文辉

政协办公室 辛 玺 马淑莲

组织部 温丽娟 刘 辉 田晓盛 朱万通

纪检委 周仁科 黄文辉 廖志忠

政法委 杨 成

统战部 马 力

宣传部 杨 伟

发展和改革局
袁安莉 张怀德 张 晴

人力资源和社会保障局
马 贵 周 鹏 雷晓静 任秀娟 张志忠 安洋洋

工业和商务经济技术合作局
黑晓军

司法局 王 毅 杨润泽 张 萍 王应文 蒋 伟

扶贫办 张维文 马小山

财政局 马亚群 党妮娜 赵文伯 雍艳霞 蒙 娜 宗晓玲 钱广银

审计局 牛虎山 李 娜

民政局 付方玉 王园园 周海霞 吴云飞

建设和环境保护局
王少奇 黑 燕 马 凯 王 鹏 朱建章 陈浩斌 罗成功 周志强 何 苗 李 娜 王 昊 马辉君

交通运输局 李军保 海万吉 杨 磊 杨 丽 万文超 张文学 马玉良

水务局 王 军 罗 鑫 杨志鹏 马海德 马志忠 赵 丽 于小军 樊国伟 韩银武

文化体育旅游局
郑淑萍 马宏志 马广智 马兴龙 周占元

林业局 马 进 冯鹏举 田慧丽 王世伟 杨 伟 张永红

农牧和科学技术局
安正林 杨鸿斌 贾 毅 张慧宁 杨青山 王玉平 马国栋 李国章 马建明 张本健 石晶哲

国土局 杨彦俊 马汉宝 韩志玲 马存义

就业创业和人才服务局
魏召侠

机关事务管理局
王君华

档案史志馆 朱雪娟

团委 马文涛

工会 马晓霞 李 瑞

信访督办局 赵锦鹏

社会保险事业管理局
海万昌 张 楠

残联 王全民

弘德慈善园区管理委员会
马 瑞

劳动保障监察大队
刘正刚 马少花

政务服务中心
梁彦珍 吴克兵 艾慧莲 戴 婷
杨 晶 王志平 石来东 倪慧霞
李小茹

法院 苏占梅 杨 勇 买 博 曹佳宝
李 辉 李丹丹 孙柏峰 罗少飞
赵旭沛 李海鹏 马 新 丁玉宏

检察院 杨和平 马国梅 马 蓉 马 涛
计永慧 杨 兰

公安局 马文瑞 金守礼 田希宏 李 波
苏 斌 单雅丽 丁建云 李雄飞
杨百虎 洪旭东 李 江 张 伟
任海啸

红寺堡镇 王国成 李苗苗 杨明芳 马月梅
王 璐 李祥勋 马 静 海博洋
燕旭娟

新庄集乡 李明明 王进银 马燕蓉 魏 玉
马少峰 李 国

大河乡 马 楠 刘春学 周启慧 陈志荣
丁晓龙 王 婧 杨立娜 王立琴

柳泉乡 杨洪泽 马金贵 金 帝 田 平
丁绍武 罗小玲 李 勇 罗峰虎

太阳山镇 马广步 佘 莉 马东海 杨 民
李 旦 苏 荣 李 虎 王 超

卫生局 杨万升 张学元 咸 洁 丁良青
虎 梅 何 燕 王卿东 张夏珲
马小花 张 龙 罗江波 张效庆
虎旭春 马 瑛 熊艳晶 田 燕
拓占斌 田 燕 白银海 牛 娟
张俊巍 杨晓兰 刘晓军 梁 瑾
万效粉 田英霞 王建辉 王淑秀
段 筱 张江弟 徐志宏 顾莉琴
仇彩萍 马怀梅 买晓琴 马秀花
魏彩燕 摆小琴 马 欣 袁玉莲
丁晓英 杨瑞玲 刘 娟 杨 秀
马玉秀 康彦菊 马小芳 蒙丽霞
杨 力 丁巧萍 庞万宝 邓春英
马六九 马金贵 李 潇 张永进
赫彩萍

教育局 王小玲 穆世军 马 骁 王金莲
田玉霞 魏国喆 李成军 吴玉娟
姚 锋 张德勋 苏永娟 张前军
尚晓凤 马凤娟 樊慧宁 刘小琴
王晓莉 马 莉 惠 楠 焦文昌
张步科 冯军龙 丁淑琴 靳治宏
李成贵 刘 静 刘智强 马步云
马红俊 马吉炯 毛建国 王 炯
魏永芝 肖建军 徐应杰 张晶晶
张明龙 柳玉科 蒋 珂 甘继龙
郭小红 韩 鑫 何玲玲 金 鑫
李 欢 李会忠 李 娜 李青峰
李小双 马桂兰 马海霞 马克福
马 丽 马丽琼 马 睿 马晓燕
马银峰 马永燕 马玉明 沈菊菊
安贵东 汪 珺 王 迪 王国兴
王 娜 王向红 王玉莲 杨 娜
贠 卓 袁海龙 张海燕 张莉娜
虎永祥 赵宏存 马忠吉 穆长军
张雨凤 程 巍 姬爱霞 李中学

马学军 马英男 王江海 王瑞玲
张凤梅 张康乐 黄静雯 纪明彪
马汉兰 殷秀萍 马凤兰 马立娟
谈建忠 冯万里 马 丽 杨生花
徐应举 施兴梅 高军明 余雅峰
祝 莉 杨 芳 姚冠兰 韩 燕
蔡菊玲 焦丽琴 李 红 李 滋
李光明 高来虎 兰海云 马碧玉
王彦林 海贵莲 李红艳 党东旭
马玉祥 殷红琴 赵 哲 张永宏
胡永利 文晓惠 蒙小荣 王龙生
吴 娟 姚雅婷 刘禳禳 张月兰
丁慧芬 马 娟 王志勇 刘矿洲
赵巧霞 邵小芸 马海兰 李生军
马文龙 虎久娥 马成祥 李元真
田艳艳 王 彤 吴亮旗 马生杰
郝 萍 杨丽丽 惠路明 勉海燕
李志荣 刘 刚 刘万香 白丽娟
白如玉 程小平 姬全旺 金梅兰
李广奇 李华丽 林海芳 刘宝红
刘 伟 刘志亮 吕艳玲 马金龙
马 静 苏 娟 田会学 万 军
王金林 王艳芳 魏冰霞 徐润梅
杨 梅 杨秀娥 叶旭琴 张春梅
张金宝 张潇荣 张旭升 张智渊
赵小玲 周玉霞 紫 娟 乔 萍
何 洁 马福忠 牛海霞 拓佰丽
苏建礼 叶晓红 张 颖 祁 涛
海春涛 赵国强 沙玉海 徐 伟
李淑琴 韩 峰 韩建荣 罗建权
马希梅 马银凤 沙桂莲 施兴明
石海兵 苏 筱 田进蕊 万瑞妮
王红艳 殷菊珍 张 蕾 张彩荣
安巧娥 柴 娜 单牡丹 李 娟
李晓成 李晓东 李颖红 刘 斌
刘 霞 刘 艳 吕永娟 马彩霞
马 荣 马生钦 马兴福 屈鹏远
佘海鸿 施建成 宋晓绘 王 成
杨素洁 俞 丽 袁金萍 张冬梅
张克卿 张 伟 张小平 张晓娟
赵 丽 赵亮亮 赵素玲 周慧霞
郭晓艳 罗 媛 涂志刚 马国林
马建学 马智广 马少军 王 峰
马佳宝 王瑞霞 赵启龙 马志儒
丁玉林 周丽霞 何 星 马兆虎
杨占成 张 财 撒冬梅 周晓辉
梁 荣 黑正龙 杨风文 周金林
李 磊 马 越 李廷辅 罗克忠
马占湖 祁伟娟 张雪莹 马会荣
马灵雁 吴艳艳 郭艳红 李丽丽
南丽萍 杨金花

2013—2015 年度红寺堡区三等功公务员

樊世鑫 纪检委
黄文辉 纪检委
梁舜杰 组织部
郭春晖 大河乡
蒋春梅 法院
李凤金 水务局
李玉平 建设和环境保护局
马 芳 建设和环境保护局
马 庆 检察院
马晓霞 柳泉乡
田兴龙 统战部
冶长斌 红寺堡镇
张进林 扶贫办

2014—2016 年度红寺堡区三等功公务员

朱　斌　财政局
周志强　财政局
马　平　政协办
摆志斌　交通运输局
李　瑞　发展和改革局
杜丽丽　红寺堡镇
王绍东　红寺堡镇
康　鹏　太阳山镇
杨建军　太阳山镇
计生宝　法院
尚　涛　检察院
田希宏　公安分局
王　阳　公安分局
张　健　公安分局
艾慧莲　就业创业和人才服务局

第三届 我们身边的好人

移风易俗

李生玉　振兴社区
李俊义　东方社区
王小军　罗山社区
马晓霞　柳泉乡
刘根喜　香园村
何昀昕　豹子滩村
张志芳　沙草墩村
苏厚莲　红星村
张彦强　豹子滩村

诚实守信

白伏财　小白农庄负责人
李发荣　红寺堡区第二中学九年级 8 班学生
苏海亮　太阳山阳光农产品专业合作社理事长兼党支部书记
张明香　东方世纪城物业公司

见义勇为

韩志强　红寺堡人民检察院干警
马　凯　群众

敬业奉献

韩旭东　吴忠市市场监管局红寺堡区分局
姜海斌　红寺堡区第四中学
苏　斌　红寺堡区公安分局交通管理大队宣传中中队长
王学敏　吴忠市红寺堡区建设和环境保护局

孝老爱亲

白志军　个体商户
邓小林　雨润幼儿园厨师
王志花　太阳山镇周圈村西吉组村民
杨卫娟　柳泉乡永新村村民

助人为乐

郭　锐　红寺堡区大河乡香园村村主任
黄　宁　红寺堡区塞上明珠公益协会 理事长
徐海霞　吴忠市利通区与红寺堡区残疾人家政服务公司、洗车服务总经理
张海高　东方裕兴物业

吴忠市三八红旗手

王燕华　红寺堡区太阳山镇副镇长、镇妇联主席
陈志华　红寺堡区新庄集乡司法所所长、康庄村驻村第一书记
马慧娟　红寺堡区红寺堡镇玉池村村民

巾帼建功标兵

杜丽丽　红寺堡区红寺堡镇扶贫站站长
马桂芹　宁夏弘德包装材料有限公司党总支书记、总经理
赵秀兰　吴忠市红寺堡区秀兰传承刺绣福利有限公司总经理

农村科技致富女能手

梁巧玲　红寺堡区红寺堡镇中圈塘村
郭贞鹤　红寺堡区柳泉乡柳泉村
李志巧　红寺堡区太阳山镇小泉村

红寺堡区三八红旗手

赵旭沛　红寺堡区人民法院政工科干事
单雅丽　吴忠市公安局红寺堡分局交通管理大队民警
马　萍　红寺堡区建设和环境保护局妇委会主任
赵雅琼　红寺堡区林业局办公室文秘
雍艳霞　红寺堡区财政局干部
丁良莉　红寺堡区发展和改革局统计员
周倩奉　红寺堡区水务局干部
马丽蓉　红寺堡区人民医院妇产科医生
张江弟　红寺堡区人民医院急诊科护士
于　娟　红寺堡区第三小学教师
余小娟　大河乡石坡子小学校长
蒋令萍　红寺堡区图书馆工作人员
陈小芳　红寺堡移动公司营业厅厅长
方菊萍　宁夏天得葡萄酒业有限公司妇委会主任
何晓梅　红寺堡区星月蛋糕坊负责人
燕旭娟　红寺堡镇扶贫工作站站长
苏　荣　太阳山镇计生站站长
王　婧　大河乡妇联副主席
吕文婷　新庄集乡妇联副主席
罗小玲　柳泉乡民生服务中心主任

红寺堡区优秀妇女工作者

段　娟　红寺堡镇新民街道东方社区妇联主席
田风英　红寺堡镇兴旺村妇联主席
张金香　太阳山镇巴庄村妇联主席

马月霞　大河乡石炭沟村妇联主席
金　晶　新庄集乡纪委书记、妇联主席
杨琳娟　柳泉乡妇联干部
焦　慧　红寺堡区人大办公室秘书
李丹丹　红寺堡区人民法院干部
瞿庆玲　红寺堡区委组织部档案管理员
权　蓉　红寺堡区委宣传部干部
杨会娟　教育局妇委会干部
张　怡　红寺堡区总工会女工委干部
李　红　红寺堡区国土资源局办公室副主任
王亚玲　红寺堡区水务局干部
高小茸　红寺堡区妇联工作人员

先进集体

2017 年红寺堡区获县级及以上表彰的先进集体

表 2

获奖单位	奖　项	颁奖单位	获奖时间
文体局	2017 年中国体育旅游精品项目	国家体育总局	2017 年 10 月
国税局工会	2017 年全国工会职工书屋示范点	全国工会职工书屋就建设领导小组办公室、中华全国总工会宣传教育部	2017 年 9 月
供电公司	国家电网文明公司单位	中共国家电网公司党组	2017 年 8 月
工业商务局	2016 年招商引资指导性目标三等奖	自治区人民政府	2017 年 1 月
卫计局	2016 年度卫生计生工作综合目标管理二等奖	自治区人民政府	2017 年 1 月
财政局	2012-2016 年全区机关干部“下基层”活动先进单位	自治区党的建设领导小组	2017 年 3 月
政府办	2016 年度全区系统办公室	自治区人民政府办公厅	2017 年 1 月

续表

获奖单位	奖　项	颁奖单位	获奖时间
卫计局	2014-2016 周期计划生育五星级乡镇	自治区人民政府办公厅	2017 年 7 月
建环局	2016 年度住房保障工作目标责任考核三等奖	自治区人民政府办公厅	2017 年 1 月
建环局	2016 年度自治区级建筑施工安全文明标准化工地	自治区住房和城乡建设厅	2017 年 1 月
建环局	2016 年度住房城乡建设工作先进集体	自治区住房和城乡建设厅	2017 年 1 月
交通局	2016 年度全区农村公路建设先进集体	自治区交通运输局	2017 年 1 月
审计局	2016 年度全区审计机关优秀审计项目	自治区审计厅	2017 年 1 月
检察院	检察文化示范院	自治区检察院	2017 年 1 月
红寺堡镇	全区优秀人民调解委员会	自治区司法厅	2017 年 3 月
司法局	全区优秀人民调解委员会	自治区司法厅	2017 年 3 月
法　院	机关档案工作规范化管理单位	自治区高级人民法院、自治区档案局	2017 年 5 月
档案史志馆	2017 年度全区地方志工作县级先进集体	自治区地方志编审委员会	2017 年 11 月
审计局	2016 年度全区审计机关优秀审计项目	自治区审计局	2017 年 1 月
交通运输局	全区农村公路养护管理的先进集体奖	自治区交通运输厅	2018 年 1 月

续表

获奖单位	奖　项	颁奖单位	获奖时间
交通运输局	全区农村公路建设先进集体	自治区交通运输厅	2018 年 1 月
教育局	民族团结教育模范学校	自治区教育厅	2017 年 3 月
人力资源和社会保障	2017-2020 年度自治区文明单位	自治区精神文明建设指导委员会	2017 年 4 月
市场监管局	2017-2020 年度自治区文明单位	自治区精神文明建设指导委员会	2017 年 4 月
司法局	2017-2020 年度自治区文明单位	自治区精神文明建设指导委员会	2017 年 4 月
红寺堡镇	2017-2020 年度自治区文明村镇	自治区精神文明建设指导委员会	2017 年 4 月
公安分局	党的十九大安保维稳工作先进集体	自治区社会治安综合治理委员会	2017 年 12 月
法　院	党的十九大安保维稳工作先进集体	自治区社会治安综合治理委员会	2017 年 12 月
水务局	县级优秀防汛抗旱指挥部	自治区防汛抗旱指挥部	2017 年 1 月
就业局	2017 年全区转移就业工作先进集体	自治区就业与创业服务局	2017 年 12 月
就业局	2017 年自治区巾帼建功先进集体	自治区妇联	2017 年 5 月
妇　联	全区妇联系统 2016 年度效能目标考核优秀一等奖	自治区妇联	2017 年 1 月
妇　联	家庭家教家风　共筑中国梦”优秀组织奖和自治区效能目标考核先进单位	自治区妇联	2007 年 9 月

续表

获奖单位	奖　项	颁奖单位	获奖时间
妇 联	优秀二等奖	自治区妇联	2017 年 12 月
人社局	2017 年全区转移就业工作先进集体	自治区就业与创业服务局	2017 年 12 月
人社局	2017 年自治区巾帼建功先进集体	自治区妇联	2017 年 5 月
人社局	自治区级文明单位	自治区文明委	2017 年 4 月
新庄集乡	自治区美丽乡村文明创建工程示范村	宁夏回族自治区精神文明建设指导委员会	2017 年 3 月
财政局	全区铁路护路联防工作先进集体	宁夏回族自治区铁路护路联防工作领导小组	2018 年 4 月
教育局	2017 年度先进记者站	宁夏教育电视台	2017 年 11 月
团 委	全区“青少年”建设示范平台	共青团宁夏回族自治区委员会	2017 年 12 月
团 委	2017 年全区“五四”系列主题活动最具人气奖	共青团宁夏回族自治区委员会	2017 年 6 月
团 委	2017 年度全区共青团工作目标考核二等奖	共青团宁夏回族自治区委员会	2018 年 2 月
团 委	全区共青团新媒体评先评优（第一季）最具传播力文化产品	共青团宁夏回族自治区委员会	2017 年 9 月
团 委	2016 年度希望工程筹资动员工作一等奖	宁夏青少年发展基金会、宁夏希望工程办公室	2017 年 6 月

续表

获奖单位	奖　项	颁奖单位	获奖时间
团　委	2017-2018 年度宁夏大学生志愿服务西部计划优秀项目办	宁夏大学生志愿服务西部计划项目管理办公室	2018 年 7 月
团　委	2017 年筹资动员工作一等奖	宁夏回族自治区希望工程办公室、宁夏青少年发展基金会	2018 年 4 月
工商局	2016 年度效能目标考核招商引资先进单位	中共吴忠市委办公室	2017 年 3 月
交通运输局	2016-2019 年度文明单位奖	中共吴忠市委员会 吴忠市人民政府	2017 年 4 月
新庄集乡	2014—2016 吴忠市计划生育工作四星级乡镇	吴忠市人民政府	2017 年 2 月
新庄集乡	2013-2017 年度吴忠市社会治安综合治理“先进集体”	吴忠市社会治安综合治理委员会	2017 年 3 月
新庄集乡	中国农业普查先进集体	吴忠市第三次全国农业普查领导小组	2017 年 3 月
教育局	吴忠市 2015-2016 年度“一师一优课一课一名师”活动先进组织单位	吴忠市教育局	2017 年 3 月
教育局	2016 年度全市禁毒工作先进集体	吴忠市禁毒委员会	2017 年 5 月
红寺堡区政务服务中心	2017 面度全市政务服务系统窗口标准化先进单位	吴忠市政务服务中心	2018 年 1 月
壹加壹公司	吴忠市级五一劳动奖状	吴忠市总工会	2017 年 4 月
交通运输局	政协提案承办先进单位	吴忠市红寺堡区委员会	2018 年 3 月

续表

获奖单位	奖　项	颁奖单位	获奖时间
交通运输局	项目建设工作先进集体	中共吴忠市红寺堡区委员会、吴忠市红寺堡区人民政府	2018 年 3 月
财政局	2017 年度项目建设工作先进单位	红寺堡区委、政府	2018 年 3 月
民政局	“双拥共建工作先进单位”	中共红寺堡区委员会 吴忠市红寺堡区人民政府	2018 年 1 月
财政局	2017 年度议案建议办理先进单位	红寺堡区人大常委会	2017 年 12 月
林业局	2017 年度议案建议办理先进单位	红寺堡区人大常委会	2017 年 12 月
民政局	“平安建设先进集体”	吴忠市红寺堡区社会管理综合治理委员会	2017 年 2 月
水投公司	平安建设先进集体	吴忠市红寺堡区社会管理综合治理委员会	2017 年 2 月
水投公司	安全生产先进单位	红寺堡区安全生产委员会	2017 年 3 月
教育局	纪念中国人民解放军建军 90 周年国防知识竞赛三等奖	宣传部 人民武装部	2017 年 8 月
团　委	2017 年度红寺堡区禁毒工作综合考核二等奖	吴忠市红寺堡区禁毒委员会	2018 年 7 月

2017年吴忠市三八红旗集体

三八红旗集体

红寺堡区财政局

巾帼文明岗

红寺堡区国税局纳税服务科

红寺堡区就业创业和人才服务局

红寺堡区柳泉乡人民政府扶贫工作办公室

吴忠市公安局红寺堡区分局交通管理大队车辆管理所

农村妇女岗位建功先进集体

邮储银行红寺堡区支行营业部

红寺堡区太阳山镇周圈村

红寺堡区大河乡妇联

红寺堡区柳泉乡妇联

巾帼农业示范基地

红寺堡区天源农牧业科技开发有限公司养殖基地

红寺堡区柳树台村养殖基地

宁夏罗山酒庄有限公司葡萄种植基地

巾帼巧手致富示范基地

自治区级非物质文化遗产保护基地

吴忠市红寺堡区巧媳妇工艺制作专业合作社

巾帼扶贫车间

红寺堡镇河水村凯夏宏布鞋厂

吴忠市延兴工贸有限公司

巾帼家政转移就业培训基地

吴忠市红寺堡区海侠残疾人协会

2017年红寺堡区三八红旗集体

三八红旗集体

红寺堡区政务服务中心

红寺堡区人民法院妇委会

红寺堡区人民检察院妇委会

红寺堡司法局大河司法所

红寺堡区政务大厅公安窗口

红寺堡区民政局

红寺堡区国税局纳税服务科

红寺区农牧和科学技术局妇委会

红寺堡区妇幼保健计划生育服务中心

红寺堡体育馆

红寺堡区交通局公路管理段

红寺堡区农村信用社合作社审计稽核部

国网吴忠市红寺堡供电公司营业部

宁夏弘德白装材料有限公司

红寺堡镇扶贫工作站

太阳山镇小泉村妇联

大河乡妇联

新庄集乡民生服务中心

柳泉乡红塔村妇联

柳泉乡中心小学

巾帼文明岗

红寺堡镇民生服务中心

太阳山镇民生服务中心

大河乡扶贫工作站

新庄集乡党政办公室

柳泉乡党政办公室

红寺堡区人民检察院办公室
红寺堡区人民法院立案庭
宁夏红寺堡区罗山酒庄综合办公室

2017年红寺堡区先进基层妇女组织

红寺堡区新庄集乡妇联
红寺堡区新民街道东方社区妇联
红寺堡区太阳山镇田原村妇联
红寺堡区大河乡大河村妇联
红寺堡区柳泉乡柳泉村妇联
吴忠市红寺堡区人民检察院妇委会
吴忠市公安局红寺堡分局妇委会
红寺堡区建设和环境保护局妇委会
红寺堡区文化体育旅游局妇委会
红寺堡区人力资源和社会保障局妇委会

附录

The Appendix

组织机构及负责人名单

中共红寺堡区委员会

书　记 丁建成（回族）

副书记 谭兴玲（女）

杨海峰（回族）

周立军（挂职，7月调离）

王荣（7月任职）

常　委 付兆刚

郑亚亮（7月调离）

杨泽勤（蒙古族，7月调离）

李 焜

赵彦林

尹保江

李海龙（回族）

赵志青（女）

李 珂（挂职）

涂德望（挂职）

芮秋华（挂职，2月任职）

党玉龙（挂职，2月任职）

翟嘉涛（挂职，2月调离）

陈雪松（7月任职）

杨志东（7月任职）

区委办公室

主任、政研室主任、保密局局长 徐明勇

副主任 段立栓（2月任职）

李玉平（回族）

马晓莲（女，回族，2月任职）

红寺堡区人大常委会

主　任 马　鑫（回族）

副主任 刘学芳（女，11月调离）

叶　夏

关保智

杨进才（回族）

副处级领导 苏宗荣（回族）

梁维礼

人大办公室

主任 刘汉锋

财经农业教科文卫工作委员会

主　任 张淑艳（女，12月调离）

马秉刚（12月任职）

民族宗教法制工作委员会

主　任 马国江（回族）

代表联络与选举工作委员会

主　任 孙　冲（12月调离）
张淑艳（女，12月任职）

红寺堡区人民政府

区　　长 谭兴玲（女）
常务副区长 李　焜（常委）
副 区 长 李　珂（常委，挂职）
涂德望（常委，挂职）
芮秋华（常委，挂职，2月任职）
党玉龙（常委，挂职，2月任职）
苏达志（回族）
马占斌（回族）
马金鑫（回族）
尚自刚（福建挂职）
苏文忠（区长助理，挂职）

政府办公室

主任、法制办主任、外事侨务办主任
高建斌（8月任职）
副主任 谢继杰
马金平（回族，2月任职）

政务服务中心

主　任 李海瑞（1月调离）
王成虎（回族，1月任职）
副主任 梁彦珍（2月任职）

政协红寺堡区委员会

主　席 蔺保飞
副主席 买廷东（回族）
张致强
宋立忠
秘书长 王效军（回族，9月免职）
张　铁（9月任职）

政协办公室

主　任 张　铁（兼）
副主任 马彩军（回族，11月任职）

经济与民族宗教委员会

主　任 禹柒虎（回族）

社会法制与教科文卫体委员会

主　任 辛　玺

中共红寺堡区纪律检查委员会（监察局）

书　记 赵志青（女）
副书记 监察局局长 张晓峰
副书记 米志和（回族，11月调离）
常　委 魏世雄
周仁科（回族）
白明治（回族）
黑茂森（回族）
监察局副局长 王举（回族）
纪检监察室主任 田维
纪委（监察局）派出第二纪工委书记 武兴平
纪委（监察局）派出第一纪工委书记 马文江（回族）
纪委（监察局）派出第三纪工委书记 田兴龙（回族）
办公室主任 黄文辉（回族）
案件审理室主任 王艳丽（女，回族，11月任职）
信访案管室主任 杨玉香（女，回族，11月任职）

组织部

部　长 杨泽勤（蒙古族，7 月调离）
陈雪松（7 月任职）
副部长 温丽娟（女）
王成虎（回族，1 月调离）
米志和（回族，11 月任职）

老干部局

局　长 温丽娟（女）

非公有制经济组织和社会组织工作委员会

书　记 米志和（回族，11 月任职）
副书记 杨志辉

离退休干部党工委

副书记 马　芳（女，回族，11 月任职）

党员教育中心

主　任 王座思（11 月任职）

宣传部

部　长 郑亚亮（7 月调离）
杨志东（7 月任职）
副部长 王兴文（回族，9 月调离）
姚一凡（女）
杨飞鹏（回族，9 月任职）

统战部

部　长 李海龙（回族）
副部长 李成新（回族）

政法委

书　记 杨海峰（回族）
副书记 李　焜
尹保江
汤　洪（11 月调离）
罗成龙（回族）

档案史志馆

馆　长 陈永康
副馆长 马建林（回族）

红寺堡区总工会

主　席 买廷东（回族）
常务副主席 张　铁（9 月调离）
王兴文（回族，9 月任职）
副主席 马晓霞（女，回族，9 月任职）
兼职副主席 张小江（11 月任职）
挂职副主席 王燕华（女，11 月任职）
经审会主任 李　瑞（9 月任职）
副主席、经审会主任 郑淑萍（女，2 月调离）

共青团红寺堡区委员会

书　记 刘　艳（女）
副书记 马文涛（回族）
马珲璞（10 月挂职）

红寺堡区妇女联合会

主　席 海　琴（女，回族）
副主席 田　丽（女，回族，1 月调离）
苏秀萍（女，回族，2 月任职）
马晓霞（女，回族，10 月挂职）

红寺堡区残疾人联合会

理事长 赵志强
副理事长 王全民

信访督办局

局　长 吕振中（11月调离）
黄培成（11月任职）

宁夏弘德慈善产业园区管委会

主　任 李生元（回族，12月调离）
徐明勇（12月任职）
常务副主任 卢维生（1月任职）
副主任 马　瑞（回族）

规划建设部

部　长 王　珲

招商发展部

部　长 罗玉鹏

综合部

副部长 高正武

发展和改革局（统计局、物价局、粮食局）

局　长 杨国文（回族，1月任职）
副局长 李军保（9月调离）
马奋山（回族）
袁安莉（女）
韩　明（回族，9月任职）

教育局

局　长 杨金花（女，回族,1月任职）
副局长 锁金银（回族，9月调离）
童仲志（9月任职）

区政府教育督导室

主　任 伏建军

考试中心

主　任 魏国喆

民族宗教事务局

局　长 李成新（回族）

文化体育旅游局（文学艺术界联合会）

局　长 张耀忠
副局长 郑淑萍（女，2月任职）
傅国胜（2月免职）

文　联

主　席 傅国胜（2月免职）

文化馆

馆　长 马宏志

图书馆

馆　长 陈维良

宁夏移民博物馆

馆　长 高　阳

文化体育活动中心

主　任 周占元

体育馆

馆　长 马广录（回族）

广电中心

主　任 田　龙（回族，9月调离）
李怀玺 (12月任职)

规划分局

局　长 王兴龙

公安分局

局　长 尹保江
政　委 黑贵仁（回族）
副局长 俞　新
刘　智
马力海（回族）

指挥中心

主　任 和耀龙

警务保障室

主　任 方海彪

政工监督室

主　任 谢彦明

治安大队

大队长 张晓峰（6月调离）
丁建云（回族，6月任职）

禁毒大队

大队长 马　列（回族，6月调离）
副大队长 吴敬博

法制大队

大队长 丁建云（回族，6月调离）
禹万喜（回族，6月任职）

刑侦大队

指导员 马学成（回族）

交管大队

大队长 安世锋

红寺堡派出所

所　长 王瑞东

大河派出所

所　长 李震宇

柳泉派出所

教导员 王占新

新庄集派出所

教导员 张一定

弘德派出所

所　长 杨军军

草原派出所

所　长 李晟邦

民政局

局　长 周　青
副局长 杨文广（回族）
社会组织工委专职副书记 马　蛟（回族，11月免职）

司法局

局　长 马　贵（回族，1月调离）
王　毅（1月任职）
副局长 李晓霞（女）
张伏荣

财政局

局　长 朱　斌（10月调离）
马亚群（保安族，10月任职）
副局长 马秉刚（12月免职）
马秀荣（女，回族）
农发办主任 刘维斌
财务综合服务中心主任 党积军

人力资源和社会保障局

局　长 马　贵（回族，1月任职）
副局长 刘　英
周　鹏（回族，9月任职）

就业创业和人才服务局

局　长 朱佩琦

社会保险事业管理局

局　长 海万昌（回族）

国土资源局（测绘地理信息局）

局　长 张启伦
副局长 杨彦俊（回族）
傅登学
吴克兵（10月任职）

不动产登记事务中心

主　任 吴克兵

建设和环境保护局（地震局、人民防空办公室）

局　长 张致强（9月调离）
浦彦卿（9月任职）
副局长 何　明
王少奇（回族）
马志强（回族，11月调离）

交通运输局

局　长 马亚群（保安族，9月调离）
李军保（9月任职）
副局长 马德福（回族）
高晓东

水务局（防汛抗旱指挥部办公室）

局　长 伏志梅（女，8月调离）
王光亚（8月任职）
副局长 王　军（回族）
张进宝（回族，2月任职）

水务综合服务中心

主　任 黄占城（回族）

宁夏水投红寺堡分公司

执行董事、总经理、党总支副书记
王　玲（女）
党总支书记、副总经理 沈光荣
副总经理、党总支委员 李寿山
副总经理、党总支委员 王志清

农牧和科学技术局（科学技术协会）

书记、局长 浦彦卿（9月调离）
王　琳（11月任职）
副局长 安正林（12月调离）
糟怀仁（回族）

科　协

主　席 浦彦卿（9月调离）
王　琳（11月任职）

农业技术推广服务中心

主任 施　德

农业执法大队

队长 张学礼

农村经济经营管理站

站长 王　锐

动物卫生监督所

所长 魏小平

畜牧草原技术推广服务中心

主任 李应科

动物疾病预防控制中心

主任 张甲明

卫生和计划生育局

局　长 王　军（1月免职）
高爱国（1月任职）
副局长 杨万升（回族）
罗宗国（回族）

妇幼保健计划生育服务中心

主　任 董永红（女）

人民医院

院　长 杨廷宝（回族，2月免职）
马万堂（8月任职）

疾病预防控制中心

主　任 杨　力（回族）

审计局

局　长 王光亚（8月调离）
王贯举（8月任职）
副局长 胡亚婕（女）
海小花（女，回族）

林业局（园林管理局）

局　长 杨国文（回族，1月调离）
虎治亮（1月任职）
副局长 李宗贤（回族，1月任职）
林业综合服务中心主任 梁宝银

扶贫开发办公室（移民办公室）

主　任 王　琳(11月调离)
吕振中(11月任职)
副主任 哈小军（回族）
涂志强（2月任职）

工业和商务经济技术合作局

局　长 王贯举（8月调离）
马文虎（回族，8月任职）
副局长 姚自亮
黑晓军（回族）

安监局

局　长 黄培成（11月调离）
马志强（回族，11任职）
副局长 杜　宁（11月任职）

综合执法局

局　长 汤　洪（11月任职）
副局长 田兴福（回族，11月任职）

人民法院

党组书记、院长
郭　勤
党组副书记、副院长
陈西明
党组成员、副院长
徐万学
党组成员、执行局局长
金　鑫（回族）
审判委员会专职委员
范永珍
审判委员会专职委员、民事审判庭庭长
马荣清（回族）
行政庭庭长
李文科（回族）
刑事审判庭庭长
陈昌宁
太阳山人民法庭庭长
宋建军
法警大队副队长
马金才（回族）
办公室主任
王　莉（女，回族）
立案庭庭长
梁　莹（女）
审判监督庭庭长
姜春梅（女）
执行局执行二庭庭长
张唯栋（回族，11月任职）

人民检察院

党组书记、检察长

王俊成（回族）

党组成员、副检察长

郭生鹏

张少青（回族，8月任职）

党组成员、控告申诉检察部

部　长 杨和平（8月任职）

控告申诉检察科

科　长 白　龙（回族）

公诉科

科　长 张兴刚

侦查监督科

科　长 杨丽红（女，回族）

职务犯罪检察局

局　长 刘　杨（回族，12月免职）

办公室

主　任 尚　涛（11月调离）

民事行政检察科

科　长 刘　虎

司法警察大队

队　长 马　庆（回族）

消防大队

大队长 马冬生

武警中队

中队长 张浩旭

指导员 丁远川

国税局

局　长 李思杨（回族）

副局长 石小东（回族）

费晓骥（回族）

王　涛

市场监督管理局

局　长 何献东（回族）

副局长 马保荣（回族）

马志杰（回族）

邮政管理局

局　长 温彦兴（5月调离）

潘长锋（5月任职）

副局长 陈　浩（9月调离）

供电公司

经理兼党支部副书记 聂会军

党支部书记兼副经理 岳思辉

副经理兼分工会主席 张　智

副经理 徐建勇

烟草专卖局

局　长 王继业

副局长 杨　勇

移动公司

经　理 马　宁（回族）

联通公司

经　理 马汉平（回族）

电信分公司

副总经理 刘攀峰

社会经济调查队

队　长 张玉宝

运管所

书　记 马进虎（回族）
所　长 王晓军
副所长 何玉斌
宋志文（回族）

住房公积金管理中心

主　任 孙　炜

农行红寺堡支行

党总支书记、行长 李向荣（回族）
党总支委员、副行长 张耀俊
张晓蔌（女）
陈文辉（女,11 任职）

红寺堡区农村信用合作社

党委书记、理事长 王进勇
党委副书记、主任 张国杰
纪委书记、监事长 杨志刚（回族）
党委委员、副主任 赵　武（8 月任职）
尚　懿（8 月任职）

宁夏银行红寺堡支行

行　长 孙建宇
副行长 王同宁
行长助理 张兴煜

中国人民财产保险股份有限公司红寺堡支公司

总经理 王平利

供暖公司

经　理 张志强
副经理 陈浩斌

红寺堡镇

党委书记 马文虎（回族，8 月调离）
王忠强（8 月任职）
人大主席 刘学军
党委副书记、镇长 王忠强（8 月免职）
蔡金玉（回族，8 月任职）
党委副书记 白占玉（回族）
纪委书记 武国鹏（2—12 月任职）
副镇长 康瑞卿（2 月任职）
魏旭芳（女）
李　瑞（女，9 月调离）
武装部长 李海福（回族）
组织委员 海正祥（回族）

太阳山镇

党委书记 杨　云
人大主席 余　莉（女）
党委副书记、镇长 马广步（回族）
党委副书记 牛树军（2月调离）
童仲志（2月任职，9月调离）
纪委书记 田英选（回族）
副镇长 马富贵（回族，2月任职）
童仲志（2月免职）
王燕华（女）
武装部长 马富贵（回族，2月免职）
马东海（回族，2月任职）
组织委员 杨建军（回族）

大河乡

党委书记 李　虎
人大主席 李　燕（女）
党委副书记、乡长 蔡金玉（回族，8月 调离）
马　军（回族，8月任职）
马宗成（回族，1月任职）
纪委书记 李　君
副 乡 长 马　楠（女，回族）
武装部长 李玉德（回族）
组织委员 杨昌隆

新庄集乡

党委书记 伍洪亮（回族）
人大主席 牛海萍（女）
党委副书记、乡长 张怀力
党委副书记 李　国（挂职）
马　军（回族，8月调离）
锁金银（回族，8月任职）
纪委书记 金　晶（女，回族）
副 乡 长 田志栋
韩　明（回族，9月调离）
李学忠（回族）
武装部长 王绍东（回族）
组织委员 贾舒君（女）

柳泉乡

党委书记 马杰君（回族）
人大主席 田红娟（女，回族）
党委副书记、乡长 郑慧玲（女）
党委副书记 杨鸿泽（回族，1月挂职）
李海瑞（1月任职）
纪委书记 祁旭升
副 乡 长 马金贵（回族）
李妍蕾（女）
武装部长 马全宇（回族，1月任职）
组织委员 冯兴龙

（红寺堡区委组织部）

中共吴忠市红寺堡区委
关于深入推进全面从严治党的实施意见

（2017 年 1 月 6 日三届区委二次全体（扩大）会议通过）

为深入贯彻党的十八届六中全会、自治区党委十一届九次全会和吴忠市委五届二次全会精神，切实把全面从严治党的责任落到实处，根据区、市党委《关于推进全面从严治党若干问题的意见》精神，结合红寺堡实际，提出如下实施意见。

一、推进全面从严治党的重要意义、指导思想和总体目标

（一）重要意义。全面从严治党是中国共产党永葆生机活力的制胜法宝。党的十八大以来，以习近平同志为核心的党中央站高谋远、励精图治，身体力行、率先垂范，坚定推进全面从严治党，从中央八项规定、反腐倡廉，到党的群众路线教育实践活动和“三严三实”专题教育，再到“两学一做”学习教育，环环紧扣，步步深入。党的十八届六中全会深入研究全面从严治党若干重大问题，审议通过了《关于新形势下党内政治生活的若干准则》和《中国共产党党内监督条例》，推动全面从严治党落实落细。区、市党委相继召开全会，对新形势下深入推进全面从严治党作出重要部署，对加强和规范党内政治生活提出了具体明确要求，必将继续巩固发展良好的政治生态，为实现全面小康目标提供重要保障。全区各级党组织和广大党员干部要牢固树立“四个意识”，切实增强“四个自信”，更加自觉地把思想和行动统一到中央和区、市党委的决策部署上来，通过深入推进全面从严治党，凝聚加快发展正能量，带领全区干部群众坚决打赢脱贫攻坚战，实现全面建成小康社会的目标。

（二）指导思想。高举中国特色社会主义伟大旗帜，坚持以马克思列宁主义、毛泽东思想、邓小平理论、“三个代表”重要思想、科学发展观为指导，全面贯彻党的十八大、十八届六中全会精神，深入贯彻学习习近平总书记系列重要讲话精神，以全面从严为主基调，以《党章》为根本遵循，严格落实《准则》和《条例》等党内法规，全面贯彻党的政治路线、思想路线、组织路线、群众路线，着力增强党内政治生活的政治性、时代性、原则性和战斗性，着力维护中央权威和党的团结统一，着力提高绿色发展、赶超发展的能力和水平，着力增强拒腐防变和抵御风险的能力，显著提升各级党组织和党员干部的凝聚力、战斗力，为决胜脱贫攻坚、建设“五个红寺堡”、全面建成小康社会提供坚强保证。

（三）总体目标

——理想信念更加坚定。深入学习贯彻

十八届六中全会精神，让从严治党入脑入心，坚定共产主义理想信念，树立正确的世界观、人生观、价值观，加强党性锻炼，改进工作作风，自觉投身“五个红寺堡”建设。

——组织建设全面加强。领导班子政治过硬、本领过硬、作风过硬、廉洁过硬，干部队伍忠诚、干净、担当，各级党委（党组）领导核心作用、基层党组织战斗堡垒作用显著增强，党员素质不断提高、先锋模范作用充分发挥。

——干部作风持续改进。作风建设长效机制日益完善，“四风”问题得到根本遏制，党风政风明显提升。巩固党的群众路线、“三严三实”“两学一做”成效，大力弘扬“不到长城非好汉”的宁夏精神和“感恩、包容、创新、奋进”的干事创业精神，推动作风建设取得新成效。

——政治生态不断优化。党风廉洁建设和反腐败斗争深入推进，“两个责任”压紧压实，惩防并举、标本兼治成效明显，“不敢腐”成为常态，“不能腐、不想腐”的效应充分显现，基层“微腐败”问题得到根本性遏制，风清气正的政治生态进一步形成。

——经济建设赶超提升。以政风促社风，营造浓厚的干事创业氛围，产业发展质效双增，发展活力充分释放，经济综合实力显著增强，社会大局和谐稳定，移民群众拥有更多获得感，如期实现脱贫和全面小康目标。

——制度体系更加健全。从严管党治党制度全面覆盖、织密织牢、衔接配套，刚性约束不断强化，执行力显著增强，基层党组织凝聚力、战斗力、号召力明显提升，党员先锋模范作用充分发挥，党的建设科学化水平全面提升。

二、强化理想信念教育，打牢思想建党根基

1. 加强政治理论学习。坚持不懈抓好理论武装，把马克思主义理论作为广大党员干部特别是领导干部的必修课，认真组织学习贯彻党的十八大、十八届六中全会精神和习近平总书记系列重要讲话精神，特别是来宁视察讲话精神，认真学习党章党规、党史国史、世情国情，深入开展“读原著、学原文、悟原理”和“全面从严治党，我要怎么做”思想大讨论活动，旗帜鲜明抵制和反对关系学、厚黑学、官场术、“潜规则”等庸俗腐朽的政治文化。把中国特色社会主义理论学习列入党委中心组学习计划，列入各级干部教育培训必学课程，通过深入学习教育，不断增强党员干部的“四个自信”。全面加强政治、经济、文化、社会、生态文明以及哲学、历史、法律、国防、科技等方面的学习，提升党员干部知识储备和综合能力素养。深化“两学一做”学习教育，全面提升党员队伍政治理论素养，将合格党员的标准外化于行、内化于心，落实到服务群众全过程。

2. 开展主题教育活动。深入开展思想理论、法纪、警示、先进典型、革命传统和民族团结“六项教育”，教育引导党员干部坚守真理、坚守正道、坚守原则、坚守规矩，以信念、人格、实干立身。聚焦全面从严治党，把《准则》和《条例》等党内法规作为干部培训教育的重要内容，强化经常性纪律教育和廉洁警示教育。深入开展“不忘初心，继续前进，走好新的长征路”主题教育活动。开展廉洁文化创建活动，注重从山区八县各具特色的移民文化中提炼总结，着力挖掘整理良好的家规家训和

生动的家风故事，开展“最美家庭”等评选活动，让崇德重礼、清廉节俭的家风理念深入人心。抓好道德法制教育，以创建全国文明城市为契机，弘扬社会主义核心价值观，教育引导党员干部模范遵守政治品德、职业道德、家庭美德和社会公德。持续开展“最美红寺堡人”等评选活动，选树一批道德先进典型。扎实推进“七五”普法工作，广泛开展“法律八进”宣传活动，引导全民信法守法、依法办事，让尊崇法治、敬畏法律蔚然成风。

3. 创新学习教育机制。改进党委（党组）中心组理论学习方式方法，拓宽学习论坛、读书会、讨论会、报告会、网络课程等学习渠道，增强学习效果。建立中习组学习档案，完善中心组学习审核机制，建立完善处级领导干部述学、巡听旁听督学、学习情况通报等制度，将党委中心组学习纳入党风廉政建设责任制考核和中心组成员的考核。区委中心组每年集中学习不少于12次，党政主要领导带头每年至少作1次专题报告，各处级领导带头示范，采取专题辅导、理论研讨、巡回宣讲等方式，常态化开展“精品党课推送”等活动，多渠道全覆盖开展基层党员干部培训。严格落实干部教育培训学时要求，将干部培训纳入年度考核、任用考察、评先选优的重要内容。突出抓好科级以上干部和优秀年轻干部的教育培训，组织全区优秀党务工作者、优秀党员赴井冈山革命传统教育基地接受红色教育，传承红色基因，弘扬红色文化。

4. 掌握意识形态主动权。坚持党管意识形态工作原则，落实意识形态工作责任制，健全意识形态领域分析研判、预警处置、督查考核、追责问责等机制。建立党员干部思想动态情况分析、监督和隐患排查机制，每年开展1次专题调研，研究制定解决问题的办法举措。坚持谁主管谁主办和属地管理，对各类报告会、讲座、论坛等严格审查把关，加强对微信、微博等新媒体的监督，坚决杜绝错误思想观点传播。办好红寺堡政务通、党建网、《罗山文苑》等理论宣传平台，弘扬主旋律，传播正能量。深入推进意识形态工作队伍的思想政治建设，提升思想政治素质和业务工作能力，努力造就一支政治强、业务精、作风正、纪律严的工作队伍。

三、严肃党内政治生活，严格执行民主集中制

5. 严明党的政治纪律和政治规矩。坚决维护党中央权威、维护党的集中统一，不折不扣执行中央、区市党委的重大决策部署，在思想上政治上行动上始终同以习近平同志为核心的党中央保持高度一致。严格执行重大问题请示报告制度，对区委重大决策部署的执行落实、事关全局重大事项和突发事件、领导干部个人重大事项要按规定及时请示报告，绝不能凌驾于组织之上或游离于组织之外。建立执行政治纪律和政治规矩专项监督检查机制，坚决纠正和严肃查处“政治立场不坚定、重大决策不执行、组织原则不遵循、言辞论调与中央不一致、破坏党的团结统一”的行为，引导党员干部自觉做到“四个服从”，牢记“五个必须”，防止“七个有之”，坚决反对和制止小团伙、小圈子、乱接“天线”等不良现象，坚决反对拉拉扯扯、吹吹拍拍，坚决反对以单位划线、以迁出县划线、以民族划线，坚持党内民主平等的同志关系，着力形成清清爽爽的同志关系、规规矩矩的上下级关系。

6. 坚持和完善民主集中制。认真贯彻地方党委工作条例，完善区委常委会、全委会议事规则和决策机制。凡属重大问题，必须坚持集体领导、民主集中、个别酝酿、会议决定原则，由集体讨论、按少数服从多数作出决定，不允许以其他任何形式取代党委（党组）的领导。完善区委权力公开透明运行机制，建立完善党委（党组）工作规则、常委会及其成员职责清单、常委会向全委会定期报告工作制度。建立上级组织作出与下级组织有关的重要决策前听取下级组织意见的制度。探索建立健全集体研究事项清单、重大决策风险评估和听证、重大决策终身责任追究及责任倒查机制等配套制度。完善和落实集体领导下的个人分工负责制，班子主要负责人带头执行民主集中制，支持领导班子成员在职责范围内独立负责地开展工作。将执行民主集中制情况作为领导班子和领导干部考核评价的重要内容，定期开展检查，对执行不力、出现重大失误的严肃追责。

7. 严格落实领导班子民主生活会制度。分层分类制定各级领导班子民主生活会细则，坚持用好批评和自我批评武器，开好领导班子民主生活会，严格规范民主生活会方案审查、征求意见、学习提升、自我剖析、谈心谈话、相互批评、领导点评、整改落实等环节工作，用好批评与自我批评武器，全面提升民主生活会的严肃性、原则性、规范性。完善上级党组织领导班子成员定期、随机参加下级党组织领导班子民主生活会和纪委、组织部派员指导各级党组织民主生活会制度，重点指导提升软弱涣散党组织领导班子民主生活会。各级党组织书记要带头认真学习和查摆问题，带头开展批评与自我批评，带头整改问题。实行民主生活会批评意见和整改事项清单管理制度，班子及成员要作出整改承诺，明确整改时限、责任要求。建立民主生活会整改情况定期通报测评制度，坚持每半年在一定范围内通报一次并接受测评。健全领导班子民主生活会质量考评办法，考评结果纳入领导班子和干部考察考核内容。

8. 严格组织生活制度。严格落实“三会一课”制度，突出党性锻炼，坚决防止“三会一课”表面化、形式化、娱乐化。认真落实固定党日制度，严格按规定组织好党员大会、支部委员会、党小组会和讲党课。根据不同类型党员实际，探索开放式、互动式、网络化组织生活形式。严格落实双重组织生活制度，党员领导干部要以普通党员身份参加所在党支部或党小组的组织生活，坚持党员领导干部带头讲党课制度。健全党组织书记与党员谈心谈话制度，完善党员定期评议党组织领导班子等制度。严格落实民主评议党员制度，每年以党支部为单位召开全体党员会议，对党员进行民主评议，督促党员对照党章规定的党员标准、对照入党誓词、联系个人实际进行党性分析，强化党员意识、增强党的观念、提高党性修养。对党性不强的党员，及时进行批评教育，限期改正；经教育仍无转变的，劝其退党或除名。

四、从严管理干部队伍，锻造忠诚担当骨干力量

9. 加强领导班子和干部队伍建设。建立领导班子综合分析研判制度，加强对单位“一把手”的监管、教育和考核。优化班子配备，形成合理的年龄、专业、经历结构，增强班子整体功能。严格执行《党政领导干部选拔任用工作条例》，坚持德才兼备、以德为先，严把选拔任用干部的政治关、品行关、作风关、廉

洁关，选拔任用信念坚定、为民服务、勤政务实、敢于担当、清正廉洁的干部。改进民主推荐、民主测评，实行干部选拔任用全程记实制度，严格落实干部选拔任用廉政建设情况、个人有关事项报告、干部负面清单、干部“三龄两历一身份”核查机制，坚持对考察对象的干部档案必审、个人有关事项报告必核、纪检监察机关意见必听、有关信访举报必查。建立干部选拔任用工作责任倒查机制，严格落实干部选拔任用事前报告、“一报告两评议”等制度，坚决防止“带病提拔”。加强干部交流，持续选派干部到基层一线、信访部门、关键岗位历练，不断提高做群众工作和处理复杂问题的能力。

10. 加强干部监督管理。加大提醒函询诫勉力度，用好巡察、考核、审计、信访成果，加强对干部“八小时”以外监督。落实谈心谈话、函询、诫勉等制度，对干部出现的苗头性、倾向性问题早提醒、早教育。完善举报受理制度，健全干部“特别监督档案”。完善干部经济审计制度，强化审计结果运用。加大对单位主要负责人、新提拔干部、年轻干部和关键岗位干部的监督管理，建立健全重点领域、重点岗位、关键环节廉政风险防控管理办法。健全完善干部考核评价体系，实行领导班子和领导干部年度考核、经济社会发展目标考核、党风廉政建设考核“三考合一”，突出品德、作风、廉政考核，注重实绩和平时考核，强化分类考核，建立品德、作风、廉政、实绩“四种档案”。坚持党管人才，区委每年至少召开1次专题会议，研究人才工作。完善人才培养开发、评价发现、选拔任用、流动配置、激励保障的政策体系，推动人才与重点领域融合发展。

11. 完善激励约束机制。全面贯彻落实区、市《推进领导干部能上能下实施细则（试行）》，通过自查自纠、警示谈话、通报曝光、组织处理等方法，加大对不作为、慢作为、乱作为的教育惩戒，推动干部能上能下、竞相作为。认真落实区、市《支持干部干事创业容错纠错机制办法（试行）》，探索建立允许失误、宽容失败的容错机制，把为推动发展的无意过失同明知故犯的违纪违法行为区分开来，加强对勤勉做事干部的关心爱护，为敢于担当的干部担当、对勇于负责的干部负责，加大对懒政怠政问题的整治力度，严肃查处失职渎职干部。探索实行干部实绩档案，完善优秀公务员和事业单位工作人员评选办法，加大奖惩力度和宣传力度，切实解决“干与不干一个样、干多干少一个样、干好干坏一个样、不干又能怎么样”问题，推动形成能者上、庸者下、劣者汰的用人导向和从政环境。

五、始终牢记宗旨意识，持续加强作风建设

12. 持续整治“四风”问题。巩固和拓展党的群众路线教育实践活动、“三严三实”专题教育、“两学一做”学习教育成果，深入开展落实中央八项规定精神“回头看”，紧盯重要时间节点，跟踪监督检查，强化制度落实的评价和考核。建立党员干部作风状况定期分析研判机制，对出现“四风”问题反弹和新的作风问题典型，集中开展专项整治，下大力气解决作风漂浮、工作不实，文山会海、表面文章，贪图虚名、弄虚作假等问题。建立党风政风监督联席会议制度，加大统筹协调力度。扎实开展侵害群众利益的不正之风和腐败问题专项治理，集中力量解决发生在群众身边的生冷硬推、吃拿卡要、与民争利、欺压百姓等违纪违法及

侵犯群众利益的突出问题。发挥群众监督作用，畅通信访举报渠道、健全网络举报平台，鼓励和引导新闻媒体与群众积极有序参与监督，增强社会监督实效。严查隐形变异“四风”问题，坚持零容忍态度，加大惩治力度，发现一起、惩处一起、曝光一起，以党风政风带动民风社风。

13. 建立联系服务群众长效机制。健全完善处级领导基层联系点制度，深化“下基层”“大走访”“大调研”活动。完善领导干部征求群众意见制度和联系民主党派、无党派人士、宗教界人士制度。健全各级党委委员联系党代表、党代表联系党员、党员联系群众的“党群联系链”，畅通代表反映民意诉求渠道。深化党员创先争优活动，深入开展服务承诺、结对攻坚、党员服务区、党员志愿服务等活动。完善机关单位联系贫困村、机关干部联系贫困户工作机制。

14. 着力优化发展环境。坚持不懈转变政府服务职能，建设法治政府和服务政府。把群众评议机关作风活动纳入全区目标管理考核和党风廉政建设责任制考核内容，每年或每半年开展1次评议，对测评靠后的单位，列为重点跟踪督办对象。充分发挥群众监督作用，畅通群众监督渠道，及时回应群众质询，全面推进党务、政务、司法等领域办事公开，保障群众知情权、参与权、表达权和监督权。聚焦群众反映强烈的突出问题，着力整治“门好进、脸好看、事难办”等突出问题，营造良好发展环境。

六、加强基层党组织建设，筑牢党的执政根基

15. 强化基层党组织政治功能。积极探索不同领域党组织设置和发挥政治引领作用的有效途径，推进党的组织和党的工作全覆盖。创新推广“支部 +N”“党建 +X”等组织设置模式，推动党的组织向产业链条、社区楼栋、合作组织、新兴领域等延伸。完善社区联合党委工作机制，探索设立社区党群工作站，扎实开展在职党员到社区报到活动，发挥在职党员“八小时”外先锋模范作用。认真落实《机关基层组织工作条例》，抓好机关单位、卫生和中小学等事业单位党建工作。围绕“双强六好”党组织创建，推行“231”归口党建模式，促进非公企业和社会组织党建规范化。通过单独组建、联合组建、行业统建和选派党建工作指导员等形式，把零星分散的党员纳入到党组织管理之中。

16. 强化基层党组织服务功能。深入实施“强龙工程”，全面开展基层服务型党组织星级评定，健全星级服务型党组织督查考核、群众评价、激励引导等机制。坚持抓党建促脱贫攻坚，每年对基层党组织评定1次，持续整顿软弱涣散基层党组织，选派驻村工作队和基层党组织第一书记，加强对支部班子成员思想政治素质、科学发展能力、服务群众本领培训。全面落实村级民主决策程序，进一步做实村民代表会议制度，开展自然村为单元的村民自治试点，促进基层治理民主化、法治化、规范化。严格驻村第一书记“一述五评”考核机制，落实乡镇“两管三评一推优”管理考核机制，扎实推进“16+X”服务项目，从严落实村干部轮流值班、群众诉求月月清等制度。健全区、乡、村三级便民服务平台，推行为民服务全程代理、巡回服务、网络服务。充分发挥机关党组织服务中心的作用，在窗口单位推行“一站式”服务和设立党员责任区、党员先锋岗等做

法，坚持和落实党员志愿服务和分片包户联系居民等制度，扎实推进“结对共建”、志愿服务等活动。在各领域开展党员争做诚信服务先锋、党员示范岗等活动。

17. 强化党员队伍教育管理。坚持严格标准、严格培养、严格程序、严格调控，提高党员发展质量，优化党员队伍结构，永葆党的纯洁性、先进性。建立健全党员信息数据库，不断深化“三建四关心”“党内关怀机制”、评星定格、党员党性分析制度，提升党员管理规范化科学化水平。强化不同领域、不同行业、不同岗位党员的分类管理，推行党员目标管理、记实管理、积分管理、评星定级等办法，健全党员组织关系定期排查机制、流动党员双向共管、跟踪管理机制。充分发挥离退休党员党支部作用，加强离退休党员日常管理，永葆共产党员本色。加强党员理想信念教育，严格遵守“共产党员不准信仰宗教”的政治纪律。健全不合格党员有序退出机制，畅通党员队伍出口。立足抓早抓小抓预防，前移党员管理监督关口，加大提醒教育力度。

七、从严监督执纪问责，深入推进党风廉洁建设

18. 从严落实“两个责任”。各级党委（党组）要强化主业意识，坚持党建工作和中心工作同谋划、同部署、同考核。各级党委（党组）必须认真履行全面从严治党主体责任，支持纪律检查机关履行监督责任。各级党委（党组）书记要认真履行第一责任人责任，班子成员要认真履行“一岗双责”，以上率下，层层传导压力，逐级压实责任。各级纪委（纪检组）要聚焦主责主业，敢于担当履职，强化监督执纪问责，深化党风廉政建设“1+8+2”制度体系，完善“两个责任”和领导干部“一岗双责”落实情况报告机制，全面落实责任清单。建立和实行主体责任清单备案和“签字背书”制度，建立领导干部落实主体责任全程记实制度。推行下级党组织书记向上级纪委全会述责述廉并接受评议质询制度。坚持有责必问、问责必严，严格实行“一案双查”和责任倒查，压紧压实“两个责任”。

19. 加大腐败惩治力度。全面筑牢拒腐防变思想防线和制度防线，着力构建不敢腐、不能腐、不想腐的体制机制，保持党的肌体健康和队伍纯洁。坚持无禁区、全覆盖、零容忍，深入推进廉政风险防控，紧紧盯住重点领域和关键环节，推动工程项目、政府采购、土地出让等腐败易发多发领域的制度建设。严格落实党政机关主要领导“五不直接分管”制度和末位表态制度，加强对“一把手”的监督。强化权力运行监督制约，全面建立政府部门权力清单、责任清单和负面清单，加强行政职权运行监督。完善纪律审查协作机制，提升执纪审查工作质效。大力整治侵害群众利益的不正之风和腐败问题，严肃查处扶贫领域虚报冒领、截留私分、挥霍浪费等问题，严肃查处在项目建设、征地拆迁和惠民政策落实中克扣群众、贪污挪用、优亲厚友等问题，严肃查处在办理涉及群众事务中吃拿卡要、侵占掠夺、跑冒漏滴等问题，推动全面从严治党向基层延伸。

20. 强化全方位监督。严格党内监督，建立健全各级党委（党组）全面监督、纪检监察机关专责监督、党的工作部门职能监督、党的基层组织日常监督、党员民主监督的党内监督体系。各级党委（党组）要加强对本机关本单位的内部监督和对本系统的日常监督。各级纪

委强化监督执纪问责，坚决维护党规党纪的严肃性。加强巡察监督，完善巡察制度，紧扣“六大纪律”，深化“四个着力”，实现常规巡察全覆盖、专项巡察多领域，巡察“回头看”常态化。强化巡察结果运用、追踪问效，推动管党治党不断从“宽松软”走向“严实硬”。重视和支持外部监督，支持和保证同级人大、政府、监察机关、司法机关等对国家机关及公职人员依法进行监督，人民政协依章程进行民主监督，审计机关依法进行审计监督，重视民主党派和无党派人士提出的意见、批评、建议，完善知情、沟通、反馈、落实等机制。畅通社会监督渠道，重视信访举报工作，支持新闻媒体依照有关法律法规和宣传纪律开展监督，听取意见建议，推动和改进工作。

八、全面落实管党治党责任，形成党建齐抓共管合力

21. 强化管党治党责任。认真落实全面从严治党责任制，增强各级党组织管党治党意识和能力，压实“书记抓、抓书记”的主体责任。将每年六月份确定为“党建促进月”，集中开展党员评议评选、组织生活会等系列活动。各级党委（党组）书记要严格履行第一责任人责任，班子成员严格履行分管责任，区委各部委严格落实党建责任。各级领导干部要发挥以上率下示范作用，自觉做坚定理想信念、增强党性修养、坚持民主集中制、开展批评与自我批评、弘扬优良作风、保持廉洁自律的表率。健全自上而下抓党建的问责机制，对不抓或抓不好党建工作、落实“两个责任”不力的进行问责、通报。坚持党建带群建，加大共建力度，不断增强群团组织的凝聚力和战斗力，构建党建工作和群团工作“共建互促、优势互补、党群工作一体化”工作格局。

22. 加强党建责任考核。坚持党建工作与中心工作一起谋划、一起推进、一起考核，从严落实“三级联述联评联考”制度，严格执行下级党组织向上一级党组织报告党建工作制度、班子成员抓党建工作述职制度、党委书记抓基层党建工作述职评议考核制度，下级党组织每年向上级党组织综合报告全面从严治党工作。坚持把党建工作纳入各级领导班子年度效能目标考核和年度考核，把考核结果作为评先选优、选拔任用干部的重要参考，严格兑现奖惩，形成述职述党建、评议评党建、考核考党建、任用干部看党建的责任落实导向。

23. 完善党建工作保障机制。建立健全党建工作联席会议制度，探索“系统抓、抓系统”条块结合的党建工作领导和指导机制，整合职能部门力量和行业系统资源，加大党建工作投入和保障力度。健全以财政投入为主的稳定规范的经费保障机制，抓好基层党建工作经费、村级干部待遇、便民服务平台建设等保障性任务落实，建立正常增长机制。按照“六个中心”要求，加强村级综合服务阵地建设。综合运用互联网等信息化手段，建好管好党组织网站，提高党建工作智慧化水平。健全贯通区、乡、村三级全域化服务网络，建好“四化一满意”服务群众基层党建信息化平台。加强基层党务工作队伍建设，健全党务工作者职级评定体系，完善激励考核办法，建设一支守信念、讲奉献、有本领、重品行的党务工作队伍。加大党建工作宣传力度，积极营造重视党建、大抓党建的社会氛围。

中共红寺堡区委 区人民政府 关于实施生态立区战略加快绿色发展的实施意见

（2017年1月6日三届区委二次全体（扩大）会议通过）

党的十八大把生态文明建设纳入“五位一体”总体布局，明确提出必须树立尊重自然、顺应自然、保护自然的生态文明理念，着力推进绿色发展、循环发展、低碳发展。区、市党委高度重视生态文明建设，专题部署了建设美丽宁夏、美丽吴忠，市委提出打造绿色经济示范市目标。为全面贯彻落实中央和区、市党委的战略部署，结合红寺堡实际，提出如下实施意见。

一、总体要求

（一）指导思想。全面贯彻党的十八大和十八届三中、四中、五中、六中全会精神和习近平总书记系列重要讲话特别是来宁视察重要讲话精神及自治区党委十一届八次全会、市第五次党代会精神，牢固树立绿色发展理念，把绿色发展放在更加突出的位置，大力实施生态立区战略，转变发展方式，提升经济质量和效益，协同推进新型工业化、信息化、城镇化和农业现代化。着力推动生态建设产业化、产业发展生态化，大力发展“生态经济”“绿色经济”“循环经济”“低碳经济”、着力解决生态脆弱、资源限制等突出问题，建设和谐宜居、富有活力、独具特色的生态移民城市，加快构建资源节约型、环境友好型社会，在推进绿色发展中打赢脱贫攻坚战，努力走出一条宁夏中部干旱带上的生态移民城的新路子。

（二）坚持原则

——节约优先，绿色发展。牢固树立尊重自然、顺应自然、保护自然的理念，处理好城乡建设、经济发展与资源环境的关系，把节约放在资源开发利用的优先位置，把保护放在生态环境建设的优先位置，大力推进绿色发展、低碳发展、循环发展。

——深化改革，制度先行。把改革贯穿于生态文明建设的各领域、各环节，不断深化生态文明体制改革，加快建立系统完善的生态文明制度体系，用制度引导、规范和约束资源开发行为，用制度保护生态环境。

——开放创新，文化支撑。把开放创新作为推进生态文明建设的强大动力，着力发挥开放创新引领作用。把生态文明纳入社会主义核心价值观建设之中，加大生态文化、绿色发展宣传教育力度，全面倡导勤俭节约、绿色低碳、文明健康的生活方式和消费模式。

——政府引导，多方参与。统筹政府、社会、群众三大主体，提高各方推动绿色发展的积极性。充分发挥政府统筹协调、组织推进作用。坚持激励和约束并举，落实各方主体责任，实现共治共管。坚持以移民为中心的发展思想，让23万移民在绿色发展共享共建过程中有更多获得感。

（三）主要目标

生态文明主流价值观在全社会得到广泛弘扬，生态文明建设水平显著提升，生态文明制度体系基本建立，建成国家绿色发展示范区。绿色产业发展、生活方式和消费模式逐步成为社会风尚，美丽红寺堡、绿色红寺堡建设水平与全面建成小康社会目标相适应。

到2018年，34个贫困村4.72万人提前2年全部摘帽，确保现行标准下农村贫困人口实现脱贫，贫困村农民人均可支配收入增长幅度高于自治区平均水平2个百分点，贫困发生率控制在3%以内。绿色产业初具规模，绿色产业增加值占GDP比重达到50%，生态环境明显改善。全面完成区、市确定的主要污染物减排任务。

到2020年，生态用地比例占到国土总面积40%以上，森林覆盖率达到14%，林草覆盖率达到31.8%以上，综合治理荒漠化土地5万亩。基本农田保护率达到80%以上，城乡饮用水水质达标率100%，城镇、农村生活垃圾无害化处理率分别达到85%、65%以上，城镇人均公共绿地面积达到27.5平方米，新建绿色建筑比例达到30%以上，空气环境质量优良天数达到85%以上。公众对环境质量的满意度达到80%以上。基本公共服务主要领域指标接近或超过自治区平均水平，农村居民人均可支配收入1万元以上，综合发展实力明显增强，与自治区同步建成全面小康社会。

二、主要工作任务

（一）坚持造林增绿，打造绿色生态屏障

1、扎实推进造林增绿。加快生态林业建设步伐，加强林地生态系统保护恢复。实施荒山造林绿化和天然林资源保护工程，不断扩充固沙林和人工林地范围，改善天然林场，提高水源涵养功能。强化联合执法，加大对林地、林木保护力度，严厉打击破坏植被、毁坏林木、乱垦压砂等行为，有效保护林地生态系统。

2、实施“三北”防护林工程。在新庄集乡、太阳山镇骨干林带和农田、路、渠等林网区域，实施“三北”防护林工程5万亩。实施流域治理，营造一批水土保持林、生态防护林。坚持绿随路植、林跟渠走，在盐兴公路等沿线种植柠条、灌木，对乡道、村道、巷道、沟渠进行绿化、美化，在主要干道、交通要道建设不低于30米的宽幅林带，实现城在林中、路在绿中、人在景中。

3、实施特色经济林培育工程。坚持统筹规划、因地制宜、分类指导、突出建设重点的原则，在山丘、风沙等地区发展抗碱耐旱枸杞等经果林，重点培育特色经果林龙头企业，打造经果林专业合作社，推进产品特色化、基地规模化、生活标准化、产品品牌化，走“一特三高”现代产业的路子。

（二）打造绿色产业，构筑绿色产业聚集地

1、大力发展绿色农业。紧紧围绕“3+X”产业，以绿色生态理念为引领，大力构建集种植养殖、生产、加工、销售、物流、文化体验、旅游观光、休闲养生、购物消费为一体的产业体系，创建一批绿色有机农业基地和现代农业循环经济庄园，推动农业现代化建设。深度开发绿色、生态、富硒资源，积极发展健康农业，打响绿色、生态、有机、富硒品牌，着力打造一批全区乃至全国的特色产业示范村和绿色农产品供应基地。创新农业经营方式，延伸产业链条，建立农产品定制、交易、冷藏、保鲜、加工、包装、储运为一体的农产品加工产业链，推进一产“接二连三”。实施龙头企业提升工程，支持一批带动能力强的大型企业发展壮大，精心培育新型农业经营主体，鼓励和支持农村土地有序流转，发展多种形式适度规模经营模式，健全完善现代农业服务体系。高标准开展农田水利基本建设，大力发展高效节水农业，全面推广控肥、节约新技术，防治农业面源污染，推进农业清洁生产。

2、大力发展绿色工业。依托现有产业基础、资源禀赋，以绿色低碳为导向，着力推进绿色工业发展。制定实施《绿色工业发展规划》，坚定不移推进农副产品精深加工、轻工制造和新能源三大新型环保工业，重点打造新疆特变电工“百亿元”产业和10个“十亿元”产业板块。加快实施弘德慈善园区功能配套工程，找准发展定位，规划建设园中园、特色园，制定和完善红寺堡绿色产业、绿色企业入园标准和条件，实施扩容提质，推进工业园区向绿色产业园区转型。积极培育“专精特新”企业，全力把嘉泽、壹加壹、天得等一批市场竞争优势突出、辐射带动能力强的企业培育成为国内乃至世界知名企业。着力引进、培育和建设酒标及酒类产品制造、清真牛羊肉屠宰分割包装、有机枸杞和食用菌食品加工等产业链长、关联度高的项目，特变电工逆变器制造、汽车充电桩制造、高端电缆生产等装备制造项目建成投产，打造红寺堡绿色工业发展新的增长极。

3、大力发展绿色服务业。以服务业现代化为方向，集中打造文化旅游、现代物流、金融和电商为重点的现代服务业，改造提升商贸流通、餐饮住宿、房地产等传统服务业，推进绿色发展、低碳发展。开展全域旅游示范创建，深入挖掘“移民、生态、航空、慈善”文化内涵，创新培育主题酒庄、观光农业园、移民风情体验村、特色旅游村等乡村旅游新业态，打造一批风格迥异、主题鲜明的旅游村镇、休闲农庄和星级农家乐。实施环罗山航空运动与生态旅游开发项目，推进罗山户外野营自驾游基地、自行车休闲运动车道网络等运动休闲项目建设，建设罗山国家森林公园，建成罗山通用机场，促进观光农业、绿色工业、文化、旅游、体育等产业融合式发展。加快发展物流产业，建设“三大物流园区”，全力打造宁夏中部商贸核心区。实施“互联网+”行动计划，创新发展大数据、物联网信息技术新兴产业，推动电商与实体经济深度融合。设立绿色基金，创新绿色产品，增加绿色金融供给，动员和激励更多社会资本投入到绿色产业，着力构建绿色金融体系。

4、大力发展健康产业。制定《红寺堡健康产业规划》，充分发挥生态环境优势，着力打造以医疗医药产业为主体、养老养生产业为特色、健康食品产业为支撑、健康促进产业为引领的大健康产业体系，形成以中草药、牛羊肉深加工、葡萄酒、枸杞、小杂粮、食用油、有机蔬菜等一批具备核心竞争力的健康服务企业、一批拥有良好口碑的健康服务品牌、一批具有较强发展潜力的健康产业集群，力争储备健康产业项目达到30个以上，着力把健康产业打造成为推动经济持续发展新的增长极。

5、实施绿色产业联动发展。用发展工业的理念来谋划农业，将文化旅游业的概念渗透到农业、工业产业的各个环节。依托“一产”，大力发展“3+X”产业，打造优势特色产业集群，培育壮大龙头企业，创造“接二连三”的连锁放大效应，带动农副产品加工业实现标准化、规模化、集约化生产，带动市场、仓储、物流、金融服务等第三产业发展；立足“二产”，创造“以二生三”的产业衍生效应，促进农业生产链条不断向工业和流通领域延伸，推动农业产品产值成倍增长，实现产业价值的最大化。通过“三产”联合，延伸产业链，提高附加值，加大品牌打造和保护力度，不断做大整体产业，壮大整体实力，努力实现“三产”良性循环、互促共进、可持续发展，大力发展循环经济，培植生态产业，加快绿色产业发展。

（三）打造低碳循环，大幅提升资源利用率

1、全面提升能效水平。实施全民节能行动计划，运用行政、法律、经济、市场等多种手段，通过落实节能目标责任制，强化法律法规标准约束，实施节能重点工程，健全经济激励政策，建立市场化节能机制。深入开展“俭约红寺堡行动”，积极倡导节水、节电、节地、绿色出行等低碳消费方式和生活方式，培育全民节能意识。积极开展节水型社会创建工作，禁止发展高耗水产业，狠抓农业、工业、洗浴等重点行业节水，强化工业污水、生活污水处理。建立完善区、乡、村三级取用水总量控制指标体系，实现生产用水负增长、生活用水控制增长、生态用水适度增长。

2、推动资源循环利用。加速发展风、光等新能源和清洁能源，调整和优化能源结构，形成节约资源和保护环境的空间格局、产业结构、生产方式。实施循环发展引领计划，加快构建各类废弃物分类收集、再生利用、无害化处理的全过程管理体系。推动餐厨垃圾、建筑垃圾、园林废弃物资源化、规范化处置。强化医疗垃圾、飞灰等危险废物分类管理，全部实现安全处置。制定再生资源回收目录，加强生活垃圾分类回收和再生资源回收的衔接。

（四）打造美丽家园，不断提升城乡居民幸福指数

1、加强基础设施建设。“美丽家园”建设是不断提升群众生活水平和质量的内在要求，是打赢脱贫攻坚战的迫切需要，是全面建成小康社会的重要载体。坚持新区扩能与旧城改造并重，以城乡建设、棚户区改造、产业发展、基础配套、环境整治、生态建设、素质提升为重点，采取集中打造一批、保护开发一批、美化提升一批的方式，扎实推进城区水、电、气、热、路网、通信等基础设施建设。加强农村供水、污水和垃圾处理等基础设施建设，建立健全农村基础设施长效管护机制。进一步完善城市功能布局，不断完善城市规划，加快生态、宜居、创业的现代文明城市建设步伐，努力提升城市综合体建设水平。

2、切实改善市容市貌。全面落实清洁空气行动计划，严控“四尘”污染，整治工业固废污染。扎实推进城市综合管理执法，加强“脏、乱、差”环境综合治理，加大力度拆除违法建筑，加强对文化广场、生态公园等公众场所公共设施的管理。深入开展石油化工、包装印刷等重点行业挥发性有机物治理，开展餐饮油烟、露天烧烤等低矮面源污染专项治理。加强噪声管理，营造宁静的生活环境。严禁秸秆、垃圾、草木、园林废弃物露天焚烧。进一步加强污染天气预测预警，完善污染天气应急响应机制。充分利用建筑物周边空地，建设一批“口袋公园”，营造绿色休憩空间。

3、加快建设美丽乡村。编制乡镇、村庄规划，明确不同区位、不同类型乡村的发展定位、目标和建设重点等。强化乡镇环境保护属地责任，加强村庄绿化美化，开展山水林田路综合治理、农村环境集中连片整治、农房及院落风貌整治专项行动。加强农村精神文明建设，扎实推进文明镇村创建工作。巩固提升柳泉乡特色小城镇，全面建成大河乡、新庄集乡特色小城镇，突出一家一品、一村一特、一村一景，着力打造一批富裕之村、幸福之村、活力之村，大力实行全村景区化打造，加快建设“村美、民富、人欢乐”的“美丽家园”。

（五）打造绿色民生，共建共享绿色发展成果

1、坚持绿色发展，强力推进脱贫攻坚。坚持把绿色发展理念贯穿于精准扶贫工作全过程，把发展绿色经济作为推进精准扶贫工作的重要抓手。将绿色发展理念贯穿脱贫攻坚全过程，大力发展绿色产业，着力培育新的经济增长点，以市场需求为导向，依托绿色资源和绿色环境，生产绿色、无污染、原汁原味的“土特”产品，延长产业链，拓宽移民致富增收路径。实施绿色扶贫，把精准扶贫、发展产业与生态保护、清洁乡村结合起来，推行绿色减贫的新型扶贫模式，合理开发利用生态资源，推动农民绿色增收。创新扶贫方式，大力发展特色生态旅游业和实施“互联网＋扶贫”，加快农村电子商务等领域的发展。

2、开展绿色行动，助推“绿色共建”。完善公众参与制度，构建全民参与的社会行动体系，推进群众性绿色创建，广泛开展绿

色企业、绿色校园、绿色社区、绿色庭院等争创活动，实现“美丽红寺堡”共建共享。积极推动绿色商场、超市、餐饮等建设，进一步丰富绿色产品和服务供给。推动生活方式绿色化，倡导勤俭节约、绿色低碳、文明健康的生活方式和消费模式，广泛开展绿色生活行动，使“绿色化”真正“化”在23万移民群众的具体行动，“化”在衣、食、住、用、行、游的点点滴滴。

3、打造绿色民生，实现“绿色共享”。让绿色走进民生，就要把改善生态环境作为提升群众生活质量的发力点，作为群众幸福指数的生长点，紧紧围绕群众关心的突出问题，着力推进教育优质发展，全面发展学前教育、义务教育、普高教育和职业教育；着力推进提升城乡医疗卫生服务水平，健全完善公共卫生服务体系；着力创建国家公共文化服务体系示范区，完善区、乡、村三级公共文化服务体系，强化先进文化引领，丰富群众精神文化生活；着力推进平安红寺堡建设，持续增加绿色公共产品供给，使绿色发展与绿色民生紧密结合、相得益彰，让移民群众共享美丽红寺堡建设成果。

（六）营造风清气正的环境，形成良好政治生态

1、抓实思想政治建设。坚持从领导干部做起，持续深化习近平总书记系列重要讲话精神学习培训，突出抓好理想信念和道德品行教育，促进学习经常化、常态化。各级党组织要着力提高党内政治生活的质量和水平，进一步完善党内生活监督保障和考核评价机制，对没有按规定开展党内生活或党内生活质量不高的党组织，严格追究主要领导责任。

2、坚持领导干部带头。要进一步强化制度约束、监督检查和责任追究，切实带头肩负起维护一个地区、一个部门、一个单位从政环境和政治生态的重要责任。各级领导干部要始终按照“三严三实”要求修身用权律己、谋事创业做人，带头遵守党的政治纪律、组织纪律、财经纪律、工作纪律和生活纪律，坚守正道、弘扬正气，坚持原则、恪守规矩。以自身的模范言行和高尚人格感召周围同志，带动形成清朗清正清新清明的从政环境。

3、树牢正确用人导向。深入研究在关键环节发挥党组织领导和把关作用的有效形式，扩大任前考察深度，提高知人善任水平，让那些善谋事、敢担事、肯干事的干部受到重用，让那些习惯于对干事者说三道四、热衷于搞“小圈子”的人彻底失去市场，切实解决干部“逆淘汰”问题。进一步完善干部综合考核评价制度，调整优化指标体系，更好地发挥考核的“指挥棒”作用，引导广大干部把主要精力用到谋事干事上来。

4、强化制度纪律约束。党纪法规和各项规章制度，是维护良好政治生态的重要屏障。要将党的纪律教育纳入党员干部教育培训整体规划，强化纪律意识和底线思维，大力培育责任文化和担当精神，使党员干部知敬畏、走正道、守纪律、讲规矩。扎实推进党的建设制度改革，进一步完善领导干部个人有关事项报告、述职述廉、考核考察、函询诫勉等制度办法，使成功经验系统化、有效做法制度化。强化制度执行和刚性约束，对制度执行不力或无视法纪踩“红线”的，严格责任追究，防止“破窗效应”。要把法治建设成效作为衡量各级领导班子和领导干部工作实绩的重要内容，纳入考核指标体系，把法治素养和遵守法律、依法办事能力作为考察干部的重要内容，推动形成有利于营造良好政治生态的法治环境。

5、从严管理监督干部。突出从严治吏这条主线，从严选拔、约束、管理、监督干部，推动形成干部清正、政府清廉、政治清明的良好生态。扎实开展“为官不为”专项治理，分级定岗定责、细化考核指标，强化日常考核、专项督查和社会监督。盯住作风领域出现的“隐性”“变种”等新问题，制定有效对策，坚决防止“四风”反弹、旧病复发，切实引导广大党员干部尽快适应在严格约束下干事创业的状态，营造更加良好的从政环境和政治生态。

三、切实加强实施保障

（一）加强领导，落实责任。把实施“生态立区战略，加快绿色发展转型升级”作为各级党委、政府的一项战略性任务，列入重要议事日程，由主要领导亲自抓、分管领导具体抓，定期听取相关部门工作汇报，研究解决存在问题。成立综合协调机构，明确具体责任单位，负责相关工作的协调服务及考核评价工作。各级各部门要进一步增强大局意识和责任意识，加强协作配合，努力形成部门协调、上下联动的良好局面，不断谱写绿色发展新篇章。要完善经济社会发展考核体系，把资源消耗、环境损害、生态效益等纳入经济社会发展评价体系。

（二）科学规划，扎实推进。按照《宁夏空间发展战略规划》和《宁夏土地利用总体规划》，修编《吴忠市红寺堡城区控制性详细规划》《土地利用总体规划》，按照主体功能区划要求，研究制定红寺堡生态功能区划，全面实施国土规划、发展规划、林业规划、城镇规划，划定城镇区、耕地保护区、生态保护区、旅游休闲区等各类具体功能区的“红线”、重要生态功能区红线、生态脆弱区红线，加强不同开发区域环境保护的分类指导。要把生态建设和绿色发展作为切实加强各级党委对经济工作的领导的主要方面，立足经济社会发展实际，坚持可持续发展和生态安全原则，构建科学合理的城市化格局、经济发展格局和生态安全格局，扎实推进生态文明建设，着力推动绿色发展。

（三）多方筹资，加大投入。综合运用财政、投资、税收、金融等手段，积极推进投融资平台发展创新，加快投融资体制改革，建立公共财政和私人资本合作的PPP模式绿色产业基金，提高社会资本参与环保产业的积极性，扩大社会和民间资本投资规模，多渠道筹措资金，加大“生态立区，绿色发展”的投入。努力向上争取财政资金和项目资金，重点投向流域治理、沙漠化综合防治、经济林发展、退耕还林、污水垃圾处理设施、节能减排、循环经济、新能源可再生能源开发应用等方面。建立绿色产业发展基金。引导金融机构加大对资源节约、环境保护、生态建设、绿色产业等项目的信贷支持。

（四）强化宣传，凝心聚力。广泛开展生

态价值观和公民道德教育，建立生态文明道德规范，积极开展多种形式的生态道德实践活动。通过实施保护生态活动、低碳健步走活动等一系列活动的开展，使全社会尊重自然、顺应自然、保护自然的生态文明理念不断增强，广大公民保护环境的责任意识更加坚定。生态文化家喻户晓、深入人心，公民的生态文明素养不断提高，使节约资源、绿色消费成为良好的社会风气和消费时尚，形成全社会关心、支持、重视、参与生态建设和绿色发展的浓厚氛围。

（五）创新机制，完善制度。积极探索建立健全生态文明制度体系。要探索完善政府、企业、消费者共同参与的水资源、森林资源、土地资源价格协商机制，逐步建立反映市场供求关系、资源稀缺程度、环境损害成本的价格形成机制。按照“谁受益、谁补偿”的原则，建立资源有偿使用制度，不断探索自然资源生态补偿机制，探索建立规范的自然资源交易平台，真正实现自然资源带来的“资源红利”。积极探索建立完善水资源管理和水环境保护体制机制。健全和完善对绿色发展、循环发展、低碳发展的考核评价体系。要将生态建设指标纳入各级政府的任期目标考核和经济社会发展目标考核。建立和完善职能有机统一、运转协调高效的生态环境保护综合管理体制，健全生态环境保护责任追究制度和环境损害赔偿制度，以制度保障生态文明建设和绿色发展的全面落实和加快推进。

生态为媒 旅游淘金
红寺堡区迎来全域旅游发展“春天”

（原载《吴忠日报》2017年5月26日第二版，记者 谷刚）

5月22日，在红寺堡区柳泉乡永新村村支书李文彬家门前，一块“家庭农场”宣传牌格外引人注目。“以前我家院里的果树没什么经济收入，卖不出去的只能烂在地里；如今我们推出了果树认养，一年只需要300元就可以拥有一棵属于自己的果树，结的果子可全部摘走。2017年，院里的果树已经有十几棵被人认养了。”家庭农场式旅游不仅为李文彬带来了财富，还给全村人带来了旅游脱贫的机会。

前些日子，新庄集乡杨柳村村民张丽丽的油桃大棚里人头攒动，来自区内外的商客都到这里采摘收购油桃。张丽丽种植大棚油桃已经有7个年头，最初，张丽丽种植的是油桃，多在每年的4月下旬成熟上市。为了能多卖点钱，张丽丽常常奔波于红寺堡区、利通区等地的市场，销售方式是“提篮小卖”。由于桃子上市期集中，尽管是错季节种植的油桃，但收入也不高，这令张丽丽颇感苦恼。如今，杨柳村通过发展以体验观光为主的田园特色旅游，一下子小油桃成为了村民致富的“仙桃”。“我家大棚里的油桃长势不错，一公斤卖到了20元，真没想到咱这个普通老百姓，还能有自己的产业。”张丽丽说。

抢抓全域旅游机遇，2016年以来，杨柳村依托西川葡萄、枸杞、油桃等特色产业优势，以旅游促脱贫，打造以休闲、体验、观光、旅游为主的田园旅游特色村落，形成阡陌纵横、田院共融、有机现代农业与乡村旅游业联动发展的美丽乡村，建成红寺堡区产村融合示范基地、红寺堡区现代农业融合发展示范村，努力打造杨柳村生态旅游观光体验示范园，不断实现杨柳村增收富民、脱贫致富的目标和任务。“油桃产业是从2008年开始发展起来的，我们村现在有40座油桃大棚，老百姓依托油桃种植产业，离梦想中更加富裕的‘杨柳梦’不再遥远。”该村第一书记马成祥说。

全域旅游带来红寺堡区旅游业发展的春天。该区将着力打造依托移民、生态、慈善、航空等优势文化旅游资源，以打造国际航空汽摩运动休闲度假区和国内外知名的新业态旅游目的地为目标，以航空运动和汽摩运动为主题，以移民文化体验、罗山生态旅游体验、观光农业和葡萄酒庄园体验为辅助，融合移民文化、科技体育、航空体验和汽摩运动、休闲度假、研学等旅游形式，构建红寺堡区全域旅游发展“一心、三带、五区”的全域空间布局旅游形态。“红寺堡区具有打造自治区全域旅游战略支点不可多得的优势，我们将突出在旅游基础设施和服务设施的提升上下工夫，在跨市、跨县旅游景点的串联上认真谋划，充分利用区位优势和政策利好，全身心地投入自治区全域旅游战略支点城市建设。”红寺堡区委常委、宣传部部长郑亚亮说。

让公共文化服务惠及基层每个角落

（《吴忠日报》 2017年12月28日 第4版专版）

在红寺堡区农村大地走走看看，文化娱乐设施城乡无异，文化活动如火如荼，投入使用的村综合文化服务中心，日益完善的农村综合文化服务体系，让群众实实在在享受到公共文化建设带来的实惠。

2017年以来，红寺堡区以创建国家公共文化服务体系示范区为契机，以中宣部“百县万村”综合文化服务中心示范工程“七个一”标准和“全覆盖”要求为推手，采取全面普查、摸清底数、缺什么补什么和一村一策、精准实施的措施，共新建村综合文化服务中心54个、改（扩）建2个、整合8个，新建乡村大舞台47个，新建文化广场20个。其中自治区文化扶贫工程涉及的25个村中新建文化活动室20个、改扩建2个、整合3个，新建文化广场3个、扩建7个，新建乡村大舞台21个。采购图书20万册、电脑400台、各种文体广电器材设备2000多件（套）。项目7月初建成投入使用，设备器材于8月中旬全部配置到位。

看一场电影，对于农村的孩子来说曾是遥不可及的梦想；读一本好书，对于农村的群众也曾是难以企及的期望。今后，在这座充满梦想的移民之城，这个梦想不再遥远，这个期望也不再难以企及。

农家门口建起“文化乐园”

古语说，凡事预则立，不预则废。加快推进村综合文化服务中心建设，需要有科学的思维和战略眼光，在这一点上，红寺堡区把如期完成村综合文化服务中心项目建设作为当前首要的一项政治任务。成立了以区委书记任组长、区长任副组长的文化扶贫工程实施领导小组，通过区委常委会议、政府常务会议和项目建设专题会议安排部署具体工作。制定了《红寺堡区村综合文化服务中心项目建设实施方案》，明确了原则要求、建设任务、责任单位、完成时限、经费筹措和工作纪律。根据项目时间紧、任务重的实际，确定按照统一规划、整合资源、一村一策、精准建设的原则，明确各相关部门责任，制定时间表，按阶段压茬推进，确保实现保证工程建设质量、保证项目村村全覆盖“两个保证”和率先完成建设任务、率先投入使用“两个率先”的目标。

建设老百姓家门口的“文化乐园”，推动村综合文化服务中心建设走上快车道，必须把严格标准建设和确保工程质量作为项目建设的出发点和落脚点。为此，红寺堡区严格按照《宁夏文化扶贫工程贫困地区村综合文化服务中心项目实施方案》《宁夏文化扶贫工程贫困地区村综合文化服务中心项目建设管理使用办法》要求，根据每个村的情况，缺什么补什么精准实施；每个项目严格按照规划、环评、林地置换、土地划拨等要求办理前期手续；土建工程必须严格按照地勘、设计、造价预算、工程监理、工程验收等环节的标准和要求执行；公开选聘有一定资质、信誉度高的施工单位和监理单位承担工程建设和监督，严把工程质量，完善工程合同、施工资料；加强资金使用过程管理，工程造价以工程验收之后审计结论为准；所需图书、电脑、文体器材等必须进行政府公开采购。

激活农村精神文明建设“细胞”

广大农村蕴藏着丰富的宣传思想文化资源，如何发掘和利用这些资源，奋进的红寺堡人积极探索，不断激活农村精神文明建设“细胞”。

在红寺堡 64 个行政村中，有 25 个村被纳入自治区文化扶贫工程 606 个村综合文化服务中心项目，34 个村为功能提升村，5 个村被纳入自治区贫困地区 110 个“百县万村”示范性综合文化服务中心项目，它的出发点和落脚点就是增强群众的归属感和认同感，使群众的文化活动有自己的位置和角色。红寺堡区在村综合文化服务中心建设过程中，区委、政府鼓励村村针对自身情况开发设置，避免“一刀切”造成各村之间简单的复制和照搬，严格按照结合地方特色、突出移民文化品位的要求，对图纸设计反复论证，多次研究讨论，确保设计科学合理、富有特色。工程设计汲取中华传统建筑文化精华，融入移民庭院风格和田园风光，使村综合文化服务中心和周围民居融为一体，充分体现文化的传承性和包容性，彰显“共产党好、黄河水甜”的移民文化主题，旨在把项目建成移民追求文明、品味乡愁、静养心灵的精神家园和健康福地。

为确保建成后的村综合文化服务中心有人管理，活动有人组织开展，红寺堡区制定了《村综合文化服务中心文化专管员管理办法》，按照“区聘乡管村用”的原则，由各村推荐 1 名文化专管员、1 名群众监督员，乡镇审查，区文化扶贫工程实施领导小组办公室审批后，为文化专管员颁发聘书并签订合同，由当地政府安排文化专管员管理补助资金。目前，红寺堡区 64 个村 5 个社区文化专管员队伍已全部组建到位，并举办了两期村文化专管员业务培训班，召开两次观摩促评会，专管员已全面开展工作，使村（社区）文化服务中心文化专管员达到了全覆盖，夯实了村级公共文化阵地建设，完成了区（县）、乡（镇）、村（社区）、户（文化大院）四级公共文化服务网络体系建设。

农民享受到“精神盛宴”

虽已进入冬季，但在红寺堡区农村的各广场、活动室却定格着这样一组温馨的画面：孩子们在追逐戏耍，充满欢声笑语；乡村活动室内歌声四起，其乐融融；乡村图书室里，坐满了查阅资料、学习农业技术的村民……

在玉池村 400 多平方米的综合文化服务中心内，图书室、阅览室、棋牌室、多功能厅等一应俱全，丰富了村民的文化生活。自从这个文化活动中心落成以后，村民就成了活动中心的常客。

在光彩村的文化广场上，响起了节奏欢快的广场舞曲，村民们跳起欢快的舞蹈；运动场上，小伙子们龙腾虎跃，打一场酣畅淋漓的篮球赛；棋牌室里，老人们凝思对弈，怡然自乐。

……

在完善文化服务基础设施的同时，红寺堡区还不断丰富文化产品的供给和自我培育，一方面吸引群众走进文化场所品味文化“粮食”，另一方面将一份份文化“美食”送到村民的家门口。红寺堡区在文化大院建设上，根据不同村庄的人文历史、风俗习惯和文化带头人的文化特长，大力实施公共文化服务“一村一品”工程，着力打造农村文化大院“一院一特”品牌，通过扶持建设高台社火制作、剪纸、书法绘画、手工制作花灯和群众娱乐等15个特色文化大院，全部对村民免费开放，定期组织相关活动和文化培训，真正让文化下移，服务基层、服务农村，变“送文化”为“种文化”。大力发掘民间文化资源，充分调动农民积极性，让文化资源与市场有效对接，让文化资源成为村民创收的一个新渠道，也成了红寺堡区村与村之间传递文化生活的一种新风尚。

“群众通过开展文化活动，由农村文化建设的旁观者和接受者变成了参与者和推动者，让群众共享文明成果，激活了农村文化建设的一池春水。”红寺堡区委常委、宣传部部长杨志东说，“下一步，我区还将在加大文化专管员的业务培训力度、加强村综合文化服务中心的台账管理、实现区文化馆、图书馆总分馆制等方面下工夫，真正把村综合文化服务中心的功能发挥好，让农村公共文化服务活动火起来，让群众精神文化生活富起来。”

“仓廪实而知礼节，衣食足而知荣辱。”如今，在红寺堡区广大农村，群众文化活动不仅培育了农民科学文明生活理念，更开启了致富之门，催生文明之花。